NLPで最高の能力が目覚める

# コーチングハンドブック

知識と経験を最大化する
センスの磨き方

山崎啓支
Hiroshi Yamasaki

日本能率協会マネジメントセンター

## はじめに

　これまで、私が主催する「コーチングに活かすＮＬＰセミナー」で、「コーチングの方法をひと通り学んだけれど、十分には実践できていない」という悩みを数多く聞いてきました。私の知る限り、このような悩みに答える本は見あたりません。そこで、「コーチングのやり方を知る」ためではなく、「コーチングを使えるようになる秘訣を学ぶ」ための内容を１冊にまとめることにしました。そのために本書では、コーチングのセンスが高いと言われている方々に共通する特質を磨く方法を解き明かすことに主眼を置いて執筆しました。

　ひと口に「コーチングを使えるようになる」と言っても様々なレベルでお伝えすることができます。しかし、今回は中でも一番大切な部分をお伝えすることにしました。それはセンスの磨き方です。センスは才能という意味でとらえてもいいでしょう。センスがあるコーチは、様々なクライアントの状況に柔軟に合わせてコーチングができます。「柔軟性の高さ」「優れた直観力」「洞察力」、優れたコーチにはこれらの特質があります。これらを持つ人が技術を学べば、すぐに使えるようになります。しかし、これらの特質が開花していない人がいくら知識を積み重ねても上手に実践できるようにはならないのです。

　センスを身につけることが簡単だと言うつもりはありません。本書で書いている内容を実践できるようになるには時間がかかるかもしれません。しかし、長い目で見た時には、例えそれが難しいことでも、重要なものに多くの時間をかけた方が上達が早いのです。

　センスを磨くことは、Doing（方法）を身につけることではなく、Being（存在）を磨くことです。このような意味で本書はハウツー本（方法を知る本）ではありません。ですから即効性はないかもしれません。しかし、コーチとして活躍したいと望むのであれば、何度も本書を読み返し、ここに書いたことを実践することこそが最善の方法だと、私は確信しています。

山崎啓支

# 本書でお伝えしたいこと

## あらゆる支援者に必要な「対人支援の本質」を伝える

　本書ではコーチングと銘打っていますが、コーチングに興味がある人、すでにコーチとして活躍している方はもちろんのこと、さらにそこにとどまらず、あらゆる支援者の方に読んで役立てていただくことを想定しています。

　私がこれまでに執筆してきた書籍の大半は、NLP（神経言語プログラミング）という能力開発手法に関するものです。本書では、タイトルにもあるように、コーチングの理解を深めるためにその考え方を使用した部分はあるものの、NLPの手法そのものは解説していません。あくまで、**コーチングの素晴らしさを大勢の人たちに理解してもらうために書いた本で**す。

　このように、本書はコーチングに関する解説書ですが、**あらゆる支援職の方々にも読んでもらいたいと考えています**。なぜなら、本書は「はじめに」にも書いた通り、Being（存在）を磨くものだからです。コーチングセンスのようなBeing（存在）を磨くことは、あらゆる支援職に共通する高い能力を開発することになるからです。

　例えば、コミュニケーションセンスが高い人は、コミュニケーションに関するどのような分野の仕事も上手にこなせます。営業をしても、研修講師として登壇しても、しっかりと言葉を相手に届けることができるのです。同様に、コーチングセンスを磨くことは、カウンセラーなどその他の支援職についても、上手に実施できる素地を作ることにもつながります。

　よって、コーチだけでなく、プロとして支援に携わる方々、例えばカウンセラーや各種セラピストにとっても大いに得るものがあると確信しています。また、コーチングを専門にしないまでも、コーチングを補助的に仕事に活かしたいと考えている方々、つまりは、部下を持つ管理職、生徒に関わる教師、研修講師、各種コンサルタント、医者や看護師など医療に関わる方々にとっても、大いに学んでいただけるはずです。**本書では、私のこれまでの経験から、ここに挙げた全ての人たちが、他者を支援するとい**

う観点で、最も知りたいと思っていることを書いています。それは、どうすれば卓越したコーチ（支援者）になれるかということです。

## 卓越したコーチになるための３要素

どのコーチも同じように変化を作り出せるわけではありません。卓越したコーチと、一般的なコーチの間には大きな違いがあります。卓越したコーチは大きな変化を作り出します。それは人生を一変させるほどの変容をもたらすことすらあります。しかし、そのようなコーチはとても数少ないのも事実です。

**では、卓越したコーチと一般的なコーチの違いは何でしょうか？**
**そして、どうすれば卓越したコーチになれるのかでしょう？**

本書はこれらの問いに対する一定の答えを提供するものです。

これらの「問い」の答えを実現するために、本書ではコーチとしての「意識」と「行動」の変革の方法を提案します。

卓越したコーチになるのに必要な要素は３つあります。それは、「知識（技術）」「経験」「センス（才能）」です。ビジネスやスポーツなどにおいても同じです。スポーツも「やり方（知識）」を知っていなければできません。その上で経験（練習を含む）とセンス（運動神経・才能など）をかけ合わせることによって、発揮できる能力が決定します。コーチングもこれと同様で、「知識」「経験」「センス」がかけ合わされたものが発揮できる能力となるのです。

中でも、多くのコーチは「知識の習得（＝学習）」と「経験の積み重ね（＝実践）」に力を入れているように思えます。これらは、具体的でトレーニングしやすいものだからです。しかし、それだけでは伸び悩んでしまう方が多いのです。卓越したコーチングができるようになるためには特別な発想が必要なのです。それは、先ほど挙げた３番目の要素、「センス」を開花させることです。そして、**センスとは、誰の中にもある潜在力（最高の力）を発揮できるようにすることによって開花するのです。**

## センスを開花させるにはそのための戦略が必要

センスを開花させ卓越したコーチに成長していく人がいる反面、途中で

伸び悩んでしまうコーチもいます。いや、ほとんどのコーチは伸び悩んでいるように思えてなりません。かく言う私も、コーチングを学び始めた時には、伸び悩んで、コーチとしての活動を断念してしまった過去があります。成功していると言えるコーチはほんのひと握りです。ある程度の力量のあるコーチはたくさんいます。しかし、その段階を超えていく人は少ないのです。「成功しているコーチ」「この人はすごい！と思えるコーチ」の特徴はまさにセンスを感じさせるコーチングができることなのです。

　コーチになるための学習を始めた頃には、「正しい知識（技術）」の習得から始めて、現場での実践によって経験を積むことが欠かせません。これだけでもある程度のコーチングができるようになります。しかし、卓越したコーチになるためには、超えなければならない壁があるのです。それが、「センスの開花」です。繰り返しになりますが、**センスは、知識の習得（＝学習）と経験の積み重ねだけでは身につかないのです。センスを身につけるためには、そのための特別な戦略が必要なのです。**

## 卓越したコーチになるためのセンスとは

　例えばの話ですが、2人のコーチがいて、あるクライアントの課題を同時に聴いたとします。クライアントはビジョンに向かって進みたいと思っているものの、同時に踏み出すことに恐れをいだいている状況です。本編で詳しく論じていますが、コーチングは「問いかけ」によってクライアントの潜在力を引き出します。2人のコーチは、クライアントの話を聴いてどんな「問いかけ」をすれば良いかがひらめくでしょう。しかし、同じひらめきだとは限りません。1人のコーチは課題の表面しか見えていないとします。一方でもう1人のコーチは深くクライアントの深層を洞察できていたとします。この場合、後者の方が卓越したコーチと言えるでしょう。コーチに見えている範囲でしか問いはひらめかないからです。根本的に大切な問いを発することができるのは後者のコーチです。**ここでの違いは「洞察力の深さ」**となります。

　次に、2人のコーチがクライアントの課題を同じように洞察できたとします。ここでは、洞察という観点では2人のコーチに差はありません。しかし、両者が投げかける「問い」が同じだとは限りません。片方は、すぐ

にどんな問いかけをすれば良いかがわかります。もう一方は「問い」がひらめかないかもしれません。この場合の前者は後者よりも「卓越したコーチ」と言えるでしょう。仕事などで、問題を作り出す根本原因はわかっているけど、どう手を打てば良いのかがわからないということを経験したことがある方もいるでしょう。この場合は、**「発想力の違い」** となって現れます。

さらに、3番目のケースでは、2人のコーチがクライアントの中に同じ課題を洞察して、同じ「問い」がひらめいたとします。その上で、全く同じ「問い」を2人のコーチがクライアントに投げかけた時に、片方のコーチの問いでクライアントは大きな気づきにいたるものの、もう片方のコーチの問いでは気づきが起こらないという場合があるのです。このように、クライアントに対する問いが全く同じだったとしても、片方のコーチの問いは深く突き刺さるが、もう片方のコーチから受けた同じ問いは表面的な答えしか引き出せないという場合があるのです。この場合は、**「実行力の違い」** となって現れます。

以上の3つのケースはセンスのあるコーチと、それが十分でないコーチの違いを現しています。センスのあるコーチの特徴を要約するとしたら洞察力、発想力、実行力が高い、ゆえに結果を出す力があると言えます。そして、洞察力、発想力、実行力は先ほどお伝えした、「潜在力(最高の力)」を発揮できるようになった時に自然と使えるようになるものなのです。

## 私自身駆け出しの頃は「センス」が発揮できていなかった

さて、センスという抽象的な言葉を少しだけ形のあるものに置き換えてみました。それでも洞察力、発想力、実行力は「(もともと)持っている人は持っている」「(もともと)ない人はない」と持って生まれた素質のようにとらえている方も多いでしょう。かく言う私も長くそう信じていました。センスは生まれ持ったものであり、後天的に伸ばせるものではないと考えていたのです。

後の頁で述べていますが、私自身、コーチとしての活動を始めた当時は、下手でセンスのかけらもありませんでした。だからこそ、センスが発揮できないという状態がよくわかるのです。大変手前味噌ですが、それが今で

は洞察力、発想力、実行力を活かしたセッションができるようになりました。そこで、私自身がどのような体験を通して、センスを開花させることができたのかを赤裸々に公開しつつ、センスの開花に必要な考え方と姿勢をお伝えすることにしました。

　ですから、本書は理論ではなく私の生の体験が先にあり、それをコーチングの考え方に当てはめて解説したものです。

## 「センスの開花」には「存在そのもの」の変容が必要

　「知識の習得」と「経験を積み重ねる」だけではセンスは開花しないと書きました。なぜなら、センスは方法（やり方）ではないからです。

　例えば、卓越したコーチは少しクライアントから話を聞くだけで、投げかけるべきユニークな問いがひらめきます。それを言葉で表すと「直観力がある」ということになります。このような直観力は効果的なコーチングを行うのに不可欠です。しかし、「直観力を働かせてください」と言っても、すぐにできるものではありません。

　「このような声のトーンで話しかけたら、相手はトランス状態になる」という技術は教えることができます。これは方法ですので、繰り返し練習すればできるようになります。しかし、「洞察力」「発想力」「実行力」などは方法（知識）を知ることや、繰り返しトレーニングする（経験を積み重ねる）だけではなかなか身につかないのです。

　卓越したコーチはクライアントとセッションを行う際に「先入観を持たない」ようにしていることが多いものです。これは、NLPでは「Know nothing state（無心の状態）」と言われる状態です。思考が止まった状態と言っても良いかもしれません。このような状態になりやすい人は、知識や経験を超えた創造性に満ちたコーチングができるのです。よって、これはセンスを発揮できる状態の1つです。

　「Know nothing state（無心の状態）」をある程度実現するための「ある種の手順（方法）」はあります。しかし、その手順（方法）を経ることによって実現できる「Know nothing state（無心の状態）」の深さは人によって違います。「Know nothing state（無心の状態）」に自然と深く入れる人と、入りにくい（あるいは浅くしか入れない人）がいるのです。詳しくは本編

で述べますが、「知識」「経験」といった過去のものに重きを置いている人は、無心の状態（Know nothing state）には入りにくいのです。

ですから、「Know nothing state」になる方法を知ることが大事なわけではありません。そこで**必要な問いがあるとすれば**、「**どうすれば、自然とKnow nothing stateになれる存在になれるのか？**」なのです。

この本の目的は、一般的なコーチになるために必要なことではなく、卓越したコーチになるのに必要なことを明らかにすることだと書きました。それをひと言で表現するとしたら、「**存在そのもの（Being）**」**の活性化**となります。

## 存在そのものの活性化とは意識の持ち方を変えること

本書で提供するものは、新しいコーチング方法ではありません。方法に関しては、これまでコーチの方々が学んできたものと同じです。Doing（方法）に関しては、コーチの皆さんがこれまで学んできたことを変える必要はありません。コーチングスクールによってコーチングの方法は違いますが、どのコーチング法も変える必要はありません。クライアントとの信頼関係の作り方もコーチングスクールが教えるものと、本書でお伝えすることに違いはありません。

**ただし、これまでとは違ったレベルで活躍するためには、これまでとは違った意識の持ち方が必要です。**「存在そのもの（Being）」の活性化とは、「意識の持ち方」を変えることによって成し遂げるもので、コーチング法を変えることではないのです。あなたが学んでいるスクールにも卓越したコーチと、一般的なコーチがいるでしょう。同じスクールで学んでいる両者の違いは、コーチング方法の違いではないはずです。

では、どうすれば意識の持ち方を変えられるのでしょうか？

それは、コーチングの創始者ティモシー・ガルウェイが確立したコーチングの3つの特徴を徹底することによって成し遂げられます。この3つの特徴を、わかりやすい言葉で紹介すると「①集中する」「②潜在力を信じる」「③主体性を持つ」です。これらを徹底させることは文字通り人間を変容させる魔法の力を持ちます。**本書では、なぜこの3つの特徴の徹底が**「**センスの開花**」「**最高の力（潜在力）の発揮**」「**洞察力、発想力、実行力**

実行力の開発」につながるのかを前例がないほどに詳しく解説しました。

　集中すること、潜在力を信じること、主体性を持つことは、コーチであればどなたも知っていることです。いわばあたりまえのことです。**しかし、これを非凡にできるかどうかで、センスが開花するかどうかが決まるのです**。これは知っているくらいではだめで、文字通り徹底させなければなりません。徹底させるためには、その深淵な意義を深く理解しなければなりません。よって、コーチにとっては、本書で学んでいただく内容は、知らないことではなくて、すでに知っていることを深めることだと言えます。

## 本書の構成

　本書は3部構成になっています。第1部では「コーチング」の基礎的な技法と、「最高の力（潜在力）」を発揮するために欠かせない基本的な考え方を述べています。人間は最高の力とつながった時にセンスを開花させることができるのです。ここでは、何が最高の力の発揮を妨げているのかを理解してもらいます。また、コーチングを本書によって初めて学ぶ方にも読み進めることができるようにコーチングの基本的な方法も書いています。

　第2部では、クライアントとの信頼関係を作るための根本的な方法を書いています。さらに、質の高いコーチングを行うために、信頼関係を作ることが、なぜ必要なのかを詳述しています。コーチング、カウンセリングでは傾聴することを重視していますが、傾聴によってもたらされる効果の本質を多くのページを割いて解説しています。傾聴は信頼関係を築くだけでなく、クライアントの変化を作り出します。なぜ傾聴によってクライアントが変化するのか、その理由をわかりやすく解説しました。

　第3部では、コーチングによって、最高の力を発揮できるようになるために必要なことを書いています。特に、コーチングの創始者ティモシー・ガルウェイが確立したコーチングの3つの特徴（「①集中する」「②潜在力を信じる」「③主体性を持つ」）を徹底させることの意義を懇切丁寧に解説しています。第3部を読むことでコーチの方々は、この3つの特徴をこれまでとは違ったとらえ方ができるようになります。

　内容的に第3部が最も重要ですが、第1部と第2部を読まないと第3部

は理解できないようになっています。よって、本書は最初から順番にお読みください。先ほどお伝えした通り、今回のテーマはBeing（センスなど）の強化です。BeingはDoing（方法）に比べて理解しにくいものです。そのため、同じことを様々な角度から解説したり、あえて重複して説明している箇所が多々あります。仮に同じ説明だったとしても、どうか読み飛ばさずに読み進めてください。スパイラル状に理解が積み重なっていくように書いているからです。

　本書は平易な言葉を使って、わかりやすく説明することをこころがけました。しかし、扱っている内容が、「センスの開花」のようにつかみどころがないもののため、簡単に理解できることではありません。ですから、繰り返しお読みください。読めば読むほど味が出る本です。

**本書で学ぶ内容の骨子**
- 「普通のコーチ」と「卓越したコーチ」の間には大きな違いがある。
- 本書は、「卓越したコーチ」になるための指針を提供するもの。
- 「知識の習得」と「経験の積み重ね」だけでは伸び悩んでしまう。
- 「卓越したコーチ」になるためには、センス（才能）の開花が欠かせない。
- センス（才能）の開花は方法を習得することではない。センス（才能）の開花には、「存在（Being）の活性化」が必要。

# NLPで最高の能力が目覚める
# コーチングハンドブック
知識と経験を最大化するセンスの磨き方

**目次**

はじめに ———————————————————— 3
本書でお伝えしたいこと ———————————————— 4

## 第1部　コーチングの基礎

### 第1章 … 質問の効果

01　なぜ質問なのか？ ———————————————— 20
02　焦点化の原則 —————————————————— 22
03　大きな気づきが生まれる仕組み ———————————— 26
04　空白の原則 ——————————————————— 28
05　「焦点」と「問い」が潜在能力を開発する —————————— 32
06　「空白」がもたらす作用 ——————————————— 35
07　「空白」と「焦点」の質を高める ———————————— 37
08　コーチングの質問プロセス ————————————— 40
**Column 1**　「クローズドクエスチョン」と「オープンクエスチョン」 —— 44

### 第2章 … コーチングのプロセス

01　コーチングの全体図 ———————————————— 46
02　目標の明確化と現状の確認 ————————————— 48

- ③ 課題の明確化 ─────────────────── 50
- ④ 課題の克服 ──────────────────── 52
- ⑤ GROWモデル① GROWモデルとは ─────────── 54
- ⑥ GROWモデル② Option（選択肢）の摘出 ──────── 56
- ⑦ GROWモデル③ What,When,Who,Will（何を、いつ、誰がするのか。そしてそれを実行する意思）─────── 60
- ⑧ 「義務役割」と「自発性」の違い ─────────── 64
- **Column 2** 「フィードバック」 ─────────── 68

# 第3章 … 変化とプログラム

- ① 変化はどうやって起こるのか ─────────── 70
- ② 人間の中のプログラムとは ──────────── 72
- ③ プログラムの仕組み ─────────────── 74
- ④ プログラムと変化の関係 ──────────── 76
- ⑤ 無意識はなぜプログラムを作るのか？ ───────── 78
- ⑥ 無意識とプログラムの関係 ──────────── 81
- ⑦ プログラムの特徴 ──────────────── 83
- ⑧ プログラムは発達のどの段階で固まるのか ─────── 86
- **Column 3** コーチング例「メタファーを使ったコーチング」── 90

# 第4章 … 自己同一化

- ① 自己同一化とは ────────────────── 92
- ② プログラムの意識化と脱同一化 ──────────── 96
- ③ プログラムの役割と機能 ──────────── 98
- ④ 身体感覚が物事の価値を決める ────────── 100
- ⑤ 思い込みの方にリアリティを感じるのはなぜか？ ───── 102

⑥ プログラムが思い込みを生む ─────── 104

## 第5章 … 脱同一化とコーチングの実践

① 幻想の中で生きる私たち ─────── 110
② プログラムが稼動する時しない時 ─────── 114
③ リフレームでフィルターをかけかえる ─────── 118
④ 脱同一化とは ─────── 122
⑤ コーチングで課題解消と目標達成が実現する仕組み ─── 126
⑥ 脱同一化のための質問 ─────── 128
⑦ 焦点移動の基本 ─────── 136

## 第2部　クライアントとの信頼関係の作り方

## 第6章 … コーチングと無意識

① 心が開くとはどういうことか ─────── 140
② クライアントの心を開く方法 ─────── 144
③ コーチの内面がクライアントに伝わる仕組み ─────── 146
④ 相手の発散するエネルギーを感じる ─────── 148
⑤ ペーシングとは ─────── 150
⑥ 安全・安心とは ─────── 152
⑦ ペーシングの基本 ─────── 154
⑧ ペーシングの実践のコツ ─────── 156
⑨ ペーシングの効果 ─────── 160
⑩ 無意識で察知している情報に気づく ─────── 162
⑪ ペーシングを上達させる ─────── 164
⑫ 五感の力を鍛えるとは ─────── 168

⑬ 五感の力を鍛える方法 ——————————————— 170
**Column 4** バックトラック（オウム返し）——————— 172

# 第7章 ⋯ 直観力を磨く

① コーチとクライアントの鏡の関係 ——————— 174
② 自由なコーチとは ——————————————— 180
③ スポンサーシップとは ————————————— 184
④ 深く理解してもらうとはどういうことか ———— 186
⑤ スポンサーシップのトレーニング ——————— 192

## 第3部 コーチングによる「最高の力」の引き出し方

# 第8章 ⋯ コーチングによる目標達成

① 願望の正体 —————————————————— 196
② 意識と無意識の認識の特徴 —————————— 202
③ イメージには"現在"しかない ————————— 206
④ 無意識のイメージトレーニング ———————— 208
⑤ 欠乏感の解消 ————————————————— 212
⑥ イメージの変化が願望実現の近道 ——————— 216
⑦ 願望の意図化 ————————————————— 220
⑧ 願望の意図化のためのアズ・イフ・フレーム —— 224
⑨ アズ・イフ・フレームのやり方 ———————— 226
⑩ アズ・イフ・フレームを活用するために ——— 232
**Column 5** 「傾聴」と本書の内容との関連について —— 238

## 第9章 … パフォーマンスの高い状態を作るために

- 01 高い能力の発揮とは — 240
- 02 内的会話と能力の発揮 — 242
- 03 パフォーマンスが高い時の状態とは — 246
- 04 無意識の自動運転の鍵はプログラムにある — 248
- 05 意識・無意識とプログラム — 250
- 06 無意識が意識に従う時 — 256
- 07 最高の力を発揮する状態とは — 260
- 08 内面を整える方法 — 264
- 事例から学ぶ 「自然とできる」意識状態とは — 270
- Column 6 「逃げること」も大切な選択肢 — 272

## 第10章 … 集中力を生み出す

- 01 パフォーマンスを最大化させる仕組み — 274
- 02 集中とは — 278
- 03 集中はどのように生み出されるか — 282
- 04 最高の力が発揮されている状態とは — 288
- 05 集中には興味・関心が必要になる — 294
- 06 コーチングで「ありのままに見る」 — 296

## 第11章 … 無意識を信頼する

- 01 無意識を信頼するとは — 304
- 02 無意識への信頼を阻むものとは — 308
- 事例から学ぶ ビギナーズラックはなぜ起こる？ — 310
- 03 なぜコーチングに無意識の自動運転が欠かせないのか — 314

| 事例から学ぶ | 初めての「無意識の自動運転」はどんな体験なのか ── 318
- 06 モデリングが重要な理由 ── 328
- 07 モデリングの実践 ── 332
- 08 能力発揮を妨げるもの ── 336

## 第12章 … 主体的に生きる

- 01 クライアントに選択権をゆだねる ── 344
- 02 クライアントの主体性を促す ── 348
- 03 自主性を重んじると何が起こるのか ── 354
- 04 コーチングの3要素の関係 ── 358
- 05 人間には2人の自分が内在する ── 360
- 06 相反するプログラムを乗り越える ── 368
- 07 気づきを得るための状態を作り出す ── 374
- 08 ミッションに気づく ── 378
- 09 いたるところでコーチングは実践可能 ── 384
- 10 課題を乗り越える ── 390

おわりに ── 394
参考文献 ── 397

# 第1部
## コーチングの基礎

# 第 1 章
# 質問の効果

# 01 なぜ質問なのか？

## 質問されることによって私たちはどのような影響を受けるのか？

　第1部の内容は、とても基本的なことですが、ここをしっかり理解することで後の章で扱う応用的な内容を深く理解できるようになります。特にこの章では、これまでにない新鮮な視点から、コーチングの優れた点を解説しています。よって、初学者だけでなく、コーチングを一通り学んだという方も必ずお読みください。

　まずは、質問の意義を深めることから始めます。

　コーチングは、おもにコーチがクライアントに質問することで進みます。そこでまずは、

　**なぜ、質問なのか？**
　**人間は質問されることによってどんな影響を受けるのか？**

について解説します。

　はじめに、以下の質問をされたと思って、答えを考えてみてください。

> 「昨日あなたが体験した感謝すべき出来事があるとしたら何でしょう？」

　さて、この質問に対してあなたにどんな反応があったでしょう？

　おそらく、あなたの思考の方向が変わったのではないかと思います。それまで考えていたことが中断され、昨日の記憶を検索し始めたのではないでしょうか？

　そして、「これは感謝すべき出来事だったかなぁ？」「あれはどうだろう？」などと考え始めることになります。

　仮に上記の質問の答えとして、ある人は、
「昨日、締め切り間近の企画書を集中して作っていたら、部下が手伝ってくれた」

と答えるかもしれません。
そこでさらに、

> 「どうして、そのことに感謝したのですか？」

と質問したらどうでしょう？　今度は、感謝した出来事を見つけるのではなく、その出来事によってなぜ自分は感謝したのか、その理由に焦点が当たるでしょう。例えば、
「自分のペースが尊重されて嬉しかったから」
などと答えるかもしれません。ここでは、個人的な価値観などが明らかになるでしょう。価値観は個々の出来事の裏側にあるものです。
さて、「どうして、そのことに感謝したのですか？（2番目の質問）」と質問する代わりに、

> 「他に、感謝すべき出来事はありませんか？」

と質問したらどうでしょう？
この場合は、1番目の質問と同じレベル、つまり「感謝すべき出来事」をさらにいくつか探すことになったでしょう。
**このように、質問によって私たちの思考の方向と深さが決まるのです。**

# 02 焦点化の原則

### 人間の思考は双眼鏡のようなもの

　20頁に挙げた事例では、「感謝すべき出来事」に焦点を当てる所から始めて、その後それを深めていきました。これは、質問を受ける側が、質問によって自分の焦点を移動させていることを意味します。

　これは、世界（外部）を双眼鏡で眺めることにたとえられます。私たちが双眼鏡を使って世界を眺める時、まずはマクロな視点で見たいものを探すでしょう。

　例えば、双眼鏡を使って富士山を眺めてみたいと思ったら、まずは双眼鏡をマクロにして富士山の全景を見るでしょう。その後、さらに細かく見てみたいポイントが見つかるかもしれません。例えば、富士山の噴火口付近を詳しく見てみたいと思ったら、ミクロな視点に切り替えるでしょう。

　ここで大切な点は、マクロな視点にすると、ミクロな部分は見えなくなってしまい、ミクロな視点にすると富士山の全景（マクロな風景）は見えなくなってしまうことです。あたりまえのことですが、2つの視点を同時には選べないのです。人間の意識もこれと同じ特徴を持ちます。

### 意識は同時に2つのことをとらえられない

　先ほど、「感謝すべき出来事」に焦点を当てる所から始めて、その後それを深めていきました。以下の通りです。

---

① 「昨日あなたが体験した感謝すべき出来事があるとしたら何でしょう？」
② 「どうして、そのことに感謝したのですか？」
③ 「他に、感謝すべき出来事はありませんか？」

---

　①の質問は、この質問を受ける前に考えていたことから、質問の内容に

意識を向けさせます。例えば、企業内コーチングの場面で、上司が部下に呼び出されて、①の質問を投げかけられたとします。部下は「いったい上司は何のために僕を呼んだのだろう？」などと漠然と考えているかもしれません。それが、①の質問を受けた途端に、その答えを検索し始めて、①の質問の答えの内容（感謝すべき出来事）に焦点が当たるのです。

②の質問は、①の質問の答えの背景（価値観など）を探るためのものでしたね。この質問を投げかけられると、クライアントの意識は、感謝した出来事からさらに一段深いレベルに移動します。価値観などは感謝の原因を作り出すレベルなので、一段深いと考えられます。

仮に、①の質問の後に③の質問が投げかけられたら、①と同じレベルで別の内容に焦点が当たるでしょう。①と③は感謝した出来事を思い出す問いのため、同じレベルであることがわかります。

では、①と②の質問を同時にされたとして、同時に答えることができるでしょうか？

実際に誰かにこれらの質問をしてもらったらわかりますが、同時には答えられません。まずは、①の質問に意識を向けて、その答えが出てきてから②に答えるという２段階になるはずです。２つの異なったレベルの質問を同時に考えることはできないのです。先ほど挙げた双眼鏡の例で考えると、マクロ視点とミクロな視点を同時に見ることができないのと似ています。

では、①と③の質問を同時に投げかけられたとしたらどうでしょう。この場合は基本的に同じ内容の質問を２回されたのと同じです。ですが、意識は同時に２つの感謝すべき出来事を思い出すことはありません。まず感謝すべきことを１つ思い出します。そして、他に感謝すべきことはなかったのかを思い出すことに意識が向かうでしょう。①と③は同じレベルの質問ですが、やはり同時には考えられないのです。

双眼鏡で右の方向を見ると、左の方向を見られなくなるのと同じです。

レベルの異なった２つのことであろうが、同じレベルの別の対象であろうが、意識は同時に２つのことをとらえられないのです。意識は１つひとつのことしか焦点を当てることができないのです。このような意識の特徴を、私は「焦点化の原則」と名づけました。

> **焦点化の原則**
> 意識は同時に２つ以上のことをとらえるのが苦手である。よって焦点化が起こる。

　この「焦点化の原則」の理解は、コーチングをシンプルに理解するのに役立ちますので、もう少し解説します。
　例えば、あなたは、「テレビ番組を集中して見る」ことはできます。また、「今晩何を食べようかと考える」こともできます。しかし、テレビ番組に集中しながら、今晩何を食べようかと考えると混乱します。もちろん、私たちはテレビを見ながら、あるいはカルチャースクールで講義を聞きながら、今晩何を食べようかと考えることはあります。しかし、このように考えている時は、テレビや講義をうわの空で見聞きしていることになるのです。
　私たちは内側に意識を向けると、外側に意識が向かわなくなります。逆に、外側に意識を向けると、内側には向かわなくなりますね。交互に、内側、外側と移動させることはできますが、同時には難しいのです。同様に、未来のことを考えながら同時に過去のことを考えることはできないでしょう。

## 質問は「１つしかない焦点」を自在に動かす強力なツール

「焦点は１つしかない」、これはあたりまえのことのように聞こえます。
　しかし、「焦点化の原則」を意識できるかどうかでコーチングの質が変わってくるのです。つまり、**「コーチングの本質は１つしかない焦点を、どこに向けるか？」**なのです。その際に道具として質問を使うのです。
　ですから、**クライアントにどのような質問をしたかよりも、クライアントの焦点がどこに向かったかの方が大事**ということになるのです。コーチングはおもに質問によって変化を作り出すことになりますが、コーチは感じたことをフィードバックしたり、メタファー（比喩）を伝えることもあります。場合によっては、フィードバックやメタファー（比喩）の方が、適切に焦点を動かすことができるからです。

## メタファー（比喩）による焦点の移動例

　かつて、部下の長所を見つけて伸ばしたいと思っているものの、それができず罪悪感を持っているという管理職の方から相談を受けたことがあります。彼は、部下のできていないところばかりに目が行ってしまうと言うのです。

　一通り彼の話を聴いた後、こう切り出しました。
「子どもの頃、学校で視力検査ってありましたよね。確かCのようなマークを使っていたと思います。あのCのようなマークのどこにまず目が向きましたか？　欠けている白いところですか？　それとも黒い部分ですか？」と尋ねました。

　すると彼は「欠けている方ですよね」と答えます。
「そうですね。同じように人に対してもできているところよりも、ダメなところの方が目につきやすいのは普通です」「だから、あえて黒い部分、つまり、できているところや、すでにあるところに目を向けるのは意識して努力しないと難しいかもしれません」「そういう人間の自然なクセに逆らうことを今、○○さんはやっているので、最初からすんなりとうまくいくほうが珍しいのです」「自転車も最初は意識して体のバランスを取りますが、慣れてくると何も考えなくても乗れるようになりましたよね。人の良さを見つけるというのも自転車に乗れるようになるのと似ているかもしれません」

　これらのことを話しているうちに、彼はリラックスしていきました。できない自分に焦点が当たっていたのが、新しい習慣を身につけようと挑戦している自分に焦点が移ったからです。このようにメタファー（比喩）を使うことによっても焦点が切り替わり、気づきが得られます。

# 03 大きな気づきが生まれる仕組み

## 大きな気づきは普段焦点を当てることのない領域から出てくる

22頁の質問①は「感謝すべき出来事に焦点を向けさせる質問」で、一方の質問②は「感謝すべき出来事の奥にある理由（価値観など）に焦点を向けさせる質問」でした。

質問①の答えは少し考えたら思い出せるかもしれません。しかし、質問②の答えはなかなか出てこないのではないでしょうか。特に、コーチングに慣れていない人は、自分の中にどんな価値観があるのかに焦点を向けることは少ないでしょう。このような場合は価値観などを導き出す質問をされても、なかなか答えが出てこないのです。

しかし、コーチングにおいてはこのような「答えがなかなか出てこない質問」がとても大切な意義を持ちます。**大きな気づきとは、普段焦点を当てることのない領域から出てくるものだからです。**

## 「気づき」が人生を変えていく

旅行好きな人が、「何をしたいか」と問われれば、「旅行をしたい」という答えが返ってくるかもしれません。この場合は、いつも考えていることですのですぐに答えが出るでしょう。わかっていることを答えただけなので「気づき」がもたらされたわけではありません。普段通りの考えを述べただけなので、行動を変えようという意識が芽生えることもありません。

では、「あなたの命があと1年しかなかったとしたら、何をしたいですか？」と問われればどうでしょう。

今度は、すぐには答えが出ないかもしれません。そんなことは普段考えないからです。しかし、この質問によって、「時間に限りがある」ということに意識が向かいます。そして、「時間に限りがあるという前提」で考えることによって、今大事だと思っていること以上に大事なことに気づくことがあります。これは、普段考えていないことですので「気づき」です。

大きな気づきは生き方を変えるほどの力すらあるのです。
　普段考えていないことに気づくため、驚きの感情を伴っている場合も多いものです。

## コーチは普段意識していないことに焦点を当ててくれる

　コーチングによって人生が変わった人は大勢いますが、クライアントの焦点を普段意識していないことに向けさせることによって、コーチはこれほどの変化を作り出すのです。その道具として「質問」があるのです。
　これは1人で自問自答するだけでは難しいのです。なぜなら、思考がパターン化されているため、「気づき」が起こるような領域に焦点を当てられないからです。
　このように、**これまで向けていなかった領域に焦点を当てることに莫大な価値が眠っているのです**。そして、これは誰の中にもあるものです。しかも、質問によって焦点を当てるだけですので、方法は極めてシンプルです。コーチングが瞬く間に世界中に普及していったのも、そこに「効果性の高さ」と「実践しやすさ」が両立しているからなのです。

# 04 空白の原則

### 「質問」は自動検索機能を働かせる

　すでに、質問の大きな意義として「焦点を自在に動かせること」を挙げています。これを「焦点化の原則」を深める形で解説しました。
　さらに、質問にはもう1つ大きな意義があります。
　それは、**「脳に空白（わからないこと）を作る」**というものです。
　脳はわからないこと（空白）があると、答えが出るまで考え続ける傾向があります。脳は「わからないという状態（混乱）」を嫌うため、それを回避する働きがあるからです。そのため人間は質問されると、検索機能が自動的に働き始めます。コーチングにより深い気づきが起こるのは、この原理が働いているためなのです。

### 脳は「わからないという状態」を嫌がる

　例えば、あなたは会話中に話題に上がった俳優の名前が思い出せずモヤモヤした経験はありませんか？　さらに、その時はどうやっても思い出せなかったのに、まったく別のことに意識を向けている時などに、その名がふっとひらめいたという体験もあることでしょう。
　誰かの名前を思い出せない時に、モヤモヤした嫌な気持ちになるのは、脳が「わからないこと」を嫌うからです。この「わからないこと」のことを、この本では「空白」と呼ぶことにします。誰かの名前が思い出せない時などは、その名前が頭の中にない状態、つまり「空白（空っぽ）」になっている状態と例えることができるからです。
　推理小説は、この人間心理をうまくついて書かれています。例えば、冒頭でミステリアスな事件が起こります。当然、犯人がわからない（空白）状態に置かれますから、読者は早く知りたい（空白を埋めたい）という気持ちになります。そこで、いやおうなしに一気に読んでしまうことになるのです。

テレビドラマや週刊の連載マンガなども同じく「空白（わからない状態）」を上手に使っていますね。番組の最後のシーンで強烈な空白を作って終わっている場合が多いものです。当然、視聴者は空白を埋めるために、来週も見たいという気持ちになるのです。
　この「脳が空白を埋めたがる原理」を、この本では「空白の原則」と呼ぶことにします。

> **「空白の原則」**
> 脳は「空白」を作るとそれを埋めようとする。

## 質問は「焦点」だけでなく「空白」を作る

　ここで、コーチがクライアントに質問するという行為を別の角度から見ていきたいと思います。
　すでにお伝えしている通り、ある質問は、意識をある焦点に向けさせます。もう一度、22頁の質問①をご覧ください。

> **質問①**「昨日あなたが体験した感謝すべき出来事があるとしたら何でしょう？」

　この質問をされることによって、焦点が質問の内容に向かうと説明していますね。ただし、この質問の答えは、早い人は数秒で浮かぶかもしれません。しかし、数分考えないと浮かばないという人もいるでしょう。
　ということは、短い時間なのか、長い時間なのかは別として、質問をされることによって脳に「空白」ができているのです。
　さらに以下の質問②は、価値観など個々の出来事の裏側にあるものを引き出す質問でしたね。

> **質問②**「どうして、そのことに感謝したのですか？」

　これは、多くの人にとって、質問①よりも答えが出るのに時間がかかる

と予想されます。ということは、質問②は質問①よりも長い時間の「空白」をクライアントに提供することになるのです。

　つまり、**コーチングの質問は「焦点」を作り出すと同時に「空白」を作り出すのです。**

## 脳は寝ている間も「空白」を埋めるために働き続けている

　ここまでで、質問をされると脳に「空白」ができるということが明らかになりました。また、脳は「空白」を作るとそれを埋めようとする働きがあることもお伝えしました。

　質問をされた人は、本人が思っている以上に質問の答えを出すことに力を尽くすことになるのです。それは、**意識だけでなく、莫大なパワーを秘めていると言われる無意識（潜在意識）までを使って答えを出すことを意味しています。**さきほど紹介した人の名前が思い出せずモヤモヤした時などに、別のことに意識を向けている時などにフッとひらめいた、という話もその一例です。別のことを考えているということは、もう人の名前を思い出すこととは全く違うことに意識が向かっているのです。しかし、探していた人名がフッと思い出せたとしたら、これは普段使っている意識とは違う脳の働きによってもたらされたものです。実際には「思いがけず浮かんできた」という体験になるでしょう。

　ここから理解できることは、人間の脳は質問された時にだけ、質問の答えを探しているわけではないということです。脳は空白を嫌うので、寝ている間も質問の答えを探し続けています。コーチングの質問によって、変化するための最良の「空白」をクライアントの脳に残すことができるのです。

# コーチングの質問の効果

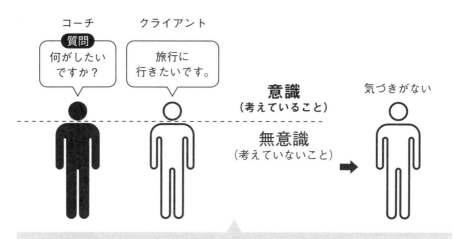

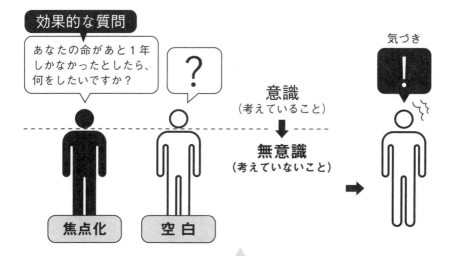

# 05 「焦点」と「問い」が潜在能力を開発する

## 「問い（空白）」を持つことは最高の潜在能力開発法

　26頁で「コーチングにおいては『答えがなかなか出てこない質問』がとても大切な意義を持ちます」と書きましたが、実際のところ、「答えがなかなか出てこない質問」を受けるのは嫌だなと感じる人もいるはずです。「空白の原則」の解説でお伝えした通り、脳は「わからないという状態」を嫌うからです。ですから、「難しい問い」を嫌う人も多いでしょう。

　しかし、その「空白」とともに過ごすと、意識だけでなく無意識（潜在意識）までがその答えを引き出すのに協力してくれるのです。

　後の章で解説しますが、人間が大きな能力を発揮するには無意識の活用が不可欠です。そして、無意識の活用のための効果的かつシンプル方法が質問をする（問いを持つ）ことなのです。

## 人生の質は「問い（空白）」の質

　「問い」は脳の中に「空白」を作り、そこに関心（焦点）を向けさせることになります。あなたも、あなたが大切にしている分野の問い（空白）があるはずです。それがあなたの関心であり、放っておいても（無意識的に）、その関心に「焦点」が向かうはずです。

　例えば、就職活動をしている学生の頭の中であれば、「どの業界で働くべきか」「どの会社に行くべきか？」といった「問い」が「空白」を作っていることでしょう。よって、就職活動を意識していない時にも「問い（空白）」を埋めようとして脳がフル回転することになるのです。

　私は就職活動中に、いたるところで求人情報を見つけました。朝起きて、ボーっと新聞を読んでいるだけで、求人情報をたくさん見かけました。休日に町を歩いていても、求人情報が掲載された看板をいたるところで見つけたのです。

　これらは、見つけようと意識していたわけではありません。勝手に目に

飛び込んできたのです。勝手に（無意識的に）「焦点」が「空白」が埋まる方向に向けられていたからです。

私の中に「どの業界で働くべきか」「どの会社に行くべきか？」といった「空白」があったので、脳がその「空白」を埋めるべく情報集めにフル回転していたのです。

現在も毎朝新聞を読んでいますが、ほとんど求人案内に目が行くことはありません。町を歩いていても、求人広告を見かけることはありません。ですが、決して求人広告が世の中からなくなったわけではありません。私の「焦点」がそこに向かわなくなったからです。「どんな職業に就きたいのか？」という「空白」が今はないからです。

## ①「焦点」が「空白」を作り出す

就職活動を始める前の私は、「どんな職業に就きたいのか？」ということに「焦点」を向けていませんでした。それまでの私は、このようなことを真剣には考えていなかったからです。それが、就職活動を始めて、「どんな職業に就きたいのか？」と考えるようになりました。この「問い」に「焦点」が向かうようになったのです。しかし、この「問い」の答えはすぐには出ず、「空白」ができたのです。

これは、**「焦点」が「空白」を作り出した**と言えます（「焦点」→「空白」の順）。そして、脳（潜在意識を含む）が、その「空白」を埋めるべくフル回転し始めたのです。よって、以下のようになります。

「焦点」──→「空白」

## ②「空白」が「焦点」を作り出す

「空白」を持った私の脳がフル回転した結果、私はいたるところで求人情報を見つけたと書きました。求人情報が勝手に（無意識的に）目に飛び込んできたのです。「空白」があるから知りたい。知りたいから「焦点」が勝手に（無意識的に）「空白」を埋めるための情報に向いていたのです。

この場合は**「空白」が「焦点」を作り出した**のです（「空白」→「焦点」

の順)。よって、今度は以下の図のようになります。

> 「空白」 ⟶ 「焦点」

## 「焦点」と「空白」の連鎖が人生を作る

このように、「焦点」は「空白」を作り出しますが、「空白」もまた「焦点」を作り出すのです。

「焦点」を向けた領域に「空白」ができますので、「焦点の質」が、「空白の質」を決定します。就職活動中の学生は「焦点」が「就職」に向いています。よって、「空白」も「就職に関するもの」となります。

そして、「就職に関する空白」は、就職に関する情報に「焦点」を向けさせるのです。その結果、**就職活動中の学生は寝ても覚めても就職活動について考えることになるのです**。就活を意識している時も、就活について考えていない時も脳は「空白」を埋めようと活動しているからです。

このように、「空白の質」が、見るもの、聞くもの、体験するものの質を決定することになるのです。

### 「焦点」と「空白」の連鎖①

**「焦点」➡「空白」**
「焦点」が「空白」を生み出す

質問によって脳の中に「空白」を作り、そこに関心（焦点）を向けさせる

**「空白」➡「焦点」**
「空白」が「焦点」を作り出す

無意識的に「焦点」が「空白」を埋めるべく情報集めに脳がフル回転する

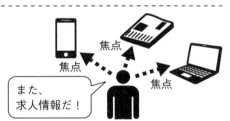

# 06 「空白」が もたらす作用

## 「空白」の質が見るもの聞くものの質を決定する

　ここまでの解説で、「空白」と「焦点」の連鎖が、私たちが見るもの、聞くものに大きな影響を与えることが理解できたでしょう。

　極端なことを言うと、ネガティブな人には、ネガティブな「焦点」があるのです。ネガティブな「焦点」はネガティブな「空白」を作ります。そして、ネガティブな「空白」を埋めるために「焦点」を使うことになるのです。そのため、ネガティブな人は、ネガティブな情報をキャッチしやすいし、物事のネガティブな面しか見えなくなってしまうのです。このように、ネガティブな「焦点」を持ちがちな人は、潜在能力（無意識）を「自分を台なしにするため」に使ってしまうのです。しかも、それに気づくことなしに（無意識的）……。

　逆にポジティブな人にはポジティブな「焦点」があります。これは左頁の図のようにポジティブな「焦点」と「空白」の連鎖を作り出します。この場合、潜在能力（無意識）を目標達成などのために有効に活用できるのです。

　セラピストは、「もっと上手に治療するためには何が必要なのか？」などという「空白」を持っています。そのため、世界のいたる所に、その「空白」を埋めるための情報を見つけます。

　一方、まったく別の職種、例えばシステムエンジニアには別の種類の「空白」があります。システムエンジニアには、セラピストが持つ「空白」はありません。そのため、システムエンジニアにはセラピストが持つ焦点がありません。その結果、この両者は同じ世界に生きているにもかかわらず、キャッチできる情報が違ってくるのです。

# 「空白」「焦点」の連鎖②　「私はどういう仕事がしたいのか？」

●自問自答の場合

> ケース１．
> ほんとわからない。私は、何やりたいのかな？ 空白
> みんな見つけているのに。私だけ見つからない……。焦るな。 焦点
> どうやって見つけるんだろう。好きな仕事って……。 空白
> だけど、仕事しないとわからないよね。好きな仕事なんて。 焦点

→頭の中で同じ「空白」と「焦点」を繰り返す思考パターンになりがち。

●コーチングでコーチが「空白」「焦点」の連鎖を作り出した場合

> ケース２．
> コーチ　　　：どんな社会人にあこがれますか？ 空白
> クライアント：スーツ姿がカッコいいOLにあこがれます！ 焦点
> コーチ　　　：スーツ姿のOLは、どんな生活をしていますか？ 空白
> クライアント：う〜ん、経済的に独立していて、仕事とプライベートの両方が充実しているような。そんな大人の女性です。 焦点
> コーチ　　　：そのようなOLは、どのような所で働いていますか？ 空白
> クライアント：そうですね、丸の内とか都内のオフィス街ですね。 焦点
> コーチ　　　：それでは、丸の内やオフィス街で働くその人は、どんな仕事していますか？　ぜひ、直観で答えてみてくださいね！ 空白
> クライアント：う〜ん、何かお客様の相談に乗ったり、アドバイスや商品？企画？何かを提案している。そんなお客様相手の仕事ですね。 焦点
> コーチ　　　：いいですね。それでは、もう少しイメージを膨らませてみましょう。どんな人たちと仕事していますか？ 空白
> クライアント：そうですね〜、モティベーションが高い人が多い職場です！ 焦点
> コーチ　　　：そこで、あなたは、仕事を通じて何を手にしていますか？ 空白
> クライアント：やりがい？　達成感。充実感！でしょうか。 焦点
> コーチ　　　：ここまで話して、企業を選択するのに必要なことは？ 空白

→コーチの質問により、クライアントにはまだなかった新しい視点が生まれる。「焦点」と「空白」によって、効果的かつ短時間に答えが引き出されていく。

## 07 「空白」と「焦点」の質を高める

### 「焦点の質」と「空白の質」が人生の質を決定する

　ここまでの解説で、悲観的な人と楽観的な人の違いの1つは脳内にある「空白」の違いにあるということが理解できたかと思います。「空白の質」に応じて「焦点の質」が決まるため、見えるもの聞こえるものが違ってくるのです。極端な話ですが、同じ学校で同じ授業を聞きながら、悲観的な人は苦痛だと感じて、楽観的な人には興味深く感じることもあるのです。

　そして、「空白」は「質問（問い）」が作り出すものですので、コーチングによって悲観的な人を苦痛から救ってあげることすらもできるのです。それくらいに**「質問（問い）」とそれがもたらす「焦点」には人生の質を変える力が宿っている**のです。

### 人間の変革は「焦点」と「空白」の質を変えることから

　この章では、コーチングがなぜ機能するのか、その土台となるメカニズムを明らかにしてきました。そのために、コーチングの最小単位である質問の可能性について論じてきました。普段何気なく使っている「焦点」や「問い（質問）」がいかに人生を大きく変革する可能性があるかについて今一度考えてもらいたかったからです。

　私たちは1日に800回以上自問自答すると言われています。実は「卓越した結果を出している人と、そうでない人の違い」「豊かさを感じやすい人と、そうでない人の違い」などは「空白の質」とそれがもたらす「焦点の質」に大きな影響を受けているのです。このことがよく理解できるようになれば、ほとんど惰性で使っている（無意識的に使っている）「問い（自問自答）」を大切なものとして扱うのではないでしょうか。

　自分自身に対しては、ネガティブな「空白」を埋めるために使っていた時間を、ポジティブな目的を果たすための時間に変えるきっかけとなります。

　他者とのコミュニケーションの質も変わってくるでしょう。部下の頭の

中にある「空白」と「焦点」の質は、仕事の質と大きな関係があります。これがわかっていれば、部下に対する「質問」に自然と関心を示すようになるでしょう。

## コーチングは道具ではなくて人間の機能の一部

多くの企業でコーチングが導入されています。管理者のトレーニングの一環でコーチング研修が採用されています。ただし、コーチングはビジネススキルの1つだと考えられている場合が多いようです。その場合、「使えるか、使えないか？」で判断されてしまいます。コーチングが道具（1つのソフト）だととらえられてしまうからです。

ここまで見てきたように、「焦点」と「空白」は人間の生活に欠かせないものです。**「焦点」と「空白」は「道具」と言うより、「人間の機能の一部」と言ってもいいくらいのものなのです。**「焦点」と「空白」を使うことは、「息をすること」と同じくらいあたりまえのことなのです。

「焦点」と「空白」は気づかないくらいに（無意識的に）生活に密着しているものだということがわかれば、それを自在に扱っていくコーチングの正体が自ずと明らかになってきます。

## 「焦点」と「空白」を主体的に選択して生きていけるようにする

ここまでの説明で、**コーチングの本質とは、「従来通り行ってきたもの（『焦点』と『空白』）の質を高めること」**だとわかるでしょう。

これまでもそうであったように、これからも人間は「焦点」と「空白」を使って生きていくのです。ただし、先ほども書いたように私たちはこれらをほとんど惰性で使っている（無意識的に使っている）のです。その結果、悲観的なパターンの人は無意識的に（気づかずに）悲観的に「焦点」と「空白」を使ってしまいます。**コーチングとは、これまで惰性で（無意識的に）使ってきた「焦点」と「空白」を主体的に選択して生きていけるようにするものなのです。**それによって、発見できなかったことを発見したり、これまで選択できなかったことを選択できるようになります。このように、コーチングとは、いつも使ってきた、そしてこれからも使っていく「焦点」と「空白」の質を高めるものなのです。

## コーチングを取り入れるとはOSをバージョンアップすること

　このように考えた時に、コーチングには単なる１つの道具（ソフト）を習得する以上の価値があることがわかるでしょう。
　**コーチングを生活に取り入れることは、人間自体を動かしているOS（ウインドウズなどパソコンそのものを動かすソフト）をバージョンアップするようなものなのです。**
　先ほど、多くの人は無意識的にしか「焦点」と「空白」を使えていないと書きました。これは、人間はパターン化された「問い（質問）」をリフレインさせてしまっていることを意味しているのです。
　極端な例ですが、悲観的な人は、悲観的な視点（焦点）から世界を見る癖（習慣）があります。その結果、いつものネガティブな牢獄から出られなくなっているのです。人間がマンネリ化した発想しかできなくなってしまっている理由もここにあります。
　「発想力が豊かな人」の特徴は、目の付け所（焦点）が違う点にあります。前向きな人の特徴は、「どうしたらできるか？」という「空白」がある点にあるのです。これら、「発想力が豊かな人」などの焦点を活用するだけでも見えるものが違ってくるでしょう。ネガティブな人は、ネガティブなものしか見えないのではなく、ネガティブなものしか見ていない（焦点を当てていない）のです。コーチングは質問により普段見ないことに焦点を当てさせます。これが、無意識的なパターンを打破するきっかけとなります。
　コーチは「焦点」と「空白」が、人生の方向から出来事の反応の仕方までを決定しているということを知っています。コーチングによって、人間を停滞させる無意識的なパターンに気づき、意識的に肯定的な結果を出すための焦点と空白を選択することができるのです。とても小さなことのように聞こえるかもしれません。しかし、大きな変化も小さな１つの焦点から始まっているのです。

# 08 コーチングの質問のプロセス

## 「焦点」から「空白」を、「空白」から「焦点」を作り出す

　ここまでの解説で、コーチングの最小単位である「質問」の意義を感じ取っていただけたのではないかと思います。この章を終えるに当たって、ここまで解説した「焦点」と「空白」という観点からコーチングの基本的な流れをまとめておきます。

　33頁で、「焦点」が「空白」を作り出し、その後「空白」が「焦点」を作り出すとお伝えしましたが、ここでは、このプロセスをコーチングに当てはめて考えてみます。コーチングにおけるコーチとクライアントのやり取りの中で、「焦点」と「空白」がどのように機能しているのかを見てみましょう。以下のプロセスを図解したものが42頁にあります。

> ①コーチはクライアントに「質問（問い）」を投げかけます。

> ②①は、クライアントの「焦点」を質問の内容に沿った領域に向けさせます。

　質問の内容に沿った領域にクライアントの焦点が当たった後、しばらく「空白」ができます。深い質問（なかなか答えがでない質問）であればあるほど沈黙の時間が長くなります。基本的に深い質問であればあるほど「空白」が長く継続するからです。
ここで「A．答えが出る場合」と「B．答えが出ない場合（あるいは出た答えがしっくりこない場合）」があります。

> ③－A、答えが出たらそれで「空白」が埋まります。クライアントはスッキリするでしょう。

この段階で、プロのコーチは巧みに質問を繰り出しますので、セッション中に「空白」が埋まることが多くあります。

> ③－B、答えが出ない場合（あるいは出た答えがしっくりこない場合）は、「空白」が埋まりません。当然、「空白」が残ります。

> ④（③－B「空白」が残った場合）、引き続きクライアントの脳（意識＋無意識）は答えを探し続けることになります。

　その結果、残った「空白」が、それを埋めるための（答えを見つけるための）「焦点」を作り出します。脳は「空白」を作るとそれを埋めようとします。よって④でできた「焦点」が「空白」を埋める情報を探索し続けます。

> ⑤日常生活の中で、この「空白」が埋まる（答えが出る＝気づく）とスッキリします。

　ここで「空白」が埋まっていない場合は、次のコーチングセッションで、コーチは「埋まらなかった空白」を埋めるのをサポートする質問をします。ここで「空白」が埋まる（答えが出る＝気づく）とスッキリします。

## コーチは巧みに質問を繰り出すことで気づきを促進する

　以上のフローは１人でもできます（セルフコーチング）。しかしコーチングを深く理解するまでは１人で自問自答する場合とコーチがクライアントに質問する場合では効果に大きな違いが出ます。
「自問自答」の場合は③のプロセスで答えが出ない場合、④⑤のプロセスを経て「空白」が埋まっていきます。その場合、長い時間がかかる場合があります。
　コーチがクライアントに質問をする場合は、答えがなかなか出なかった場合に（「空白」がなかなか埋まらなかった場合）、クライアントがその「空白」を埋めるためのサポートをします。巧みに質問をして、「空白」が埋まるよう、適切な領域に「焦点」を向けさせるのです。

このように、**コーチングのメリットは、気づきの質を高めるだけでなく、気づくスピードを速めるのです**。「気づきの質」と「気づくスピード」は人間の成長のスピードに匹敵します。質の高いコーチングはより高く、より速く能力を拡大するのです。

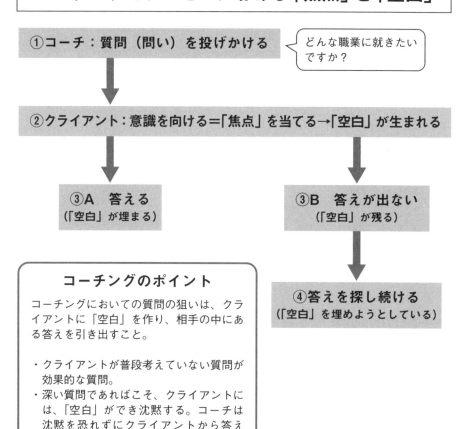

# クライアントの「空白」を埋めるための質問

**ポイント**
- クライアントの無意識(潜在意識)に焦点を当てる質問をする。
- コーチの興味や聞きたいことを聞くのではない。質問はクライアントのためのもの。

空白

| | |
|---|---|
| コーチ | どんな仕事に就きたいですか? |
| クライアント | んー。人に役立つ仕事がしたいです。 |
| コーチ | 人に役立っていると何でわかりますか? |
| クライアント | うーん。お客様の笑顔が見れたり、「ありがとう」と、声をかけてもらったりすることでわかるかな〜。 |
| コーチ | 他にはありますか? |
| クライアント | お客様がリピートしてくださるとか。私の家族も喜んでくれるのも理想です。 |
| コーチ | あなたがやりたい仕事は、お客様もご家族も喜んでいただけることですね? |
| クライアント | はい、そうです!実現できたら、私もうれしいです! |

**コーチングのメリットは気づきの質を高めるだけでなく、気づくスピードを速めるのです。**

## Column 1

## 「クローズドクエスチョン」と「オープンクエスチョン」

　質問は、クライアントの「焦点」を変え、「空白」を生み出します。そして、その「空白」を埋めるために、自分の中から答えを見出します。そのプロセスにおいて、クライアントに新しい視点を与えたり、気づきをもたらすことができるのが質問の効果です。ここでは2種類の質問の基本的な特徴をお伝えします。

### ■「クローズドクエスチョン」

　日常の会話でよく使われているのが、このクローズドクエスチョンです。「Yes」か「NO」で答えられる質問で、事実を聞く時に使います。イエス・セット（172頁参照）として、ラポールを構築する場面でも活用されます。ただし、セッション中に注意したいのは、クローズドクエスチョンだけで会話をすると、相手にとっては詰問されているような印象を与えてしまうということです。そのためにも、オープンクエスチョンと織り交ぜながら活用しましょう。

例）・楽しいですか？
　　・それは、あなたがやりたいことですか？
　　・実行できそうですか？

### ■「オープンクエスチョン」

　クライアントの思考を深め、アイディアを創造する効果があるのがオープンクエスチョンです。日頃、クライアントが焦点を当てていない所に意識を向けるため、気づきがもたらされる可能性を秘めています。

例）・将来、何を実現したいですか？
　　・現状をどのように見ていますか？
　　・どのような方法で実現したいですか？

※オープンクエスチョンは、5W1Hで作られます。
場面や目的に合わせて5W1Hを使いながら質問を作ってみましょう。

What（何、どんな）　　　　When　（いつ）
Why　（なぜ、どうして）　　Where（どこで）
Who　（だれ）　　　　　　　How　（どのように）

# 第2章 コーチングのプロセス

# 01 コーチングの全体図

## コーチングとカウンセリングの違い

「目標達成」「課題解決」のための手法はコーチング以外にも数多くあります。第1章では、コーチング的なアプローチの特徴は巧みな「質問」にあるということが理解できたでしょう。

「コーチングの目的」は、他の自己啓発手法と同じく、目標を達成することです。目標を達成するには、課題の発見とその克服も含まれます。よって、コーチングでも、カウンセリング的なアプローチも多少含まれます。コーチングとカウンセリングの大きな違いは、コーチングが目標達成を主眼においているのに対して、カウンセリングは、困難な状態の解決を目的としている点にあります。

効果的に目標を達成するためには、パフォーマンスの向上が不可欠です。例えば、クライアントが集中力を高めたいというテーマでセッションを行うこともあるのです。その際に、集中力を発揮するのを阻害する要因（課題）を取り除くためのアプローチをすることがあります。よって、コーチングでは、最大の能力を発揮できるようにするために課題を解決することも含みます。

## 目標達成の4つのプロセス

ここでは、コーチングを実践することにより、何をどのように得ることができるのかをざっくりとお伝えします。

48頁にある目標達成の全体図に示したように、目標を達成するには「①目標の明確化」「②現状の確認」「③課題（足りないもの＝ギャップ）の明確化」「④課題の克服」が必要です。これは、コーチングに限らず、あらゆる目標達成法のプロセスで語られていることです。

## クライアントが主体的に考え選択する

　この目標達成のプロセスを、先生や上司が生徒や部下に指示命令することもできます。それでも目標は達成できるでしょう。ただし、**コーチングでは、クライアントが主体的に考え、自ら選択することによってこれらのプロセスを実行します**。このことから、コーチングは「目標達成のプロセスそのもの」に特徴があるのではなく、「目標達成のプロセス」の実践面で特徴があるということがわかるでしょう。

　基本的に、人は他の誰かに決められた指示に従うよりも、自ら考え、自ら決めたことの方に興味関心を示すのです。興味関心がある時に高いモティベーションがもたらされます。さらには、このような**主体性のある姿勢**がある時に、初めて人間は最高の力を発揮できるのです。

　主体性を持つことの重要性は、あたりまえのように聞こえるかもしれません。誰でも知っていることでしょう。しかし、**実際に主体性を持てている人は少ないのです。その理由は、主体性を持つということの本当の意味を理解できていないからです**。

　シンプルに見える武道の型(かた)には深淵な理(ことわり)が潜んでいます。それを理解するには長い時間がかかります。それに気づいた達人ほど、一見退屈そうに見える型を大切にします。本当に大切なものは、一見、あたりまえで見すごしてしまうようなシンプル事象の中に潜んでいます。

　コーチングはシンプルな手法ですが、本書では、後半になるにつれて、なぜコーチングのような、考えうる限り最もシンプルな手法で人間が大きく変容するのかを解き明かしています。

# 02 目標の明確化と現状の確認

### 目標の明確化→現状の確認

　目標の明確化とは、「理想の状態」や「達成したい状態」を明らかにするプロセスです。目標には「短期的なもの」「長期的なもの」、あるいは「ビジョン」のように人生全体を貫くものまであります。右頁に書いてあるように、「ビジョン」「長期目標」「短期目標」は同じ目標の「レベルの違い」となります。すでにお伝えしているように、質問は「焦点」を移動させます。質問によってレベルの移動もできるのです。

　基本的にコーチングのセッションは1回で終わるものではありません。セッションによって、扱う目標（テーマ）が異なることもあります。また、同じ目標（テーマ）でも異なったレベルの目標を扱うことがあります。

　②現状の確認は、①で明確にした目標に対しての今の状態を明らかにするプロセスです。読者の中には、「現状の確認」をしてから「目標を明確化」をするのが順当だと考える人もいるかもしれません。どんな目標を設定するにしても、まずは現状から始めるべきだという考えです。

　しかし、**この順番で考えると「現状という枠」からしか発想できなくなるというリスクがあるのです**。第1章で繰り返しお伝えした通り、人間の可能性は「『向けた焦点』と『頭の中の空白』の質」にあります。よって、現状からできることを考えるのではなく、現状を度外視して思い切った発想をすることから始めるのです。斬新な焦点（現状を度外視し焦点）が革新的なアイデアを生み出すのです。

## 目標達成の全体図

①「目標の明確化」……「理想の状態」「達成したい状態」を明らかにするプロセス。
②「現状の確認」……明確にした目標に対しての今の状態を明らかにする。

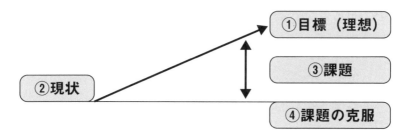

③「課題（足りないもの＝ギャップ）の明確化」……「目標を達成した状態」と「現在の状態」のギャップ（足りないもの＝課題）が明らかになる。
④「課題の克服」は③で明確になったギャップをどのようにして埋めていくのかを決定し、その意思を強化する。

## 目標レベルの違い

クライアントが、同じ目標（テーマ）でも異なったレベルの目標を扱うことがある。確認しながら進めていこう。

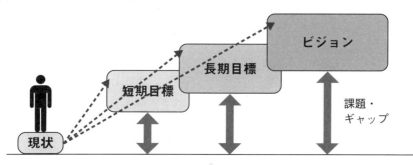

目標には「短期的なもの」「長期的なもの」、あるいは
「ビジョン」のように人生全体を貫くものまである。
「ビジョン」「長期目標」「短期目標」は同じ目標のレベルの違い。

# 03 課題の明確化

## 何を付け加えるか？ あるいは余分なものは何か？

　目標達成の４つのプロセスの続きです。「①目標の明確化」と「②現状の確認」までを明らかにすると、右頁のように、「目標を達成した状態」と「現在の状態」のギャップ（足りないもの＝課題）が明らかになります。これが「③課題（足りないもの＝ギャップ）の明確化」です。コーチングでは、このギャップ（足りないもの）を行動などによって埋めた時に目標は達成されると考えます。ただし、「①目標の明確化」と「②現状の確認」をしただけでは、漠然とした両者の違いがわかる程度かもしれません。右頁の図のように、「姿勢や動作の違い」「住んでいる環境の違い」となって現れます。

## 目標と現状のギャップが明らかになれば達成率が上がる

　ギャップを埋めた時に目標達成するのであれば、ギャップを明らかにする質問が必要です。このギャップを明らかにしていない人も多いのです。現状と目標のあまりの違いに絶望して、目標を目指すのをあきらめてしまっている人も少なくありません。多くの人は、魅力的な目標を持っていても、何をすればいいのかを明確にしていないのです。これが、「目標達成は難しい」という思い込みを作り出すのです。

　このギャップが明確になれば、どんな行動を積み重ねれば、目標に到達できるかがわかります。コーチングの場合は、質問によって「③課題の明確化（ギャップの明確化）」をします。このプロセスでは、「姿勢や動作の違い」「住んでいる環境の違い」のような漠然とした違いを、明確な違いに変えていくのです。つまり、「何が足りないのか？」を突き詰めて考察するのです。そのために、様々な角度から質問した方が良いでしょう。いくつもの質問に答えていくうちに、クライアントは何が足りないのかに気づくのです。研修講師として独立するという目標なら、「プレゼンテーショ

ンの技術」ということもあるでしょう。また、「センス（才能）」のようなつかみどころのないものかもしれません。足りないものが仮に「センス（才能）」のような計量化できないものだとしても、明らかにすることによって初めてその課題を克服する方法がひらめく可能性が生まれるのです。

　**さらにこのプロセスでは、足りないものだけではなく、余分なものがないかも明らかにします。**例えば、研修講師になるという目標があっても、「人間が怖い」という恐怖症があれば、それを手放さないと理想の状態を実現できません。下の「姿勢や動作の違い」は、何かを得るだけでなく、何かを手放すことも加えて初めて実現できるのです。「得るもの」「手放すもの」両方を精査します。

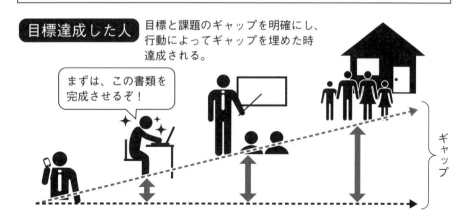

# 04 課題の克服

### 選択肢を引き出し→決意して→実践する

　最後のプロセスは「④課題の克服」です。このプロセスでやることは、③で明らかになったギャップを埋めていく方法を決定することと、その意思を強化することです。

　③までのプロセスで、「何を付け加える必要があるのか？」と「何を手放す必要があるのか？」が明確になります。ただし、これらギャップを埋める方法は無数にあるのです。ですから、コーチはクライアントからいくつもの選択肢を引き出します。その上で、クライアントに最善だと思われる選択肢を選んでもらいます。
「研修講師になる」という目標で足りないものが「プレゼンテーションの技術」だったとしたら、どんな選択肢があるでしょう？　トレーニングできることはたくさんあるはずです。私の知り合いの研修講師はヴォイス・トレーニングを受けていました。別の研修講師は柔軟性を身につけるために演劇の教室に通いました。

　課題が明確になり、それを克服する方法を選択したら、小目標に落とし込めたということになるでしょう。ビジョンのような大きな目標は輝かしいけれど、どこから手をつけたらいいのかがわからないものです。よって、すぐにでも食べられるサイズ（小目標）に切ることが大切なのです。ただし、**大切なことは小目標を立てることではなく実行することです**。そのため、コーチはクライアントに繰り返し「意思」を確認します。「いつからしますか？」「誰がやりますか？」などの質問によって意思を強化します。また、コーチは毎週進捗を確認する際に、焦点を目標に向けさせて、いつまでも初心を意識させるのです。

# ③課題・ギャップ明確化　④課題の克服

どのようにして明確にしていくか？

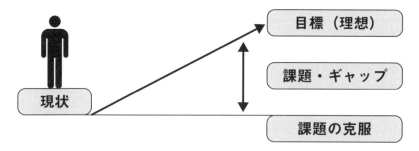

質問例

## ②課題・ギャップを明確にする質問

実現するために、何が足りないのか、また余分なものは何かを明確にしていく。つまり、「得るもの」「手放すもの」両方を精査する。

・弊害になっているものは何ですか？
・成果を手に入れるのを止めているものは何ですか？
・成果を手に入れるために不足していることは何ですか？
・手放す必要があるとしたら何ですか？
・モティベーションを下げているものは何ですか？

## ④選択肢を引き出す質問

いくつもの選択肢を引き出す。その上で、クライアントに最善だと思われる選択肢を選んでもらう。大切なことは小目標を立てることではなく実行すること。そのため、コーチはクライアントに繰り返し「意思」を確認する。

・課題解決のために、やろうと思ったことは何ですか？
・ギャップを埋めるためには、何が必要ですか？
・現状を10点上げるために、何をやりたいですか？
・どのようなシステムがあると、改善できますか？
・まだやっていない方策は何ですか？

# 05 GROWモデル①
# GROWモデルとは

## コーチングの基本モデル

　コーチングの良さは型(かた)にはまらないところにあります。状況に応じて柔軟に関わっていくのです。そのため、型が少ないのもコーチングの特徴と言えるでしょう。しかし、コーチングの学習の初歩の段階においては、ある程度の枠組みがあった方が実践しやすいのも事実です。「枠がなく、何をしても良い」と言われると、初学者は戸惑うことになるでしょう。

　そこで、本書でも最小限のコーチングのモデルをご紹介します。

　ここまで目標達成の4つのプロセスを説明してきました。これはコーチングに限定されない、あらゆる目標達成に必要な手順です。この目標達成のプロセスを実現するコーチング法として、本書ではGROWモデルを紹介します。

## GROWモデルの4つのプロセス

　GROWとは「Goal（**目標**）」「Reality（**現実**）」「Option（**選択肢**）」「What、When、Who、Will（何を、いつ、誰が、するのか。そしてそれを実行する**意思**）」の頭文字を並べたものです。

　コーチングに関する最もポピュラーなモデルの1つです。「Goal」→「Reality」→「Option」→「What、When、Who、Will」の流れでクライアントに関わるのがGROWモデルの基本です。

　GROWモデルのキーワードとなる「目標」「現実（現状）」「選択肢」「意思」はすでに、目標達成の4つのプロセスでも紹介しています。

　GROWモデルの手順に沿ってコーチングすることによって、比較的簡単に「目標」「現実（現状）」「選択肢」「意思」を明らかにできるのです。特に初学者は、初めのうちはGROWの順に質問を投げかけることを意識してみてください。

## 目標を明確にすることから始めるだけでも達成率は上がる

　目標達成の４つのプロセスで、すでに「①目標の明確化」→「②現状（現実）の確認」の順で進める旨を解説しています。現実（現状）を考えるのではなく、自由に目標を描くことから始める癖をつけるだけでも目標達成率は向上します。**現状から考えると、普段の保守的なパターンに支配されがちになります。**後の章で明らかにしますが、これが人間が変化できない最大の理由なのです。

　また、目標を明らかにして、その実現のために現実的なステップを明らかにしていく方が、クライアントは創造的かつ意欲的になれるのです。これも第３部で詳細を述べることになりますが、人間は興味関心を持てた時に、スーパーコンピュータである潜在意識（無意識）が働き始めるからです。その時に、人間は創造性を発揮できるのです。

　例えば「商品の売り上げが低迷している」という問題があったとします。それを、現実（現状）を探ることから始めると、売上低迷の理由の探求と、その補強の方法の考案に終始するかもしれません。これは、「現行システムの修正」を念頭においた目標設定となります。時にはこの方法で考えることも大事な場合もありますが、すでに知っていることの延長線上ですので創造性は発揮されにくいでしょう。

　一方、「商品を売り上げるための最適な方法」とは何かを最初に考えた時に、全く新しい販売システムが生まれるかもしれません。そして、この新システム構築についてのアイデアを出す作業は創造的かつ挑戦的な空気を醸し出すでしょう。そして、**創造的かつ挑戦的な気分こそが行動を支えるモティベーションの源泉ともなる**のです。

# 06 GROWモデル②　Option（選択肢）の摘出

## 目標達成の道筋は1つではない

　GROW モデルでは、目標が明確になり現実（現状）を明らかにしたら、目標を実現するために必要な方法を出します。これが「Option（選択肢）の摘出」です。

　富士山に登る登山口がいくつもあるように、目標を達成する道筋は1つではありません。また、ある道筋を登るにしても、効果的に登るための方法はいくつもあります。

　そこで、コーチはクライアントから、いくつかの選択肢を引き出します。選択肢を1つだけ考えた場合よりも、5つの選択肢を出して、その中から最良のものを選択する方が優れた意思決定となるからです。**クライアントが出し尽くしたと感じた時にこそ、コーチの関わりがポテンシャル（潜在力）を引き出します。**

　その際に、優れたコーチはクライアントが普段考えないような発想ができるようにサポートします。例えば、「あなたの仕事を全く知らない人なら、どんな選択肢を思いつきますか？」「もし際限なくお金を使ってもいいのであれば、どんな選択肢が思い浮かびますか？」などです。**繰り返し伝えてきた通り、コーチングの優れた点は、クライアントの「焦点」を普段と違う領域に向けさせることにあるのです。**

## 否定的な思い込みを外すと選択肢が増える

　コーチは、クライアントが普段意識を向けないことに焦点を当てさせると書きました。クライアントが普段意識を向けない領域があるとしたら、その領域はクライアントの中に存在するが、使われていない領域ということになります。ここに、クライアントが気づいていない潜在的な可能性があるのです。ただし、**クライアントの潜在領域を活性化させて、クライアントからこれまでにない選択肢を引き出すために重要なポイントがありま**

す。それは、クライアントの「否定的な思い込み」を外すことです。
　コーチはクライアントが自由に選択肢を発想するための質問をしたとしても、クライアントに否定的な思い込みがあれば、それに答えることはできません。そこで、コーチは否定的な思い込みを超えられるような質問をします。その代表的な手法が「アズ・イフ・フレーム（もし、できたとすれば）」です。これは、ネガティブな思い込みから自由になるための質問です。

## アズ・イフ・フレーム（できたとしたら）が現状を打破する

　例えば、「それを行う十分な時間がない」と考えていたとすれば、「仮にたっぷり時間があるとすればどのように行いますか？」と質問します。「時間がない」思い込んでいる人は、そもそもそれを実現するための発想をしないでしょう。しかし、「時間があるとしたらというフレーム」で考えることで、初めてネガティブな発想を超えて前向きに考えるのです。このフレームから発想して初めて、時間をかけずに達成する方法にも気づきやすくなるのです。

　人間は、何かをする前に「できない・なれない」と思い込んでいる場合が多いのです。私は一時期、大学受験の指導を担当した経験があります。多くの人は、早稲田、慶応のような有名大学に入学するのは、頭が良い人だと思っているようです。しかし、勉強に向いていない人もたくさんこれらの大学に入学しているのを私は知っています。逆に、勉強に向いている学生が、早い段階でこれらの大学を目指すことをあきらめてしまっています。能力があっても否定的な思い込みがある場合は、最初から有名大学を目指さないのです。その大半は**「できない」のではなく「できないと信じている」**のです。

　「できないと信じている人」は「どうすればできるのか？」という焦点と空白を持つことがありません。その結果、できるようになる方法が浮かばないのです。人間はネガティブな思い込みとともに考えるから、「どうすればできるのか？」という発想がないだけなのです。それを超えていく質問がアズ・イフ・フレームです。

# GROW モデル質問例

### ■「Goal（目標）」
・理想の状態はどんな状態ですか？
・現在、一番達成したい目標は何ですか？
・あなたが欲しい成果は、具体的に何ですか？
・理想のモデルは誰ですか？
・成果が手に入ったと何でわかりますか？
・成果の他に副産物として手に入ることは何ですか？
・もし仮に理想の状態になったら、あなたにどのような影響がありますか？
・もし仮にすでに成果が手に入っているとしたら、組織はどう変化していますか？
・あなたが人生の中で、どうしても実現したいことは何ですか？
・今年が生涯で忘れられない1年だったとしたら、何を実現していますか？

### ■「Reality（現実）」
・現在、できていることとでいきていないことは何ですか？
・理想の状態を100点として、現状は何点ですか？
・現在起きている課題は何ですか？
・やりたいけどやれていないことは何ですか？
・目標達成のために、すでにやっていることは何ですか？
・成果を手に入れることを止めていることは何ですか？
・あなたがすでに持っているリソースは何ですか？
・成果を手に入れるために、さらに必要なリソースは何ですか？
・その目標について、どのぐらい考える時間を使っていますか？
・協力してくださる方は、どのぐらいいますか？

### ■「Option（選択肢）」
・解決のためにサポートしてくれる人は誰ですか？
・何があると100点に近づきますか？
・もし仮にすでに実現したとします。あなたは何を克服したでしょう？
・必要な条件が全て整っていると仮定します。何から始めますか？
・もし、あなたの尊敬するメンターなら、どのような行動をしますか？
・実現可能な状態にするためには、何が必要ですか？
・もし仮にあなたが相手の立場だったら、何を求めますか？
・もしあなたが社長だったら、組織をどのように変えますか？
・昨日よりも1歩前進できたと思うには、何をしていますか？
・どのようなシステムがあると、あなたは実現しやすくなりますか？

■「What、When、Who、Will（意思）」
・セッション終了後、何から始めたいですか？（What）
・次回のセッションまで何に取り組みますか？（What）
・ここまで話してみて、挑戦してみたいことは何ですか？（What）
・ビジョンに近づくために、今からできることは何ですか？（What）
・いつから取り組みますか？（When）
・いつまでに実現したいですか？（When）
・協力してもらいたい人は誰ですか？（Who）
・成果を一緒に喜んでくれる人は誰ですか？（Who）
・それを実行することを誰に伝えますか？（Who）
・成果を出すことは、あなたの人生にどのような意味がありますか？（Will）
・もし、それを実現したらどのような気分ですか？（Will）
・本当にその成果を手に入れたいですか？（Will）

# GROWモデル③
# What、When、Who、Will
(何を、いつ、誰がするのか。そしてそれを実行する意思)

## コーチは「適切な選択肢が発想できる環境」を整える

「Option（選択肢）」の摘出は、目標と現実（現状）のギャップを埋めるためのものでした。「いくつかの選択肢を出すこと」と、「これまで発想したことがないような選択肢を出すこと」が可能性を広げるということも理解できたでしょう。ここまでのプロセスをていねいに行うだけでも「できる・なれる」という気持ちが湧いてくるものです。**適切な選択肢がない時にだけ、あなたは「やれない・なれない」と思っているのです。**しかし、多くの場合それは「思い込み」であって「真実」ではありません。「真実」を変えることはできませんが、「思い込み」はいかようにも変えることができるのです。

## 適切な発想ができる環境さえあれば誰でも創造的になれる

後の章で詳しく論じることになりますが、「やれない・できない」と思っている人に必要なのは、**「創造的な発想ができる環境」**なのです。この環境に入れば、いつでも適切な選択肢に気づけるばかりか、桁違いの実行力が得られます。「創造的な発想ができる環境」は、62頁にあるように、箱（＝牢獄）の外にあり、いつでもその環境を活用できるのです。コーチングは本来この環境を活用できるようにする取り組みから編み出されたものなのです。

この環境こそが、莫大な「叡智」とエネルギーを秘めていると言われる人間の潜在能力を活性化させるのです。この環境の重要性をどれだけ強調しても足りないくらいです。それを理解していただくために本書では膨大な頁を費やしています。「創造的な発想ができる環境」の作り方を理解できたなら、人間は変化するのに複雑な手法は必要ないということがわかるはずです。

## 最後は「選択」と「行動への落とし込み」

　さて、「Option（選択肢）」の摘出によって、様々な可能性が明らかになります。これで、「目標達成の４つのプロセス」の「④課題の克服」に一歩近づきます。あとは、数ある選択肢の中から最良だと思われるものを選択し、さらにそれを行動に落とし込んでいくことです。それが、GROWの最後のプロセスの「W」、つまり「What、When、Who、Will（何を、いつ、誰がするのか。そしてそれを実行する**意思**）」です。

　この最後のプロセス（W）では、いくつかの選択肢の中から、どれを選択し、それをどのように実行していけば良いかを決めることから始めます。何を手に入れたら目標と現実（現状）の間にあるギャップを効果的に埋められるかを明らかにするのです。

　しかし、これだけでは目標には到達できません。何をやればいいのかがわかっていてもできないこともあります。無限に時間があるわけではないので、できることは限られます。無謀な計画は、何も作り出しません。また、１人でできることには限界もあります。必要なサポートが得られる仕組みを得る工夫も必要になります。

## 選択した計画を確実に実行できる仕組みを作る

　そこで、GROWモデルの最後のプロセスでは「とるべき行動」を決定するだけではなく、それが確実に実行に移せる仕組みを作ることまでを含みます。

　クライアントの焦点を行動に向けさせる質問として「それをいつからやりますか？」などがあります。

　また、計画は何の障害もなく進んでいくことの方がまれです。そこで、「どんな障害に会う可能性があるでしょう？」などの質問をあらかじめしておく必要があります。前もって障害を予測して、対策までを立てておくと障害すらも予定通りとなるのでスムーズに進めるのです。

　コーチングによって、必要な支援を明らかにすることも大切なことです。「どんなサポートがあった方がいいですか？」「そしてそのサポートはどのようにして得られますか？」などと、あらかじめ整理しておいた方がいいでしょう。

## 最後は10点満点で評価してもらう

　このように、実行力を高める質問を重ねて、実行プランが明確になったら、最後に行動に対する取り組みを10段階で評価してもらってもいいでしょう。少なくとも10点にならないようでしたら、足りない部分を明らかにする質問をします。「10点をつけられない理由は何ですか？」そこで、足りない部分を明らかにした上で、それを克服するための行動までをも含んだ修正計画を作ります。場合によっては達成期限を延ばすなどの措置も必要です。1日の中で実行しなければならないことが多すぎる場合は、当初の計画から1割から2割程度差し引かなければならないかもしれません。

　このように検討していって、少なくとも8点以上の点数がつくように修正します。それでも8点以上にならない場合はその実行プランそのものをあきらめることも検討した方が良いでしょう。

### 創造的な発想ができる環境

箱（牢獄）の中に入っている状態。

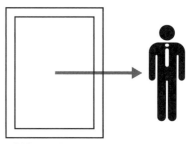

創造的な発想ができる環境

# GROWモデル会話例

| | |
|---|---|
| コーチ | ：これからの時間で、扱いたいテーマは何ですか？【G】 |
| クライアント | ：チームのコミュニケーションについてです。 |
| コーチ | ：コミュニケーションですね。どのような事をクリアにしたいですか？ |
| クライアント | ：新規プロジェクトリーダーを初めて担当しています。メンバーとのコミュニケーションが不足しているので、それを改善したいです。 |
| コーチ | ：コミュニケーションの改善ですね。では、あなたの理想の状態を100点として、現状は何点ですか？【R】 |
| クライアント | ：40点でしょうか。 |
| コーチ | ：何ができていて40点ですか？【R】 |
| クライアント | ：サブリーダーとのコミュニケーションは密に取れているかな。 |
| コーチ | ：今回のプロジェクト終了時には、何点取れたらいいですか？【G】 |
| クライアント | ：せめて60点ぐらいにはなりたいですね〜。 |
| コーチ | ：では、残り20点ですね。どうすれば20点プラスされますか？【O】 |
| クライアント | ：私が業務に忙殺されているため、メンバーが私に相談できないと不満が……。私から声をかけていきたいとは思っていますが……。 |
| コーチ | ：もし仮に、それができたら、チームにどのような影響を与えますか？ |
| クライアント | ：リスク回避できますね。今は、問題発生後の相談が多くて……。 |
| コーチ | ：それは、いいですね！ 特に声をかけたい人は誰ですか？ |
| クライアント | ：理想は全員ですが、特にAさんには、業務負担がかかっているので、彼とはもっと会話したいですね。 |
| コーチ | ：Aさんですね。では、Aさんといつ会話しますか？【W】 |
| クライアント | ：う〜ん、毎朝、自分からAさんに挨拶しに行こうかな。 |
| コーチ | ：いいですね！では、それを行動に移すために何が必要ですか？【W】 |
| クライアント | ：そうですね。忘れないように毎日のタスクリストに加えます。 |
| コーチ | ：タスクリストですね。いつからやりたいですか？【W】 |
| クライアント | ：はい、明日の朝から早速、実行します！ |
| コーチ | ：では、最後にあなたのやる気は、10点中何点ですか？ |
| クライアント | ：10点です！これだったら、やれそうです。 |

※【G】−目標　【R】‐現実　【O】‐選択　【W】What、When、Who、Will

# 08 「義務役割」と「自発性」の違い

## 「意志」と「責任感」はどんな時にもたらされるのか？

　この章の最後にGROWモデルをはじめとする、全てのコーチングプロセスを強化するのになくてはならないものをお伝えします。それは「意思」と「責任感」です。

　「Option（選択肢）」は創造的で挑戦的であればあるほど意欲（モティベーション）をかき立てます。単に「選択肢」を出すだけでは何も変わらないのです。出した「選択肢」を**実行したい（意思）**、あるいは**これは自分が成し遂げるというもの（責任感）**、と思えて初めて行動に結びついていくのです。このような理由で、コーチングはクライアントからこのような気分を引き出すことも含まれるのです。

　では、**意思と責任感はどのように生まれるのでしょうか？**

　それは、「**目標が自分のもの**」かつ「**自分にとって大切なもの**」だと実感できている時にもたらされるのです。

## $1：1.6：1.6^2$の法則

　かつて、研修講師として活躍している先輩からトヨタ自動車の生産現場の「生産性の法則」を教えてもらいました。それは「$1：1.6：1.6^2$の法則」と言われています。現場の生産性には3つの段階があるというものです。

　最初の「1」は最も生産性が低い状態です。現場のスタッフの意識が「義務役割」の状態の時に、生産性が低くなってしまうのです。「義務役割」ということは、嫌々仕事をしている意識状態です。当然やる気に欠けるので生産性は低くなるとのことです。

　次の「1.6」は生産性が少し上がっています。これはチームワークが取れたグループで仕事ができている状態です。信頼関係（ラポール）がある状態と考えることができます。後の頁でご紹介しますが、人間は信頼関係（ラポール）がある時に、集中力が高まるのです。

最後の「$1.6^2$」は「自発性が高い」状態です。主体的に率先して動いている状態ですので、当然生産性は高まります。

トヨタ自動車に限らず、どなたにとっても「自発性」を引き出すことが重要な課題になるでしょう。そこで、「自発性」がある状態と、「義務役割」の状態の違いを明らかにすることが大切です。両者の意識の違いを生み出す本質ですね。これがわからないと、「義務役割」の意識しか持っていない人から「自発性」を引き出すことはできません。

## 意識が高い人の特徴

両者の違いは「目標のとらえ方」にあります。「義務役割」の意識しか持てていない人は、目標が自分のものだという意識に欠けているのです。つまり、目標を他人のものだと思っている、あるいは他人が決めるものだと思っているのです。企業で仕事をする場合、会社側が社員に仕事を割り当てますね。目標もそのように決められる場合の方が多いでしょう。つまり、**自分は他人が決めた目標に従わなければならないと思っている**ということです。これが「義務役割」意識の本質です。嫌々働いているわけではなくとも、「意思」「責任感」共に不足します。

それに対して、「自発性」がある人の特徴は、目標が自分のものだと思っている点にあります。「自分が決めた目標であろうが、会社が決めたものであろうが」同じです。

あなたの周りにいる「自発性」が高い人を思い浮かべてみてください。「独立開業した経営者」「好きなことを仕事にするための転職した人」などではないでしょうか。このような人は、やはり目標を自分のものとして捉えているのです。当然、意欲的に仕事に取り組み、生産性が高くなります。また、責任感も高くなります。**自分が主体的に選んだことだという意識があるからです**。ですから、うまくいかないことがあっても、あまり他人のせいにはしないでしょう。

私は２つの会社を経営しています。目標は全て自分で決めなければなりません。その結果、会社員だった時と比べて段違いに意欲的に仕事をしています。結果の有無は文字通り「自分の責任」です。逃げられません。このような状況に置かれたら誰だって意志も責任感も高まります。状況（置

かれている立場）が、発揮する能力を決定すると言ってもいいでしょう。会社経営者や独立開業した人ばかりが「自発性」が高いわけではありません。会社勤めをしている人の中にも、どんな仕事に対しても自発性が高い人はいます。やはり、このような方々は生産性が高いのです。

## 部下に自主性を持たせるのがコーチング

　しかし、特に企業の中で働く場合はこのような人ばかりとは限りません。それは、会社が目標を決めて、部下に割り当てることが多いからです。**生まれつき自発性が低い人間がいるわけではなく、職場の形態上「自発性」を持ちにくいのです**。その結果、意思と責任感を十分に高められなくなっているのです。

　これは業態、業界を問わず当てはまります。そこで、どの職場のリーダーにとっても部下のモティベーションを引き出すこと（意思と責任感を高めること）が課題となります。この課題を克服するための最も効果的な手法の１つがコーチングなのです。コーチングでは常にクライアントに選択肢を考えてもらい、どれを行うかをクライアント自身に決めてもらうからです。人間は誰かに与えられた目標よりも、自分で選択した目標の方に自主性を感じるからです。

## 主体的に生きるには「創造的な発想ができる環境」が必要

　ここまで読んでいただいて、特に企業の現場で部下を持つ方々は部下に自由に選択肢を考えてもらったら、部下はわがままになるだけではないかと不安に思う人もいるかもしれません。ある意味その通りなのです。特に、いつも不平不満を抱えている部下に対して信頼関係（ラポール）がない状態でコーチングをしても逆効果です。単に部下の不平不満が噴出するだけです。

　**特にこのような難しいケースでコーチングを機能させるのに必要なのは、部下が深い意識状態になれる環境を整えることです**。この場合の深い意識状態とは素直にコーチの質問を受け取れる状態です。

　どれだけふてくされている人でも、対面する相手によって態度が大きく変わるのです。どうしようもないくらいにふてくされている不良少年で

も、彼らにとってのスターの前では礼儀正しいのです。例えば、本田圭佑選手に憧れているサッカー少年は、本田圭佑選手の前では前向きなのです。「将来サッカー選手として活躍したいのなら、今のうちから英語の勉強をした方がいいぞ」と本田圭佑選手からアドバイスを受けたら、熱心に勉強するようになるでしょう。

　**コーチングが機能するかどうかは、クライアントが深い意識状態になれる環境をコーチが整えられるかどうかにかかっているのです。文字通りコーチにとってこれが最も重要な仕事になります。**先ほど、「創造的な発想ができる環境」では、いつでも適切な選択肢に気づけるばかりか、桁違いの実行力が得られると書きました。「深い意識状態になれる環境」と「創造的な発想ができる環境」は同じです。ここまでは、コーチが発する質問の力について論じてきましたが、これ以後は、それに加えて質問がクライアントに深く受け取られる環境についても多くのページを割いていきます。コーチが発する巧みな質問によって、クライアントは新鮮な気づきが得られます。ただしその質問は深く受け取られて初めてクライアントを変革する力となるのです。

# Column 2

## 「フィードバック」

　コーチはクライアントに質問をするだけでなく、フィードバックをします。フィードバックとは、クライアントとの会話の中でコーチが感じたことや思ったことを伝えることです。クライアントへの評価ではなく、クライアントの目標達成のために必要な情報を伝えます。伝える内容は、おもに、コーチに見えてきたこと、聞こえてきた客観的な事実などです。時には、コーチが直観的に感じた主観的な感想を述べることも大切なフィードバックになります。

　コーチがこれらを率直に伝えることで、クライアントの中で何が起きているのかを一緒に探っていくことができます。その一連のプロセスを経て、クライアントが気づき、次の一手をイメージし、そして、行動に移しやすくなるのです。

　効果的なフィードバックをするためにも、コーチはクライアントに集中し、相手の行動や発言、表情、姿勢などをつぶさに観察しなければなりません。同時に、コーチ自身の内面や身体感覚にも意識を向け、クライアントの話を聞きながら感じたことをフィードバックしていきます。

　例えば、クライアントから怒りの感情が伝わってきたとします。しかし、全く本人がその感情に気づいていない様子だったなら、コーチは、「怒りの感情があるように感じるのですがどうですか？」と、伝えてみます。すると、クライアントは自分の中に怒りの感情があるかどうかを探り始めるのです。このようにコーチがクライアントの鏡となり、クライアントが見えていない所を見せる（伝える）ことで、クライアントがありのままの自分を客観的にとらえることもできるのです。

　コーチングにおけるフィードバックは、質問同様に相手の焦点を変えることができます。クライアントが気づいていない自分の内面や行動を自覚し、目標に向けて軌道修正していくために効果があります。

■フィードバックの種類
①客観的事実─見えていること、聞こえてくることを伝える
　例・電話している時、自然に笑顔になりますね。
　　・今、あなたが「がんばります」と言った時、1トーン声が高くなったね。

②コーチが主観的に感じたことを伝える
　例・あなたのその言葉を聞いて、私が励まされました。
　　・あなたの説明を聞いて、複雑な思いになりました。

■フィードバックの伝え方
③Youメッセージ　「あなたは○○です」−相手を主語にして、見えてきたこと、伝わってきたことをニュートラルな状態で伝える。

④Iメッセージ　「私には○○のように見えます」−「私」が受けた影響や印象を「私」を主語にして伝える。

# 第3章 変化とプログラム

# 01 変化はどうやって起こるのか

### 最高の力とは

コーチングにより、「大きな成功を実現した例」「難局を乗り換えた例」はたくさんあります。これらのような大きな成果を出すには、「最高の力」を引き出す必要があります。しかし、「最高の力」は通常隠されているのです。この「隠された力」のことを「潜在力（あなたの中にあるけど使われていない力）」と言います。これは、無意識あるいは潜在意識から発せられる力です。本書では無意識という表現を使います。「最高の力（潜在力）」を引き出すこともコーチングの目的の1つです。

### 「意識（顕在意識）」と「無意識（潜在意識）」

様々な自己啓発書で、人間には2つの意識があると紹介されています。「意識（顕在意識）」と「無意識（潜在意識）」です。「無意識（潜在意識）」に「最高の力（潜在力）」があると言われています。しかし、これは通常の意識状態では発揮できないとも言われています。火事場の馬鹿力という言葉があるように、特別な場面で突発的に発生する力だとも言われています。

コーチングは「大きな成果を出すもの」、「最高の力（隠された力）」を引き出すものだとお伝えしましたが、変化はコーチングを通してのみ実現するものではありません。どの手法を使おうが、大きな変化は深層部（無意識領域）から起こります。よって、コーチングを上達させる場合にも、無意識の特徴をよく理解することから始めた方が近道なのです。

### 変化の本質（深層）は無意識（潜在意識）レベルにある

「無意識」は英語に翻訳すると「アンコンシャス」になります。つまりは「意識できていない意識」という意味です。これは「気づいていない意識」という意味にもなります。無意識は「最高の力」を生み出す源です。ただ、

ほとんどの場合、「気づいていない（無意識的）」ので意識的には使えないのです。これは、「最高の力（潜在力）」は気づいていなくて、全く使えない状態だったとしても、今もこの力はあなたと共にあるという意味になります。しかも、**実はあるだけでなく、ずっとあなたはこの力を使ってきたし、今も使っているのです。**

## 無意識を有効に使っている人と、無駄に使っている人がいるだけ

　全ての人は「最高の力」を今も使っている、とお伝えしました。**ただし、大半の人はこの力を無駄に使ってしまっています。**大きな業績を残しているごく一部の人達だけが有効に使えているのです。そもそも「最高の力」を活用することなしに、大きな業績を実現できません。信じられないかもしれませんが、この無駄に使っている「最高の力」を有効に使えるようになるだけで人生は一変するのです。

　コーチングを活用しようが、別の手法を活用しようが、大きく変化できるかどうかは、この力を有効に活用することと関係があります。「最高の力」はすでにあるものであって、新たに作り出すものではないと、ここではご理解ください。この章では人間が「最高の力」の発揮を妨げているものの正体を明らかにします。

# 02 人間の中の プログラムとは

## 人間の中にはプログラムがある

　私たちが不自由だと感じている時、ネガティブなパターンに支配されています。例えば、私たちは何かをやめたいのにやめられないことがあります。あなたにも、お酒、タバコ、過食など、やめたいと思っていてもなかなかやめられないことがあるはずです。

「わかっちゃいるけどやめられない」なんてことは、どなたにもあります。また、こうしたいと思っていてもできないこともあります。早寝早起きを実践したいと思っていても、ついつい自分に甘くなるのではないでしょうか。このように、ネガティブなパターンと共にある時、人間は無力です。これらのネガティブなパターンは無意識が作り出すのです。NLP（神経言語プログラミング）では、このような無意識が作り出すパターンのことをプログラムと呼びます。

　プログラムと聞くと、多くの方がコンピュータのプログラムを連想するかもしれません。コンピュータプログラムの特徴は「入力」とそれに対応する「出力」がある点です。銀行のATMもコンピュータプログラムです。自分のキャッシュカードを入れると、正確に、画面に預金残高が表示されます。それは何回繰り返しても同じ結果になります。ある「入力」に対する「出力」は毎回同じなのです。NLPでは、コンピュータのプログラムと同じようなものが人間の中にもあると考えます。

## プログラムは体験と言葉によってできる

　人間のプログラムの場合は、コンピュータの「入力」に当たる部分が「刺激」で、「出力」に当たる部分が「反応」になります。人間の中にあるプログラムのわかりやすい例は恐怖症です。例えば、幼い頃に犬に噛まれると、犬恐怖症になりますね。男性に酷いことを言われたら男性恐怖症になることがあります。ここから、プログラムは「体験」か「言葉」によって

できることがわかります。人間はプログラムのないまっさらな状態で生まれてきますが、「体験」と「言葉」によって無数のプログラムを身につけていくのです。

## 良くも悪くもプログラムに縛られるようになる

　体験と言葉によってプログラムを身につけたなら、今度はプログラム通りに反応するようになります（77頁図を参照）。例えば、犬に嚙まれて犬恐怖症になったら、犬を見かける度に怖くて逃げ出したくなるでしょう。恐怖症のように極端にネガティブなパターンが見当たらないという方の中にも無数のプログラムがあります。

　身近な例としては、「特定の人物に対する苦手意識」などです。また、「観念（価値観など）」もプログラムです。「観念」とは、私たちが「○○は××だ」と信じていることなどです。例えば、「お金持ちはケチだ」「美人は冷たい」「目上の人を尊重しなければならない」「誰かを悲しませてはいけない」などです。これらも生まれつきのものではなく、「体験」と「言葉」によって身につけたものです。人間の中には、無数の観念（価値観など）があります。これらのプログラムが外部にある刺激に反応するのです。「喜び」や「悲しみ」もプログラムによる反応なのです。**このプログラムが「最高の力」の発揮を妨げているのです。**その理由を、段階的に解説していきます。

# 03 プログラムの仕組み

## プログラムは自動的にできる

　無意識に関する特別な勉強をしている人を除いて、プログラムを意識的に作ることはできません。あなたの中にあるプログラムも、自動的にできたものであり、あなたが意図して作ったものではないのです。
「自動的にできる」ということは、意識が介在していないので「無意識的にできる」ということになります。
　例えば、高い所から落ちると高所恐怖症になります。では、高所恐怖症になった人は、意識的にそうなったのでしょうか？「高い所に行く度に恐怖を感じる自分になろう！」と決意するのでしょうか？　そんなことはありませんね。勝手に（自動的に）そうなったはずです。

## 意識・無意識の特徴

　また、いったんプログラムができたら自動的（無意識的）に作動するようになります。仮に、あなたが犬恐怖症だったとします。その場合、あなたは犬に遭遇する度に自動的に（無意識的に）手足が震えることになるでしょう。あなたが信頼している友人がぬいぐるみのような小さな犬を飼っていて、その友人が「この犬は絶対安全だよ」と言っても、安心できないでしょう。犬に近づくとガタガタ震えることになります。ここで、意識・無意識の特徴をさらに明らかにすることができます。
　この際に、信頼する友人が言った「言葉」を「頭」では理解できます。頭で考えて（「思考」）、「この犬は安全」だとわかるのです。しかし、「身体」では別の反応をするのです。先ほど「どなたも、わかっちゃいるけどやめられないことがある」と書きましたが、この場合のわかっているのは「頭」で、やめられないのは「身体」です。
　アルコール中毒の人も、頭ではお酒をやめた方がいいとわかっています。しかし、強烈にお酒を飲みたいと「感じたら（感覚）」飲まずにはい

られないのです。この場合のお酒を飲みたいという感覚は「身体で感じるもの（感覚）」です。ここまで解説した意識・無意識の特徴をまとめると、以下のようになります。

> **意識・無意識の特徴**
> 意　識＝思考（頭）＝言葉
> 無意識＝　身体　　＝感覚（五感）

　上記の図のように、意識は思考と関係があります。私たちが何かを考える（思考する）時に、頭で考えますね。また、私たちが「思考」する時は「言葉」を使って考えます。よって、「意識＝思考（頭）＝言葉」となります。
　一方無意識は、頭で考えること（意識）とは関係なく自動的に働きます。犬恐怖症の人は、頭では安全な犬だとわかっていても、勝手に（自動的に＝無意識的に）震えてしまいます。震えると同時に恐怖を感じます。震えるのは「身体」です。「感じること」は「感覚的（五感）」な作用です。よって、「無意識＝身体＝感覚（五感）」という図式が成り立ちます。ちなみにここでの感覚は五感を指します。五感とは視覚、聴覚、身体感覚、味覚、嗅覚のことです。

# 04 プログラムと変化の関係

## 無意識はプログラムを通してあなた(意識)に働きかける

　意識は頭で考えること(思考)と関係があり、思考は言葉を使って行うものだとお伝えしました。自己啓発書を読むと、どうすれば目標を達成できるかを頭で理解できます。これは言葉で知っている状態です。仮に成功したいと思って、自己啓発書を繰り返し読んでも、「成功することを恐れるプログラム」がある場合は、成功するための行動を起こせません。無意識がプログラムを通して、成功するための行動を取ろうとするあなたにブレーキをかけることになるからです。それは、犬が怖くないと頭でわかっていても、犬恐怖症プログラムがある場合は、身体(無意識)が犬を自動的に拒否するのと同じです。

## 変化するにはプログラムの理解が不可欠

　コーチングに興味を持つ方々のおもな動機は、「目標達成したい」「変化したい」の2つに集約されます。しかも、これらが簡単に達成できる人なら、そもそもコーチングなどの自己啓発に関心は示さないでしょう。それは、コミュニケーションが得意な方は、コミュニケーションを学びたいと思わないのと同じです。このような方はそもそもコミュニケーションに課題がないからです。「目標達成したい」「変化したい」と強く思っている人たちは、これらに課題をと感じている方々でしょう。このような方々の特徴として、目標達成や変化を妨げるプログラムがある点が挙げられます。よって、コーチングを必要としている方々にとっては、「プログラムの性質」と「プログラムの修正方法」を理解することが重要なのです。

# 体験とプログラム

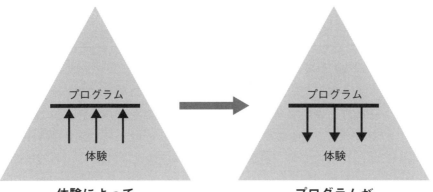

体験によって
プログラムができる

プログラムが
体験に影響を及ぼす

犬恐怖症の場合

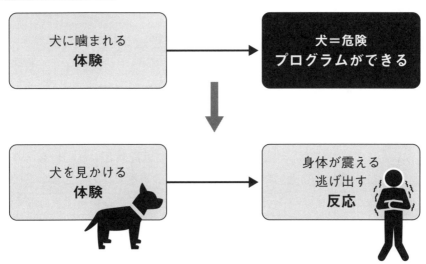

自動的に犬を見るたびに同じ反応を繰り返す。

体験と言葉によってプログラムを身につけたなら、
プログラム通りに反応するようになる。

# 無意識はなぜプログラムを作るのか？

## 自分の安全安心を守るため

　プログラムを修正するためには、無意識が何のためにプログラムを作るのか？　その理由を理解する必要があります。結論から言いますと、**無意識は自分を守るためにプログラムを作ります**。なぜなら、無意識の根底にあるのは本能だからです。本能とは、全ての動物と共有している根本的な欲求で、生存欲求と考えると良いでしょう。人間を始め、全ての動物は「1日でも長く生きたい」という根本的な欲求を生まれながらに持っています。このような動機を持っているので、「安全・安心」が大事になります。そこで、人間は安全・安心欲求に基づいて生きることになるのです。

## 人間の安全安心の満たし方は複雑

　人間も動物も安全・安心欲求をベースに生きていますが、人間は安全・安心の満たし方が複雑です。動物の場合は「食べる」「逃げる」「子孫を残す」など、わかりやすく安全・安心を確保します。人間の場合は、「有名な会社に入社する」「（投資などで）お金を増やす」「昇進する」「有名になる」「閉じこもる（1人になる）」など多種多様な満たし方があります。

　ある人にとって安全なことが別の人にとっては危険という場合もあります。例えば、ある人にとっては、昇進して権限が拡大することが、安全・安心につながります。コントロールできる範囲が広がるからです。しかし別の人は「昇進」することを危険とみなします。「昇進」して、課長など管理職になると、責任が重くなりストレスが増すからです。前者は昇進に対して強いモティベーションを持ちますが、後者は地位が高くなればなるほど、仕事に対する意欲を失ってしまうかもしれません。

　このように、人によって価値観（観念）が違うので、それぞれの「安全基準」が違ってくるのです。価値観（観念）もまたプログラムだとお伝えしています。この個々人の多種多様な安全基準（プログラム）を満たすこ

とが、コーチング上達には不可欠です。後の章で解説しますが、クライアントの安全基準を満たすことをコーチングでは「ペーシング」と言います。

## 気づかないレベルに達成できない本当の原因がある

　無意識レベルにある全く気づいていないプログラムに関して、私の知人に、興味深い実例を教えてもらったことがあります。その知人もNLPのトレーナーなのですが、あるクライアントに個人セッションを行いました。そのクライアントは20代前半の女性でした。多くの20代前半の女性がそうであるように、そのクライアントも彼氏が欲しいと思っていました。ところが、彼女はまるでお相撲さんのように太っていたのです。
「こんな太っていて醜い自分では男性は寄ってこない」と悩み、ダイエットを何度も試みました。しかし、どの方法を試しても、リバウンドしてしまうのです。そこで、セラピーに興味を持ち、NLPのセッションを希望されたのです。

　彼女は長年どうしても過食をやめられませんでした。そこで、私の知人は、そのクライアント自身が気づけていない根深い原因（プログラム）があると推測しました。その原因を探るべくＮＬＰの特殊な技法を使って、過去の記憶をたどっていきました。そこで、彼女はある重要な出来事を思い出したのです。

　彼女は、幼少期に大人の男性から性的虐待を受けていたのです。しかし、そのことを忘れていたのです。このような衝撃的な体験を忘れるわけがない、と思われる方もいらっしゃるかもしれません。しかし、無意識は自分を守るために、衝撃的すぎる記憶を思い出せなくさせることすらあるのです。あまりに残酷な記憶を頻繁に思い出してしまうと、病気になってしまうからです。このような危険な状態に直面すると、無意識はその記憶に蓋をしてしまうことがあるのです。

　しかし、この記憶がなくなったわけではありません。意識から遠ざかっているだけです。当然、無意識はこの体験からプログラムを作り、身を守ろうとします。その結果、過食症になり過度に太ってしまったのです。常軌を逸するくらいに「太って醜くなる」と、男性から相手にされなくてすむからです。彼女の無意識は幼少期の体験から、「男性＝危険」というプ

ログラムを作ったということがわかるでしょう。信じられないかもしれませんが、このプログラムは彼女を「醜く」したかったのです。それが安全だと信じていたからです。

## 無意識は自分を守るためにプログラムを作る

人は、生存欲求の安全・安心を満たすためにプログラムを作る。

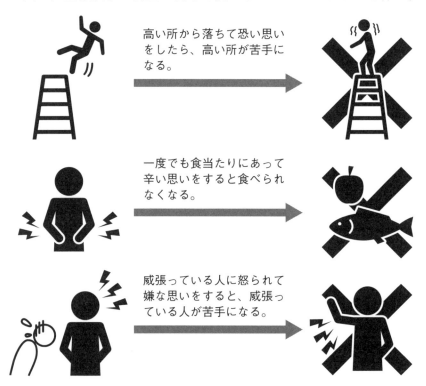

# 06 無意識とプログラムの関係

## 「無意識そのもの」と、無数にある「個々のプログラム」は別物

　ここまでの解説で、無意識が安全・安心を確保できるようにプログラムを作るということが理解できたでしょう。無意識はプログラムの生みの親なのです。無意識は1つしかありません。しかし、無意識が生み出すプログラムはあなたの中に無数にあるのです。ここで理解しておいてほしいのは、**1つしかない「無意識そのもの」と、無数にある「個々のプログラム」は別物**だということです。

　本書では、「意識」「無意識」「プログラム」について、私がこれまで書いてきたどの本よりも詳細に解説しています。**この3つの違いを理解することなしに「最高の力（潜在力）」は発揮できない**からです。

　私はこれまで様々な本の中で、プログラムは無意識が作り出すので、この2つは密接な関係があると書いてきました。いくつかの事例で紹介してきたように、プログラムは無意識を通してあなた（意識）に働きかけます。例えば、犬恐怖症の人が犬を見た時に、あなた（意識）が頭で考えてこの犬は安全だと認識しても、このプログラム（犬恐怖症）がある人は、無意識の特徴である身体が勝手に（無意識的に）震え出します。自動的に全身から汗が噴き出し身体が硬直します。このように、プログラムは無意識（身体）を通して発動するのです。

## 無意識そのものとつながった時に最高の力が発揮される

　ここまで見てきた通り、「プログラム」と「無意識」は密接な関係があります。その結果、この2つは切っても切れないものだと思っている人がいるかもしれません。中には「無意識」と「プログラム」が同じものだと思っているかもしれません。

　しかし、**実際には「無意識そのもの」と「無意識が産み出すプログラム」は別物なのです**。それは、親から産まれた子どもは親とは違う独自の意思

を持っているのと似ています。

　第3部で詳しくお伝えしますが、**「最高の力（潜在力）」は、通常はプログラムと結びついている「無意識そのもの」が「あなた（意識）」とつながった時に発揮される**のです。この状態はあなたがプログラムから自由になった時にもたらされるのです。

　本書では、なぜこのように言えるのかを誰でも理解できるように段階的に書いています。「意識」「プログラム」「無意識」は関連し合っています。しかし、ここでは、それぞれは別々のものだということを憶えておいてください。

## 「意識」「プログラム」「無意識」はそれぞれ独立している

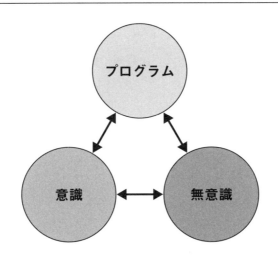

- ●意識　　：「私」だと認識しているもの。
- ●プログラム：無意識が安全・安心欲求によって産み出すもの。
　　　　　　意識を乗っ取って（同一化して）意識を動かす。
- ●無意識　：人間を動かす「エネルギー源」かつ「叡智」。
　　　　　　人間の中にあるスーパーコンピュータ。

# 07 プログラムの特徴

## 体験は無意識化されてプログラムになる

　プログラムは自分を守るために無意識が作ると書きました。これは、体験した内容を今後に活かすことなので「学習」ですね。学習とは、多かれ少なかれ、抽象化させて、他の出来事にも応用できるようにすることです。

　例えば、私たちは日本語を習得しています。幼い頃から、様々な人が発する日本語を見聞きして学んできたのです。しかし、これら体験した内容を全部思い出せるわけではありません。無数の体験があって、それが「能力」に転換されたのです。

　いつどこでどんな会話を聞いたか、あるいはどんな文章をどの本で読んだかは無意識の底に沈み、忘れてしまいました。ただし、その成果は日本語の実践力（応用力）となって生きているのです。これは、膨大な体験や知識が抽象化されて実践力に変わったことを意味します。**このように、体験や知識が無意識化するということは、何も考えなくても（無意識的に）実践できる能力に転換されることを意味するのです。**

## 無意識は具体的体験を抽象化して別の状況にも応用する

　上記の解説で、具体的な体験は抽象化されることが理解できたでしょう。体験と言葉がプログラムを作るとお伝えしましたが、プログラムは体験や言葉が抽象化してできたことがわかります。日本語の学習の事例の通り、具体的な体験が抽象化されることによって、様々な分野に応用できるようになるのです。ここは、わかりにくい部分なので、もう少し解説します。

　英語を本格的に習得するには、基本的な英文を暗記した方がいいでしょう。ただし初学者のうちは、具体的な英文をいくつか意識的に知っているだけです。これでは、暗記した通りにしか話せません。応用が利かないのです。しかし、英語を話せるようになるために、数多くの英文を暗記して、さらに無数の英語の会話になじんだら、どの英文を暗記したのを忘れて

（無意識化される）しまいます。

　この段階で、たくさんの具体的な英文が抽象化されたことになります。この状態になると、その場に応じた英文が自然と（無意識的に）口をついて出るようになるのです。頭で考えて話しているのではなく、状況に応じた適切な英会話が直観的にひらめくのです。このように具体的な行動などが抽象化された時に、様々な場面に応用できるようになるのです。

　では、このように体験したことを抽象化するのは誰でしょう？

　意識的にこのようなことをするのではなく、勝手に（無意識的に）そうなるのです。**このように、無意識は体験した内容を抽象化させて、他の状況でもその学習の成果を結びつけるのです。**

## プログラムには一般化の傾向がある

　このような無意識の特性があるから、人間は何かしらの体験をすると、その体験から学んだ内容を他の状況にも応用するようになるのです。しかも、自動的に（無意識的に）です。そして、無意識が体験を抽象化させるからプログラムが生まれるのです。なぜならば、**プログラムはある体験を他の体験にも応用させるものだからです。**

　犬恐怖症になった人は、自分を噛んだ犬だけでなく、あらゆる犬に恐怖を感じるようになります。これも、体験（ある犬に噛まれた体験）を抽象化させて別の状況（別の犬との遭遇）に活かそうとする無意識のパターンなのです。これを「一般化」と言います。

　「一般化」とは平たく言うと「部分を全体につなげる」という意味になります。特定の犬（部分）に噛まれた体験を、他の全ての犬（全体）に応用させることです。プログラムの中には極端な体験を、世界基準にしてしまっているものすらあるのです。

## プログラムは真実ではなく思い込み

　このように考えた時に、**プログラムは真実ではなく「思い込み」であることがわかります。**自分を噛んだ犬が危険なのは事実を含んでいるでしょう。しかし、その極端な体験から「世界中の犬（X）は危険（Y）」だと判断するのは嘘が含まれるからです。一般化は上記のように「X = Y」の

構造になる場合が多いものです。しかし、真実は全てをこのように規定できるほど単純ではありません。世界は複雑です。犬を例に挙げても安全とも言えないし危険とも言えないのです。犬にも「全く無害な犬」「おおむね無害な犬」「少し危険な犬」「極めて危険な犬」がいます。こんなに複雑ならば守りようがなくなってしまうのです。そこで、無意識は複雑な世界を単純化してとらえようとするのです。それが一般化です。

　このように、無意識が作るプログラム（価値観など）は一般化の傾向があるので、白黒ハッキリしているのです。あなたも、嫌いなゴキブリと、大丈夫なゴキブリを分けていないでしょう。ゴキブリが嫌いな人はどの種類も嫌なのです。このように、私たちがプログラム通りに反応する時、極めて単純化された公式通りに反応していることになるのです。ですから、真実を認識しているのではなく、真実ではないことを「信じている」にすぎないのです。プログラムによる認識は「思い込み」にすぎないのです。

### 無意識は体験を抽象化させ、他の状況にも学習成果を出す

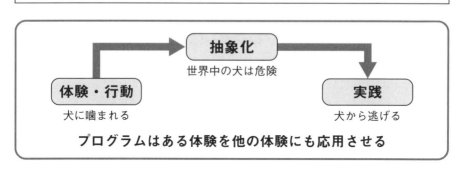

・無意識は部分を全体につなげて、単純化してとらえようとする。
・プログラムは真実ではなく「思い込み」である。

# 08 プログラムは発達のどの段階で固まるのか

## プログラムは幼少期にほぼ完成する

　心理学の定説では、だいたい私たちの基本的性格は7歳くらいまでに80％くらい確立すると言われています。これをNLP的に考えると、だいたい7歳くらいまでに80％くらいのプログラムを身につけることになると置き換えることができるでしょう。

　幼少期の子どもはプログラムがあまりインストールされていないまっさらな状態です。つまり、何でもプログラム化してしまうのです。子育てした経験のある方はわかるでしょうが、この時期に「誰かに言われたこと」は素直に信じてしまうのです。大人であれば、すぐに嘘だとわかる奇想天外なことでも、小さな子どもは本当のことだと素直に信じてしまうのです。

## 年齢を重ねるほど自分のプログラムに固執するようになる

　年を取れば取るほど新しい価値観（観念）を受け入れにくくなっていきます。それは、すでにたくさんの価値観が強固に根を張っているからです。大人はすでに価値基準が固まっているので、新たなプログラムができにくくなるという意味にもなります。自分のプログラムの基準に合うものは歓迎し、合わないものは敬遠することになります。すでにでき上がっている「防衛システム（プログラム）」に合うものだけを受け入れてさらに強化することになります。そして、合わないものは排除することになります。その結果、大人になればなるほど頑固になっていくのです。年を取れば取るほど変化しにくくなっていくことになります。

## 特に0歳から3歳までに最も多くのプログラムができる

　先ほど、「7歳くらいまでに80％くらいのプログラムを身につける」と書きましたが、ひと口に7歳と言っても、0歳から3歳までの4年間と、

4歳から7歳までの4年間では大きな違いがあります。

　上記の説明でプログラム（観念など）が少ない状態の方が、新しいプログラムを素直に受け入れやすいということが理解できるでしょう。0歳から3歳までは、プログラムが全くないまっさらな状態に近いのです。3歳くらいまでの子どもは極めて無意識的です。3歳までの子ども（赤ちゃん）には自我がほとんどありません。自分で何かを決めることができないのです。何を受け入れて、何を受け入れないかを判断できない状態です。7歳までにプログラムが80％できるのであれば、3歳までに40％、7歳までに残りの40％と均等にはならないでしょう。大半は（50％から60％くらいまでは）3歳までにできると考えた方が合理的です。

　さらに、この時期にはたくさんのプログラムがインストールされるだけでなく、特に重要なプログラムができることになります。無意識がプログラムを作る理由は「安全・安心」を得るためだとお伝えしました。あたりまえですが、重要度の低いプログラムからインストールするのではなく、生死に関わるような重要な防衛システムから組んでいくのです。それは、「人間観（人間というものに関する根本的な考え方）」や「世界観（外部環境に関する根本的な考え方）」などです。

## 幼少期には「強い防衛システム」が必要

　さらに、幼少期（0歳から3歳）にできるプログラムの特徴を述べておくことが大切です。**幼少期にできるプログラムは、強固な防衛システムだということがわかります。** この時期の人間は極めてか弱い存在だからです。か弱い存在を守るための防衛システムはいいかげんなものではダメだということがわかるでしょう。

　今のあなた（大人のあなた）が、小さな犬に噛まれても、犬恐怖症にはならないでしょう。そんな小さな犬に噛まれることなど、取るに足らないことだからです。それはあなたが体力、知力共に充実しているからです。それに引き換え、小さな子どもは無力で無知です。2歳の子どもにとっては、小さな犬に噛まれることすら重大な悲劇です。もちろん恐怖症になります。今のあなたにとっては何でもないようなことでも、無意識は重要な問題として認識してプログラムを作っていくのです。このように、幼少期

にできるプログラムの特徴は極めて強固な防衛システムだということがわかります。

## プログラムはいったんできると死ぬまで変わらない

　このように、無意識は強固な防衛システムを幼少期に作ります。しかも、この時期にたくさんの、そして重要度の高いプログラムを作るのでしたね。そして、**いったんできたプログラムは簡単には変わらないのです**。なぜなら、無意識は頑なに防衛システムを維持しようとするからです。幼少期にできた恐怖症がずっと治らないことを見ても理解できるでしょう。

　これはある意味、人間の生き方はこの時期に決まってしまうと言っても過言ではないのです。このことを昔の日本人は「三つ子の魂百まで」ということわざで表現しています。これは、3歳までにできたプログラムを残りの97年かけて、その正しさを証明する生き方をするようなものなのです。

　通常はプログラムは変わらないと書きました。大人になればなるほどプログラムは固まっていき、変化できなくなっていくのです。ですから、変化するためには特別な戦略（生き方）が必要なのです。

## 人間は強くなった自分を弱い自分用のプログラムで守っている

　強面で有名なスポーツ選手の例をお話しましょう。彼は身長が190センチ近くあり体重も120キロあります。格闘技にも精通していて本当に強いのです。しかし、彼は犬恐怖症で小さな犬でも極端に恐れているのです。10年程前の正月番組で、チワワのような小さな犬に怯えて近づけなかったのです。彼も頭（意識）では自分の方が強いということはわかっています。しかし、身体（無意識）では極めて危険だと認識しているのです。彼は幼少期に犬に噛まれたのです。当時に比べると桁違いに強くなった今でも古いプログラムに支配されているのです。

　これと同じことが全ての人間の中で起こっているのです。つまり、**人間は古いプログラムで新しい自分を守っているのです**。これは、最も弱い時期（赤ちゃん）用のプログラムで、強靭な自分（現在の自分）を守っていることになるのです。**これが原因で人間は膨大なエネルギーを無駄に消耗してしまっているのです。守る必要のない場面でも必要以上に鎧（よろい）を着て疲**

弊することになるからです。

## プログラムの理解がコーチング上達には不可欠

　ここまでの解説で、**人間はいかに古い防衛システム（プログラム）を維持するために膨大なエネルギー（潜在力）を無駄に使っているか**が理解できたでしょう。このようにエネルギー（潜在力）を無駄遣いしているから、**最高の力（潜在力）を、仕事など自分の活動のために使えない**のです。

　この章の冒頭で、「無意識（潜在意識）は気づいていなくて、全く使えない状態だったとしても、今もこの力はあなたと共にあるという意味になります。しかも、実はあるだけでなく、ずっとあなたはこの力を使ってきたし、今も使っているのです」と書きました。今ではその理由もわかるでしょう。

　「最高の力（潜在力）」を引き出すこともコーチングの目的の1つだと述べました。プログラムがあなたの中にある莫大なエネルギー（最高の力）を消耗させているのです。よって、「プログラムを回避すること」と「プログラムを修正すること」の両方が必要なのです。

# Column 3

## コーチング例「メタファーを使ったコーチング」

| | |
|---|---|
| コーチ | ：Kさん、今回のセッションではどんなことについて話したいですか？ |
| クライアント | ：経営コンサルタントとして独立したものの、思うように顧問先が増やせなくてどうしたものかと動いてはいるのですが、なかなか成果が出なくて……。 |
| コーチ | ：動いてはいるけれど、なかなか成果が出ていない。そう思っているのですね。では、Kさんは具体的にどんな成果を出したいと思っていますか？ |
| クライアント | ：顧問契約を5社の企業と結べたら、成果が出たと思えます。 |
| コーチ | ：顧問契約を5社の企業と結ぶ。この成果を作れたらどんな気持ちになりますか？ |
| クライアント | ：それはもちろん嬉しいですよ！　経営者と社員さんがイキイキと働ける職場を増やしたいと思ってコンサルタントになったわけですから。だから、なかなか契約が取れないと、本当にこのやり方でいいのかなぁとか、何がダメなんだろうとか思ってしまって……。 |
| コーチ | ：確かに、契約に結びつかないと焦ってきますよね。ちなみに、先ほどKさんが言っていた「成果」という言葉から秋に果実が実るイメージが浮かんだのですが、Kさんにとって成果が出る前の今の時期は、季節に例えるといつでしょうか？ |
| クライアント | ：うーん、季節に例えると、そうですね……。春、いや、まだ冬ですね。芽も出てないですし……。 |
| コーチ | ：なるほど、冬なんですね。では、もしKさんが、春には芽が出ることをわかっていたとしたら、この冬の時期をどう過ごすと思いますか？ |
| クライアント | ：どう過ごすでしょうね。春には芽が出るとわかっていたら、焦ってはいないですね。種を蒔いて、やるべきことを淡々とやっている感じかな。 |
| コーチ | ：焦らずに種を蒔いてやるべきことを淡々とやっている。だとしたら、例えば、どんなことを淡々とやっているでしょうか？ |
| クライアント | ：そうですね……。やっぱり人に会って話をすることですね。それは今までと変わらないけれど、ただ、これまでは焦っていたから、正直、自分の売り込みを優先していたと思います。相手の立場だったら売り込まれたくないですよね〜。焦りがなかったら、そうですね……。今は信頼関係を築く時期だと思って、相手の話をもっと聴きますね。 |
| コーチ | ：どんなところを意識して相手の話を聴きますか？ |
| クライアント | ：コンサルタントは企業の問題を指摘すると一般的には思われているので、話を聴きますと言っても警戒されることが結構あります。なので、「経営者が気づいていない強みを見つけて育てるお手伝いをしています」ということを先に伝えて、その企業の強みを見つけることを意識して話を聴こうと思います。 |
| コーチ | ：その企業の強みを見つけて育てる、言うならば、その企業ならではの花を咲かせるお手伝いをする、ということでしょうか。 |
| クライアント | ：そうか、そんなコンサルタントになるために今、種を蒔くんですね。あー、なんだかホッとしました。 |

# 第4章

# 自己同一化

# 01 自己同一化とは

## プログラムに気づいていないと完全にプログラムに支配される

　3章で、痩せようと決めても、どうしても痩せられない過食症の女性の事例を紹介しました（79頁）。程度の差はありますが、誰にも目標達成を阻害するプログラムはあるのです。特に何度チャレンジしてもできない場合は、プログラムがあると考えた方がいいでしょう。

　過食症のクライアントの場合は、過食症になってしまう原因（プログラム）に気づいていませんでした。**気づいていないということは、プログラムが完全に無意識化されているということです**。この場合は、プログラム通りに生きるロボットのようになってしまうのです。

　実際、過食症のクライアントもプログラムに操作されているなんてつゆほども思っていなかったのです。「食べすぎてしまうのも、そもそも生まれつき食べるのが好きだから」くらいに思っていたのです。プログラムは「思い込み」だとすでに伝えています。彼女は自由意思で食べたいから食べていると思っていたのです。このように、プログラムに全く気づいていない時は、そのプログラムが自分（意識）だと錯覚することになります。このように「自分（意識）＝プログラム」だと思い込むことを「自己同一化」と言います。

## 自由への第一歩は「自己同一化」に気づくこと

　自己同一化からの脱却こそが、ネガティブなプログラムからの支配から脱却する重要な鍵となります。過食症のクライアントはプログラムに気づくことで、その影響を緩和することができました。このように、**気づいていないプログラムに関しては、気づくだけでも緩和されるのです**。

　すでにコーチングやNLPを学んでいる人の中には、気づいていなかったネガティブなプログラム（観念など）に気づいて、「なるほど！」と合点がいった経験をお持ちの方もいるでしょう。この場合、その気づきが深

ければ深いほど、新鮮な驚きがあったでしょう。「なるほど、そういうことだったのか……」と。このような体験をした方は、それと同時に楽になったはずです。それは、気づくことによって、多かれ少なかれプログラムを客観視できるからです。それにより、プログラムの完全支配が緩和されるのです。

## 人嫌いを受け入れることによって人嫌いを乗り超えた事例

　過食症の女性が体験したような深い気づきは自分にはできそうもない、と思われた方もいるかもしれません。確かにこれは特別なケースとも言えます。

　ただし、多くの場合、気づきはとても身近なレベルから起こります。過食症の女性の事例のように、全く無意識化されているものに気づくことだけが気づきではないのです。**すでに頭ではわかっていることを、深く自覚することもまた気づきなのです。**うすうすわかっていたことを、ハッキリと自覚することも気づきです。この場合ハッキリと自覚できるようになるだけでも大きな変化があります。

　私の知り合いのセラピストの所に人間関係で苦しんでいるクライアントが来ました。彼女は、オフィスで会社のメンバーとの関わりが煩わしいと嫌悪感をあらわにしました。そんな性分なので、オフィスで孤立してしまっているとのことでした。さらに、彼女は小さな頃から、人と関わることが嫌だったと続けました。そして、ため息をつきながら「ひとりが好きなんです」と険しい表情で語りました。

　セラピストは彼女の話を注意深く聞いた上で、クライアントに「良かったじゃないですか、今孤立しているんですよね、それでひとりになれているんじゃないんですか？　これはあなたの理想の状態なんじゃないでしょうか？」と言ったのです。

　クライアントは、セラピストが言ったことをすぐには呑み込めず、もう一度言ってくださいと聞き返しました。セラピストが同じことを繰り返した時に、クライアントに気づきが起こりました。「そうですね。確かにこの孤立した状況は、私の理想でした……」と新鮮な驚きとともに答えたのです。その時、このクライアントは穏やかで、安堵した表情に変わってい

たのです。

　彼女はいつも誰とも関わりたくないと思っていたのです。孤立することによって、それが実現できていることにと気づいたのです。

　次の週にクライアントは、再びセラピストの所を訪れました。すっかり楽になったと感謝を述べました。それと同時に、「逆に、これまでより皆と仲良く話せるようにもなった」と報告したのです。今では、ひとりの時間を大切にしつつ、人と関われるようになったとのことでした。気づくことによって、プログラムが緩和されたからです。

　先ほど、「気づくことによって、あるプログラムの完全支配が弱まる」と書きました。気づきは特別深くないといけないように思われた方もいるかもしれませんが、このような身近な所から気づけるものなのです。

　**さて、このように気づいていないプログラム（観念など）のことを、本書では「透明なプログラム」と呼びます。**これらのプログラムは、気づくだけでも緩和しますが、さらに、受け入れることができれば解消するのです。人嫌いだった女性の事例は、気づきが起こっただけでなく、そういう自分を受け入れられた結果、楽になったのです。

# 自己同一化とは

「プログラムが自分(意識)だ」と思い込むことを「自己同一化」

 ＝ 自己同一化

**人嫌いな女性の場合** …自分（意識）＝人が嫌い（プログラム）

孤立する

無意識化＝プログラム通りに生きている状態

・気づきによりプログラムが緩和される

人間関係が改善

意識がプログラムに気づいている状態　気づき◁ひとりでいる理想を実現していた！

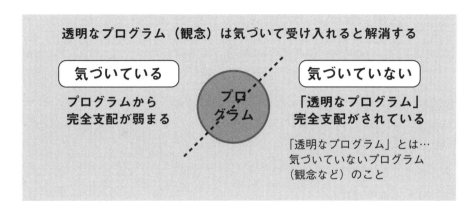

透明なプログラム（観念）は気づいて受け入れると解消する

**気づいている**
プログラムから完全支配が弱まる

**気づいていない**
「透明なプログラム」完全支配がされている

「透明なプログラム」とは…気づいていないプログラム（観念など）のこと

# プログラムの意識化と脱同一化

**人間はプログラムを意識化することによって自由になる**

「過食症の女性の事例」(79頁) と「人嫌いだった女性の事例」(93頁) を思い出してください。

「過食症の女性の事例」では、深層部に隠れていたプログラムへの気づきを紹介しました。「人嫌いだった女性の事例」は、プログラムに初めて気づいたのではなく、うすうす気づいていたプログラムをハッキリと自覚したということです。これは頭 (意識) で考えていただけのことが、身体 (無意識) の腑に落ちる気づきに変わったことを意味します。気づきが深まったのです。

そのため、自分が孤立している状況を受け入れることができたのです。「人嫌いだった女性」は、普段から「ひとりが好き」だとわかっていましたが、同時にそれが好ましいものだとは気づいていなかったのです。それにより葛藤していたのです。それが、セラピストとの会話の中でひとりでいるのが好きだということをハッキリと意識化できたのです。

**「気づいていなかったプログラムに気づく」**ということは、**「無意識化されていたもの」**を**「意識化する」**ことになります。気づくだけでもプログラムは緩和されますから、仮に完全に解消できていなくても、気づいているプログラムに関しては、コーチングで深めることができます。コーチングで、プログラムに関するさらに深い気づきが得られた場合はそれによりさらに緩和されるのです。

**脱同一化とは「プログラム」と「自分」を分けること**

意識化する (気づく) と、「あるプログラム」と「自分 (意識)」を分けて考えることができるようになります。ちなみに**「プログラム」と「自分」を分けることを脱同一化と言います。**脱同一化するとプログラムの影響を受けにくくなります。

あるネガティブなプログラムに気づいていたら、それを手放すためのコーチングを行うことができます。この場合、以下の図Aにあるように、「自分」と「あるネガティブなプログラム」が分離していることになります。分離しているということは、そのプログラムを外側から見ている状態です（図B）。外側から見ているということは、自分がこの観念をコントロールできるようになるのです。

　逆に、気づいていないということは、「自分」と「あるネガティブなプログラム」が同一化しています（図C）。この時には、ただこのプログラムに従っていて（支配されていて）、そのことに全く気づいていないのです。気づいていないので解消できません。過食症の女性がそうであったように、プログラムに気づいていない場合は解消しようという発想すらありません。

### 人間はプログラムを意識化することによって自由になる

**図A**　「自分（意識）」と「プログラム」を分けることを**脱同一化**

**図B**　「自分（意識）」が「プログラム」をコントロールできている

**図C**　プログラムに気づいていない＝同一化している

# 03 プログラムの役割と機能

**プログラムはフィルターとして世界を歪曲して見せている**

「プログラム」の役割を一言で説明するとすれば、外界（外側の世界）と人間の間にあるフィルターと考えることができます。「犬恐怖症のAさん」「犬が大好きなBさん」「犬のことを好きでも嫌いでもないCさん」この3者が犬に遭遇したとします。あたりまえですが、反応は全く異なります。

Aさんは犬に対してネガティブな、Bさんはポジティブな印象を持ちます。一方Cさんは犬に関してニュートラルに見ることができます。Aさん、Bさんは犬に関する極端な観念を持っていることになります。これは、以下の図のように、フィルター（色眼鏡）をかけて、犬を見ることに例えられます。Cさんには犬に関心がない、つまりプログラムがないということになります。Cさんは、フィルターを被せていないので「ありのままの犬」を見ることになります。

**プログラムはフィルターとして世界を歪曲して見せている**

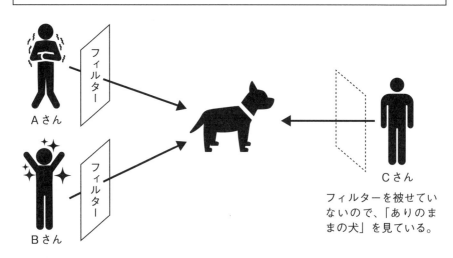

Cさん フィルターを被せていないので、「ありのままの犬」を見ている。

## 反応を作り出すのは出来事ではなくフィルター

　Aさんは犬を見た時に、真っ青になり、身体が震え出します。Bさんは同じ犬を見ていますが、大喜びしています。嬉しくてワクワクしています。この２通りの反応を作り出しているのは「プログラム（思い込み）」であることがわかります。なぜならば、ありのままに犬を見ているCさんは反応していないからです。

　左頁の図のAさんとBさんのように「プログラム（思い込み）」を被せて犬を見た場合、犬が歪曲して見えるのです。犬に対する印象を決めているのはフィルター（プログラム）なのです。しかし、Aさんには**実際に犬が怖いと感じている**のです。どう考えても危険な動物にしか見えないのです。

　赤いサングラスをかけて外の世界を見たら、世界は赤く見えます。この際に、赤いサングラスをかけているから、赤く見えているにすぎないと気づいていますね。しかし、プログラムには形がなく、目には見えません。そのため、私たちはいつでもプログラムを被せて世界を見ているのですが、それには気づきにくいのです。よって、犬恐怖症のAさんにとっては、犬そのものが、まるで狼のように危険な動物のように見えてしまうのです。

## すでに気づいているプログラムも普段は透明になっている

　私たちにとって身近なプログラムは観念（価値観）であり、私たちの中にも無数の観念がありますが、いちいちどんな観念を通して世界を見ているかなんて考えていません。例えばゴキブリが嫌いな人は、それを自覚していますが、そんなフィルター（観念）を被せてゴキブリを見ているなんて考えていないのです。ただ、ゴキブリは怖いものとしか思っていないのです。過食症の女性の事例のように、完全に無意識化されているプログラムはもちろん気づいていないので透明になっています。しかし、「自分はゴキブリが苦手」などすでに自分の中にあるということがわかっているプログラム（観念など）も透明なのです。透明になっているので、意識的には気づきにくいのです。

# 身体感覚が物事の価値を決める

**反応を作り出しているのはありのままの出来事ではない**

　プログラムの正体を徹底的に理解することはコーチング上達に欠かせません。よって、99頁までに解説したことをもう少し深めます。まずは、以下の図をご覧ください。

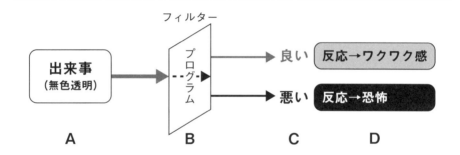

　これまでお伝えしてきたことをこの図で説明すると、「犬に遭遇する出来事」がAの部分です。ただし、人間はありのままに世界や人間を見ることができないのでしたね。その理由はフィルター（プログラム）を被せているからでした。そこで、プログラムを通して犬を見た時に良い・悪いが生まれるのです（Cの部分）。そして、最後に反応（Dの部分）が現れるのです。この反応は身体で感じるもの、つまり「身体感覚反応」です。犬恐怖症の人が犬に遭遇した時の反応として、恐怖を感じると書きました。犬が好きな人であればワクワクするでしょう。「恐怖」や「ワクワク感」は頭で考えるものではなく、身体で感じるものですね。そこで、今度は右頁の図をご覧ください。

　右頁の図で、犬恐怖症のAさんは震え上がっていますね。では、このA

さんを震え上がらせているものの正体は、犬ではなくフィルター（プログラム）の方ですね。そもそも犬は無色透明で価値は決まっていないのでしたね。ありのままの犬には問題はないのです。いつでも問題はありのままの出来事を体験している自分の方にあるのです。しかも、自分自身（意識）ではなく、出来事に被せているフィルター（プログラム）にあるのです。

## 犬恐怖症の人の犬に対する反応

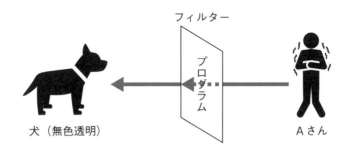

## 物事の価値を決定しているのは身体感覚

ここまでの解説で、「反応」は身体で感じるもの（身体感覚）であることが理解できたでしょう。そして、この身体感覚が出来事の価値を決める尺度となっているのです。

例えば、ファッションがすごく好きな人と、少し好きな人の違いは、ファッション誌を見た時のワクワク感の大きさで計ることができるでしょう。中には、洋服にお金をかけるなんてバカバカしいと思っている人もいます。そういう人は、ファッション誌を見ると嫌悪感を感じるでしょう。「ワクワク感」や「嫌悪感」は頭で考えるものではなく、身体で感じるものです。モティベーション（動機・やる気）も頭で考えるものではなく身体で感じるものです。

何に価値を置いているかは、私たちの生活に大きな影響を与えます。「どんな生き方をしたいのか？」「何に時間とお金を使いたいのか？」などは重要なコーチングのテーマです。これらの答えが身体感覚から導き出せるとわかっていたら、さらに効果的なコーチングができるのです。

# 思い込みの方にリアリティを感じるのはなぜか？

**人間は「感じたもの＝現実」だと錯覚する傾向がある**

　本書では繰り返し「意識」「プログラム」「無意識」という観点から人間を解明してきました。ここで、私たちがどのようなことにリアリティー（現実感）を感じるのかを明らかにします。

　ここまで、犬を見た時の反応の違いを解説してきました。そこで、犬恐怖症の人も、頭（意識）では全ての犬が危険なわけではないということはわかります。**このように「真実」は意識でとらえた方にあると言えます。**しかし、身体（＝無意識の特徴）で恐怖を感じてしまうのでしたね（反応）。ちなみに、意識・無意識の特徴として、「意識＝思考（頭）＝言葉」「無意識＝身体＝感覚」とお伝えしていますね（75頁）。

　74頁では以下の例を出しました。

> （あなたが犬恐怖症だったとして）あなたが信頼している友人がぬいぐるみのような小さな犬を飼っていて、その友人が「この犬は絶対安全だよ」と言っても、安心できないでしょう。犬に近づくとガタガタ震えることになります。

　この場合、あなたは頭（意識）では、信頼している友人が安全に育てた犬だから人間に危害を加えないということは理解できるでしょう。むしろ、この犬も凶暴だという認識の方が幻想（思い込み）だということもわかるはずです。つまり、**無意識（身体）がとらえた認識の方が「思い込み」なのです。**それでも、私たちがリアリティーを感じるのは身体（＝無意識）で感じる方なのです。このように、**人間は「考えたもの＝頭（意識）」よりも「感じたもの＝身体（無意識）」の方にリアリティー（現実感）を感じるのです。**

　繰り返し、無意識には「最高の力（潜在力）」があると述べてきました。

身体感覚（身体で感じるもの）は無意識の特徴です。「最高の力」を持つ無意識が身体を通してリアリティーを感じさせたら、それが歪曲された思い込みでも真実だと認識してしまうのです。

## 身体感覚とリアリティー

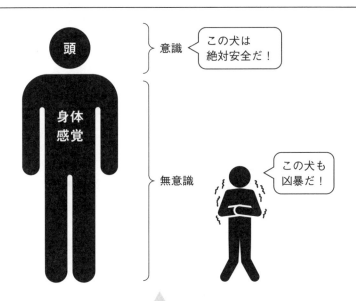

人間は「考えたもの＝頭（意識）」よりも
「感じたもの＝身体（無意識）」の方に
リアリティー（現実感）を感じる。

# 06 プログラムが思い込みを生む

**無意識はあなたの見え方に忠実に反応を作る**

ここまでの解説で、プログラムがフィルターとなり、人間はそのプログラムに応じた反応をするということが理解できたでしょう。反応は身体感覚（無意識の特徴）でした。

そこで、「ネガティブなプログラムがある場合」「ポジティブなプログラムがある場合」「プログラムがない場合」の反応の違いを比較することによって、さらに「意識」「プログラム」「無意識」の役割の違いを明らかにしたいと思います。以下の図を見てください。

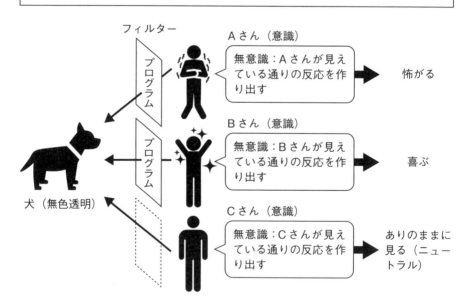

Aさんは犬恐怖症です。この場合は犬に関するネガティブなプログラム（フィルター）があり、その通りに身体（無意識）が反応します。

Bさんは犬をこよなく愛している人です。この場合は、犬に関するポジティブなプログラム（フィルター）があり、その通りに身体（無意識）が反応します。

　Cさんは犬を好きでも嫌いでもありません。犬に関してのプログラム（フィルター）がありません。この場合は無反応です。

　AさんとBさんの場合はプログラム通りの反応をしていて、Cさんの場合は無反応です。ここで理解してもらいたいのは、**無意識は「意識（あなた）」のものの見方に応じた反応をしているとうことです。**

　無意識はあなた（意識）がプログラム（フィルター）を被せて犬を見た時には、プログラム通りの身体反応を作り出します。一方で、あなたがプログラム（フィルター）を被せていない時には、あなた（意識）はありのままに（純粋に）犬を見ています。この時には、あなた（意識）がありのままに見ているので、身体反応（無意識）はニュートラルなのです。

## プログラムから脱同一化した時に最高の力を発揮できる

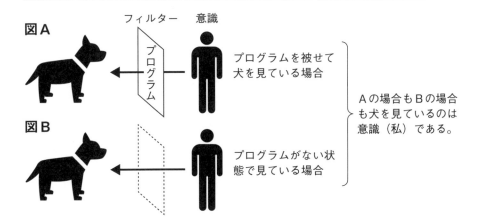

　ここまでの解説で、「無意識（身体）」は「あなた（意識）」が外の世界を認識した通りに反応することが理解できたでしょう。すでにお伝えしたように「プログラム」は「あなた（意識）」ではありません。ただし、通常私たちは「プログラム」に気づいていないので、プログラムを自分自身

（意識）だと錯覚しています。よって、私たちは、ほとんどの場合プログラムというフィルターを被せて外の世界を見ることになります。これがプログラムと自己同一化している状態です。しかし、いつでもプログラムを被せて世界を見ているわけではないのです。

　105頁の図をご覧ください。図Aはあなた（意識）がプログラム（フィルター）を被せて犬を見ている状態です。図Bはプログラム（フィルター）がない状態で犬を見ている状態です。**ここで押さえておいてほしいのは、あなた（意識）がプログラム（フィルター）を被せて犬を見ていようが、プログラム（フィルター）がない状態で犬を見ようが、あなた（意識）が犬を見ているという点です。**ここで、無意識は以下の2つの方向であなた（意識）に関わることがわかります。

①無意識はあなた（意識）がプログラムと同一化している時には、プログラム通りの身体反応を作り出す。
②無意識はあなた（意識）がプログラムに同一化していない時には、プログラムに影響を受けない身体反応（ニュートラルな身体反応）を作り出す。

## 思い込みを作り出すのはプログラムであって無意識ではない

　すでに人間は頭（意識）で考える真実よりも身体（無意識）で感じる思い込みの方にリアリティー（現実）を感じると述べています。人間はリアリティー（現実）を感じる方向に生きていきます。その結果、人間は大半の時間をプログラムに同一化しているので、良くも悪くも「プログラム（思い込み）」に沿った生き方になるのです。

　ただし、ここで理解してもらいたいのは、**思い込みを作り出すのは「無意識」ではなく「プログラム（フィルター）」の方だ**ということです。「あなた（意識）」が「プログラム（フィルター）」から脱した時には、無意識は別の身体反応（ニュートラルな反応）をあなたに感じさせるのです。つまり、**あなた（意識）が「プログラムに同一化している場合」**と、**「プログラムから脱同一化している場合」では、無意識はあなた（意識）に全く**

**違った関わり方をするということです。**

　これは、無意識の役割はあなたの状態を忠実に実現することだということを意味します。あなた（意識）が、ネガティブなプログラムに同一化しているなら、無意識はネガティブな反応を感じさせます。同様にあなた（意識）がポジティブなプログラムに同一化しているなら、無意識はポジティブな反応を作り出すのです。よって、**無意識はあなたに方向性を与えるものではないのです。**無意識は、あなた（意識）が作り出す方向性に力を与えるエネルギー源なのです。

　ここまでの解説で「意識」「プログラム」「無意識」は別物だということの理解が深まったのではないかと思います。82頁で、以下のように表現しました。

> 「無意識そのもの」と「無意識が産み出すプログラム」は別物なのです。それは、親から産まれた子どもは親とは違う独自の意思を持っているのと似ています。

　本章では、あなた（意識）がプログラムに同一化している状態と脱同一化している状態の違いを解説してきました。ここではまず、この2つの状態があるということを理解してください。そして、**プログラムはあなた（意識）ではない**ということも理解できたでしょう。ですからあなたはプログラムから脱同一化できるのです。

　あなた（意識）がプログラムの影響を受けていない時には、あなたは「純粋な意識（ありのままの意識）」なのです。この時に、ありのままの世界を見ることができるのです。それは、104頁の図にあるように、プログラムのないありのままのCさんが、ありのままに犬を見られるのと同じです。

　このように、プログラムに支配されていない時に、プログラムから自由になったあなた（意識）がいるのです。この時に本当の自由意思があるのです。第3部で詳細に解説していますが、**純粋な意識状態（ありのままの意識状態）の時に、最高の力（潜在力）を発揮**できます。通常は、無意識はプログラムに力を与えています。この場合は最高の力は発揮できないと

書きました。最高の力（潜在力）を発揮する前提条件の1つは、あなた（意識）がプログラムから自由になることなのです。プログラムから脱するためには、プログラムを理解しなければなりません。その第一歩は「プログラム」と「あなた（意識）」を分けて考えることなのです。そこで、次章で「脱同一化」の基本的な方法を紹介します。

# 第5章
# 脱同一化とコーチングの実践

# 01 幻想(イメージ)の中で生きる私たち

## 問題の大半は幻想にすぎない

　第4章では、「意識」と「プログラム」の同一化(自己同一化)を解説しました。人間が「最高の力(潜在力)」を発揮するには、プログラムから脱同一化する必要があると書きました。本章では、プログラムから脱同一化するための基本的な方法をお伝えします。

　第4章で、意識が真実をとらえてもプログラムが歪曲した世界を見せた場合、人間は歪曲した世界を真実だと思い込んでしまうとお伝えしました。これを理解することは効果的なコーチングを行えるようになるためには極めて重要です。人間が苦しむ原因の大半は、人間の認識の歪みから起こる「思い込み」にあるのです。真実は変えられませんが、思い込みは変えられるのです。これは、コーチはクライアントの問題解決を図りますが、その大半は解決可能だという根拠になるのです。

　起きている出来事は無色透明です。第4章では、その原理を犬の事例を通して紹介しましたが、あらゆる出来事に当てはまるのです。もし、完全にフィルター(プログラム)を外してありのままに体験できるなら、深刻な問題にすらも反応することはないのです。私たちが問題だと感じるものの大半は、プログラムが身体(無意識)を通して感じさせている思い込みなのです。

## 無意識は現実とイメージの区別をつけられない

　人間は「身体で感じたものにリアリティー(現実)を感じる」と解説しました。そこで、それを深める無意識の特性を挙げます。それは、**無意識は「現実」と「イメージ」の区別がつけられない**というものです。

　この原理を理解してもらうために、セミナーなどで簡単な実習を行ってもらうことがあります。果物のレモンを時間をかけてありありとイメージしてもらって、そのあとにそのイメージの中でかじってもらうというもの

です。イメージの仕方にコツがあるのですが、これを体験すると唾液が出ます。イメージ力が強い方は汗までかきます。しかし、実際にレモンをかじったわけではありません。レモンをかじったというイメージトレーニングをしただけです。それでも、唾液が分泌されるのは、無意識は「現実」と「イメージ」の区別がつけられないからです。

　この際に、当然あなた（意識）は、これが思い込みであり真実ではないとわかっています。しかし、身体（＝無意識）は勝手に反応してしまうのです。これは特殊な原理ではありません。いたる所で人間はこの原理に影響を受けているのです。

　私たちは映画を見ますね。映し出されている映画が、虚構だとわからない人はいないでしょう。映画は映写機から映写される光と影です。また、ペラペラのスクリーンに映ったもの、つまり二次元（平面）にすぎません。これを頭（＝意識）ではわかっています。二次元（平面）にすぎないので、イメージ（虚構）にすぎません。しかし映画を見ると、それがイメージ（虚構）だと頭（意識）でわかっていても、私たちは大きな影響を受けるのです。

　例えば、ホラー映画を見ると本当に怖いですね。だからこそ、多くの人がお金を支払ってまで映画館に出かけるのです。映画はイメージ（虚構）の世界だとわかっていますが、身体（無意識）ではしっかりとリアリティー（現実）を感じるからです。

## イメージを現実だと錯覚させるメカニズム

　ここまでで、「現実」にも「イメージ（虚構）」にも、無意識（身体）は反応するということを理解していただけたかと思います。その結果、「イメージにすぎないもの（幻想）」にも無意識は反応します。無意識は「身体感覚」を通して反応します。無意識は「最高の力（潜在力）」を発揮するエネルギー源だとお伝えしました。強力な無意識が身体を通して感じさせるなら、それがたとえイメージにすぎないものだったとしても、あなた（意識）はリアリティー（現実）を感じてしまうのです。

## 私たちは「幻想の世界」に生きていて、それに気づいていない

　プログラムはフィルターとなって、「ありのままの出来事」に「全く別の印象」を被せてしまいます。レモンのイメージの事例からも、無意識は現実とイメージの区別ができないのがわかるでしょう。同様に、「ありのままの出来事」に「全く別の印象」を被せたものも、また、イメージなのです。

　プログラムを被せて見た出来事は「思い込み」にすぎません。「思い込み」は幻想なので実態のないもの、つまりイメージなのです。

　「私たちの中には無数のプログラムがある」「私たちはプログラムを被せて世界を見ている」そして、このことにほとんど気づいていないと述べてきました。これは、私たちはいつでも、この瞬間もイメージ（幻想）の世界に生きていて、全くそのことに気づいていないということを意味するのです。

　到底信じられないかもしれませんが、それほどまでに、プログラムは無意識（身体）を通してイメージ（幻想）の世界にリアリティーを感じさせているのです。ですから、これが理解できるようになると、問題は解決されやすくなるし、楽に生きられるようになるのです。

# 02 プログラムが稼動する時しない時

**危険な環境では無意識はプログラムをフル稼働させる**

　ここまでの解説で、私たちが苦しむ時は、それがありのままの出来事によるものではなく、イメージ（思い込み）に苦しんでいるということが幾分かでも理解できたでしょう。これらイメージに翻弄されるのは、イメージに自己同一化しているからだとお伝えしました。以下の図Aのように、人間は「分厚い鎧（プログラム）」を着こんでいて不自由なのです。しかし、それに気づいていないのです。プログラムが「分厚い鎧」なのは、プログラムはあなたを守るために作られたものでからです。戦争時には「分厚い鎧」は役立ちます。しかし、平和な時代に鎧は無用の長物です。重い鎧を着込んでいると、ただじっとしているだけでも、疲れ果ててしまいます。

　同様に、私たちも「分厚い鎧（プログラム）」を維持するために莫大なエネルギー（潜在力）を使っているのです。これがほとんどの人が最高の力（潜在力）を発揮できなくさせている原因だとお伝えしていますね。プログラムの全てが悪いわけではありません。プログラムは自分を守るためのものなので大切です。しかし、幼少期に必要だったプログラムが今も必要なわけではないのです。最高の力を発揮するにはプログラムの見直しが必要なのです。

図A　分厚い鎧（プログラム）を着込んでいる

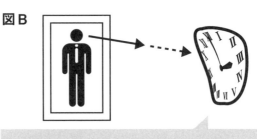

図B　鎧のフィルターで世界が歪んで見える

## いつも分厚い鎧を着込んでいるわけではない

　左頁の図Bのように分厚い鎧（プログラム）越しに世界を見るということは、平たく言うと観念（フィルター）を通して外の世界を見ることになります。観念（価値観など）は最も身近なプログラムだとお伝えしています。

　ここで大切なことをお伝えします。それは、**人間はいつも鎧を着込んでいるわけではないということです。**

　例えば、経験のない仕事をする時は肩に力が入ります。緊張している証拠です。初めての仕事は失敗するかもしれません。プログラムは危険だとみなしているのです。そのため防御的になっているのです。

　逆に、毎日こなしている仕事をする時はリラックスしています。なじんだ仕事で失敗することはないので、プログラムは安全だとみなしているからです。守る必要がないから肩から力が抜けているのです。

　プログラムが非常に危険だと感じた環境では、それに応じて分厚い鎧を着込むことになります。この場合、多少の緊張ではなく強い緊張を感じることとなります。この緊張の強弱を決定しているのがプログラムの基準、つまり価値基準です。価値基準を大きく逸脱するようなネガティブな状況に置かれているとプログラムが判断した場合、強く緊張することとなります。

## 安全・安心な環境ではエネルギーの消耗がない

　ここまでの解説で、**プログラムはいつもフル稼働しているわけではない**ということが理解できるでしょう。あくまで、自分の中にあるプログラムの基準（価値基準）から判断して、安全であれば守る必要がないのです。ですから、安全な時には116頁の図Cのような状態になります。この時には無駄なエネルギーを使っていないのでリラックスしているのです。当然エネルギーの消耗は少ないので快活です。また、集中力も高くなります。守るためにエネルギーを使っていないので、自分がしたいことをするためにエネルギーを投入できます。人間はこの状態の時に最高の力（潜在力）を発揮できるのです。

図C

## 私たちが苦しむのは外の世界が危険だと錯覚している時

　一方で図Dは過剰に自分を守っている状態です。極めて危険だとプログラムがみなした環境では、このような状態になっているのです。このような状態になった場合は、鎧（プログラム）に「自己同一化」しています。鎧（プログラム）は自分（意識）が着ているものであり、自分自身（意識）ではありません。しかし、このように、着ている鎧（プログラム）のことを自分（意識）だと思い込んでいる場合、外の世界は本当に怖い世界のように感じてしまうのです。

　大勢の人の前で話すことが怖いという人がいます。人前恐怖症ですね。このような人たちは、大勢の人の前では、無害なことを話すだけでも怖くて大量の汗をかくことになります。「こんにちは」と挨拶をするだけでも怖いのです。誰も自分に危害を加える人はいないと頭（意識）でわかっていても、身体（無意識）では恐怖を感じるのです。プログラムが無意識（身体）を通してこのように感じさせた場合、私たちは手も足も出ません。しかし、これも錯覚（思い込み）にすぎません。このような過剰に分厚い鎧はプログラムであってあなた（意識）ではありません。よって脱ぐことができるのです。

### 最高の力（潜在力）が発揮できている時

自分の中にあるプログラムの基準（価値基準）から判断して安全であれば無駄なエネルギーを使わずリラックスできる。集中力も高く、自分がしたいことにエネルギーを投入できる。人間はこの状態の時に最高の力（潜在力）を発揮できる。

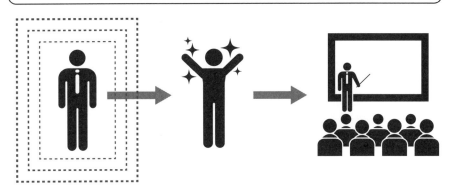

### 力を発揮できない時

分厚い鎧を着ている状態はプログラムとあなた（意識）が同一化している状態。

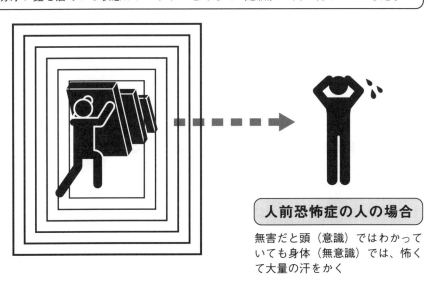

### 人前恐怖症の人の場合

無害だと頭（意識）ではわかっていても身体（無意識）では、怖くて大量の汗をかく

# 03 リフレームでフィルターをかけかえる

## リフレームによって気分がガラリと変わる

　かつて私のクライアントに人前で話すのが大の苦手という方がいました。その人が、大勢の人が集まる集会で司会を頼まれた時に、臨時のコーチングセッションをしました。司会をする当日の朝に電話がかかってきたのです。緊張のあまりひどい頭痛になって動けなくなってしまったのです。しかし、その人は30分程度のセッションですっかり元気になりました。
　いったい何が変わったのでしょう。
　これまで何度か述べた通り、出来事の価値は無色透明ですから人前で話すこと自体にはネガティブもポジティブもありません。人前で話すのが苦手な人は、大勢の人の前に立つと身がすくみます。これは身体反応ですね。この身体反応を作り出すのは、人前で話すという出来事に被せたフィルター（プログラム）だということがわかります。ですから、フィルター（プログラム）を変化させると楽になるのです。このように、ネガティブな反応を作り出すネガティブなフィルターを、ポジティブなフィルターにかけ替えることをリフレームと言います。私のクライアントもリフレームによりフィルターが変わったから楽になったのです。

## 同じ出来事でも必ず良い面と悪い面がある

　フレームが変わるとは、人前で話すことが有意義だと思えるようなフィルターを持てるようになるということです。同じ出来事でも必ず良い面と悪い面があるのです。私の経験上、人前で話すことが苦手な方の中にこそ、人前で話せるようになりたいという願望を持っている人が多いと断言できます。このように感じられるのは良い意味での思い込み（フィルター）もあるからです。実際、私を含めてコミュニケーション系の研修講師の多くは、かつて話すことにコンプレックスを持っていた人が多いのです。このような人は話すのが苦手だからこそ、上手に話せるようになることへの憧

れがあるのです。例え人前で話すのが苦手な人だったとしても、その人の中にある肯定的なものの見方（フィルター）を引き出すことができたら、気分（身体反応）はガラリと変わるのです。

　ただし、リフレームは解決困難な状況であればあるほど失敗します。解決困難な状況になっているということは、重要なプログラムがあるという証拠になります。例えば、「過食症の女性の事例」（79頁）がそれに当てはまります。ダイエットしようとしても、ことごとく失敗したのでしたね。このように重要なプログラムは厳重に守られているのです。ですから、解決困難な状況でリフレームするには特別なプロセスを加える必要があります。それが脱同一化なのです。

## 分厚い鎧を着ているとネガティブな発想しかできない

　分厚い鎧を着ている時には、ネガティブな感情に汚染されてしまいます。このような時には肯定的な発想はできません。破壊的なことしか考えられない場合すらあります。例えば、イライラしている時には、普段気にならないことにも腹を立ててしまうでしょう。私も、部下がちょっとしたミスをしただけなのに必要以上に叱責した経験があります。このような状況に陥っている時に、起こってくる出来事のポジティブな面を思い浮かべることはできません。

　分厚い鎧（プログラム）を着込んでいる時には視野も狭くなっています。
　右も左もわからない新しい環境では、過去の経験にしがみつくでしょう。また、立場が悪い状態、例えば周りにあなたの考えを否定する人が多い環境では、あなたは自分の立場を守ろうとするでしょう。なぜなら、怖いからです。このような時には、普段以上に自分の安全基準（観念・価値観）にしがみつくことになります。観念（プログラム）が過剰に大事になっている時には、保守的な古いものの見方しかできなくなります。そうなると、視野が狭くなってしまうのです。視野が狭くなると物事の肯定的な面を見つけられなくなります。

　以上のように、分厚い鎧を着込んでいる時には、①ネガティブな感情に汚染されていて、②視野が狭くなります。これでは、リフレームできません。

**リフレームができなくなる２つの要素**
①ネガティブな感情に汚染されている
②視野が狭い

## リフレームとは

ネガティブな反応を作り出すネガティブなフィルターを、
ポジティブなフィルターにかけ替えること。

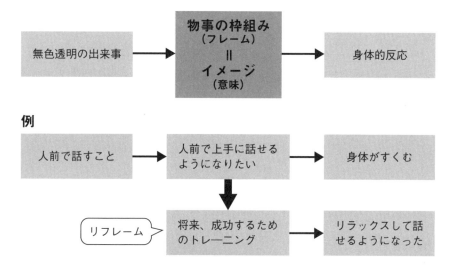

### 肯定的なものの見方（フィルター）

- 肯定的な見方（フィルター）を質問で引き出すと気分（身体反応）は変わる。
- ネガティブな感情に汚染されている時は、脱同一化してリフレームする。
- 安全基準（観念・価値観）が過剰に大切な時は、視野が狭く物事の肯定的な面を見つけられない。

# コーチング例「リフレーム」

| | |
|---|---|
| コーチ | ：Sさん、今日はどのようなテーマにしますか？ |
| クライアント | ：はい、実は異動になり、とても苦手な業務を担当することになったんです。<br>社内講師の仕事なのですが、なかなか上達することができずに悩んでいます。 |
| コーチ | ：悩んでいるのですね。では、**Sさん、視点を変えてみましょう。あなたがこの業務にチャレンジすることで、今後の人生にどのようなメリットがあるでしょうか？** |
| クライアント | ：そうですね〜。もし、これが克服できたら、僕は何でもできると自信が持てるような気がします。 |
| コーチ | ：そうですか。自信が持てるような気がするのですね。 |
| クライアント | ：それは、そうですよ！　だって、僕、大学時代に塾講師をやったのですが、登壇する度に過度に緊張して、ミスが多くて長く続かなかったのです。人の前で話すことは、本当に苦手なんですよね。 |
| コーチ | ：苦手なんですね。では、Sさん、**もし仮に神様がいたとします。その神様が何か意図があって、あなたにこの体験をさせているとします。Sさんが、この苦手なことを通じて、どのような学びをするためだと思いますか？** |
| クライアント | ：なんだろう。人の前で上手に話せる練習をさせてもらっているのかな。そして、引っ込み思案な傾向を払拭するためかもしれません。 |
| コーチ | ：そうなんですね。では、**人前で上手に話す練習は、将来どう役立ちそうですか？** |
| クライアント | ：僕は、またいずれ営業に戻りたいと思っています。そうですね。社内外でのプレゼンは、今までうまくいったことがなかったので、プレゼンが上達しそうですね。 |
| コーチ | ：確かに、プレゼン上達しそうですね。では、**Sさんが新しい部署に配属になってのこの数週間で、得られたことは何ですか？** |
| クライアント | ：そうですね。プレゼンの練習になっていると気づきましたね。 |
| コーチ | ：それは良かったですね。他にはありますか？ |
| クライアント | ：新しく出会う人は、とても新鮮です。今まで接することがなかった業種の方と接するのは、僕にとっては、楽しいです。 |
| コーチ | ：Sさん、ここまで話してみてどのようなことを感じていますか？ |
| クライアント | ：話してみて、決して異動はネガティブなことだけではないと思いました。将来のために役立つことも見つかったので、ここで頑張ってみようとやっと思えました。ありがとうございました。 |

# 04 脱同一化とは

### 問題を解決するには鎧の外へ出なければならない

　分厚い鎧を着込んでいる時には、①ネガティブな感情に汚染され、②視野が狭くなることが理解できたでしょう。このような時には、リフレームできません。リフレームできないだけなら大きな障害はないでしょう。問題解決方法はリフレームだけではないからです。

　しかし、分厚い鎧を着ている時には**リフレームができないだけではなく、能力が発揮できなくなるのです**。分厚い鎧を着ている時には、仕事での問題解決ができないばかりか、目標達成もできないのです。あなたも、窮地に陥った時には、なかなか有効な解決策が浮かばなかったでしょう。この場合、あなた（意識）に問題があるのではなく、「**あなた（意識）が身につけている鎧（プログラム）**」に問題があるのです。

　いかに優秀な人でも、分厚い鎧を着ている時、つまり、ネガティブな感情に汚染されていて視野が狭い時には、有効な解決策は浮かびません。**問題を解決するためには、鎧（プログラム）の外へ出なければならないのです**。これは、鎧を着た自分が置かれている状況を外から客観視することを意味します。

　それが「脱同一化」です。116頁の図Cが脱同一化した状態です。ちなみにNLPでは「自己同一化」のことをアソシエイト、「脱同一化」のことをディソシエイトと呼んでいます。本書では、「自己同一化」「脱同一化」という表現を使います。

### 鎧を着た自分が置かれている状況とは

　本章の内容を正確に理解していただくために、「鎧を着た自分が置かれている状況」について補足しておきます。これをAさんとその上司（Bさん）との劣悪な人間関係に当てはめて考えてみます。「鎧を着た自分が置かれている状況」とは、「ネガティブなプログラムを持つAさん」が、

このプログラムの反応を引き起こす上司（Bさん）と共にいる状況です。
　あたりまえですが、Aさんの中に上司（Bさん）を拒否するプログラムがあっても、Bさんに遭遇しなければ、Aさんは苦しまないのです。Aさんが分厚い鎧（プログラム）を着るのは、Aさんにとって危険な上司Bさんと共にいるからです。よって、「鎧を着た自分が置かれている状況」とは、苦手な上司（Bさん）がいて、それによりAさんが鎧を着ている状況（プログラムが反応している状況）となります。

## 普段反応することを客観視できる状態とは

　この状況におけるAさんのように、あなた（意識）も危険な状況だとプログラムが判断した時にプログラムに同一化するのです。つまり、プログラムに同一化しているということは、プログラムがフル稼働している状態（分厚い鎧を着込んでいる状態）ということになるのです。
　これは、どんなにネガティブなプログラムでも、いつでも稼働しているわけではないということを意味します。例えば、私がセミナー中に、ゴキブリの事例でプログラムの説明をすると、ゴキブリが嫌いな人は少し嫌な表情を浮かべますが、冷静に話を聞いています。しかし、自宅でゴキブリに遭遇すると、悲鳴を上げることになります。完全に我を忘れてしまいます。
　後者は、プログラムがフル稼働している状態（分厚い鎧を着込んでいる状態）で、前者はある程度、客観視できている状態です。「プログラムとの自己同一化」とは後者の状態で、「脱同一化」は前者のような状態のことを言います。
　もちろん、人によっては、セミナー中にゴキブリの話を聞くだけでも貧血を起こす人がいるかもしれません。よって、「プログラムからの脱同一化」にも程度があるとご理解ください。ちなみに、完全に「プログラムからの脱同一化」できた場合には、ものすごく苦手な人との人間関係でも、まるで他人事のように客観的に見られるようになるのです。

## ネガティブな状況から脱同一化することで能力が回復する

　右頁の図にあるように、脱同一化した状態（鎧(よろい)を着た自分が置かれている状況を外から眺めている状態）ではネガティブな感情に汚染されなくなります。ニュートラルになるのです。同時に視野も広くなります。この状態の時に、リフレームしやすくなります。

　**脱同一化の精度は、ネガティブなプログラムと同一化している状況から、どれだけ遠く離れることができるかにかかっています。**

　それは、ゴキブリの事例で紹介した通りです。自宅でゴキブリに遭遇するということは、完全にネガティブなプログラムに同一化することを意味します。この場合、自宅が危険な環境ですね。そして、清潔に管理されている東京のセミナールームにはゴキブリは出ないとします。しかもゴキブリが出るかもしれない自宅から遠く離れています。これが、「ネガティブなプログラムと同一化している状況から遠く離れること」の一例です。

　さらに、北海道など寒い地域では、ゴキブリはほとんどいないそうです。仮に北海道のセミナールームで、しかも寒い真冬に、ここにはゴキブリが出ないという理由を話した上で、同じ話をしたら、さらに客観的に話を聞けるでしょう。東京のセミナールームよりもさらに遠く離れているからです。空間的なものだけではなく、心理的にも離れていることがわかるでしょう。

　このように、「ネガティブな状況」から脱同一化することには以下の２つの利点があります。これらはリフレームをはじめ、様々な問題解決を有効に行うために不可欠の状態です。

---

**脱同一化することに関する２つの利点**
①ネガティブな感情の支配からの脱却（ニュートラルになる）
②広い視野の獲得

---

## 課題解決の流れ

　課題解決の大まかな流れは①脱同一化→②課題解決の順です。課題解決ができない場合、ネガティブな感情に汚染されたまま課題を解決しようとしているのです。ただし、課題解決が下手な人はいないのです。課題解決

ができない状態（ネガティブなプログラムに同一化している状態）がある
だけです。

　脱同一化するのに、コーチングが役立ちます。行き詰まっている人でも
30分もコーチングを受ければ、自分が置かれている状況を冷静に見られる
ようになります。コーチは質問によって、クライアントの意識を脱同一化
させることができるからです。クライアントはいくつかの質問に答えてい
るうちに冷静になっていきます。そこで、解決方法がひらめくのです。見
えなくなっていた解決方法が見つかるからです。コーチングは「ニュート
ラルな状態」と「広い視野」を提供するから、クライアント自ら答えを出
せるようになるのです。

### 鎧を着た自分を外から眺めている状態

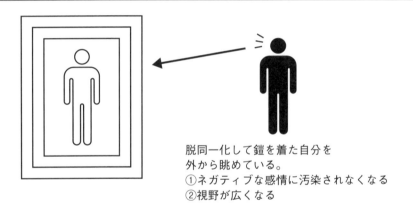

脱同一化して鎧を着た自分を
外から眺めている。
①ネガティブな感情に汚染されなくなる
②視野が広くなる

# 05 コーチングで課題解消と目標達成が実現する仕組み

## 課題解消が能力拡大につながる

　コーチングは「ニュートラルな状態」と「広い視野」をクライアントにもたらすとお伝えしました。この２つの要素は、課題解決に役立つだけではありません。少し考えると目標達成にも不可欠な要素だとわかるでしょう。

　そもそも、分厚い鎧(よろい)を着込んでいる時に、適切な目標を立てられるでしょうか？　分厚い鎧を着込んでいる限り、ネガティブな感情に汚染されて自己評価（セルフイメージ）を下げてしまうのです。「自己評価（セルフイメージ）」が低い時には、「やれない・できない」と感じてしまいます。このような状態では適切な目標を立てられないのです。

　コーチングを行うことによって大きく変化する人がいるとお伝えしました。それは、クライアントが不当な思い込み（プログラム）に気づくからです。「やれない・できない」と思い込んでいたにすぎないと気づくので、本来の自分の能力を発揮できるようになるのです。

　誰にでも「能力はある」のです。しかし、鎧を着た窮屈な状態では、「能力がない」と錯覚してしまうのです。プログラムはあなたを過剰防衛状態にしているとお伝えしてきました。過剰防衛状態になってしまうほどに外界が怖いと錯覚しているのです。その結果「能力がない」「自信がない」と実感してしまうのです。このように思っている人が新しいことへのチャレンジなどできるわけがありません。

## 能力があると「気づくこと」と「思い込むこと」の違い

　さて、上記のように書くと「そうか、能力がないと思い込んでいただけなんだ」と早合点する人が出てきます。これは、「能力がある」と思い込んでいる状態です。ハッキリと言っておきます。「能力がある」と思い込むことは、「能力がない」と思い込むのと同じくらいに危険なのです。例

えば、自己啓発書を読むと「人間には無限の可能性がある」と書かれています。それは事実です。一方で「プログラムに支配されている限り最高の力（潜在力）を自由には使えない」というのも事実なのです。そこを履き違えて「何でもできる」と錯覚する人がいます。「無限の可能性」が開花していないのに、「何でもできる」と錯覚した人は無謀な目標を立てて、身の丈に合わない行動をとりがちです。その場合、大きな失敗をすることになります。

## コーチングは冷静に自分の能力を目覚めさせる

また、度を越して前向きな人がコーチングを希望する場合があります。ある意味自信過剰な人ですね。あなたの周りにも1人ぐらいそのような自信がありすぎる人がいるでしょう。このような人を見て視野が狭いと感じるでしょう。これは視野が狭すぎて、自信があると思い込んでいる状態です。

このような人はいつも大ぼらを吹いていますが何ひとつ現実を変えることができません。後の章で解説しますが、「自信過剰な状態」は、「自信がないこと」の裏返しである場合が大半なのです。このようなケースでは、コーチはクライアントをクールダウンさせてあげなければなりません。

**コーチは「ニュートラルな状態」と「広い視野」を提供することにより、クライアントの中に眠る真の潜在力（最高の力）に気づかせるのです。**それは、「何でもできる！」といった浮ついた状態ではなく、静かな自信を（確たる自信）を引き出すことです。

## コーチングは2つの幻想を解消する

ここまで見てきたように、コーチングは2つの幻想を解消します。「ネガティブな幻想」と「ポジティブな幻想」ですね。コーチはクライアントを現実的にします。**その結果、クライアントは「できないと思い込んでいること（あるいはできると思い込んでいること）」と「現実的に可能なこと」を分けて考えられるようになるのです。**

# 06 脱同一化のための質問

**コーチングにより脱同一化する**

　ここでは、コーチングの質問による「脱同一化」の方法をお伝えします。それは以下の2点です。

> **質問により脱同一化するコツ**
> ①焦点を困難な状況の外へ向けさせること
> ②さらに広い視野が持てるようにすること

　まずはじめに、①焦点を困難な状況の外へ向けることについてです
　どんな方法でもかまいませんが、困難な状況の外に焦点を向けさせることができたら、ネガティブな状態からは解放されます。ゴキブリの事例で紹介した通りです。さらにその焦点が、興味関心が高いものであれば、困難な状況の外へ出るだけでなく最高の力（潜在力）の発揮にもつながるのですが、その理由は第10章でお伝えします。この章では、まず最悪の状態から普通に能力を発揮できる状態への移行の方法をお伝えします。
　「自己同一化」している状態とは、1つしかない焦点が困難な状況に釘付けになってしまっている状態です。困難な状況にはまり込んでいる時には、「ネガティブなプログラム」がフル稼働してしまうので苦しむことになります。
　あなたがコーチだったとしたら、このような状態に陥っているクライアントには、困難な状況の外へ出ること（脱同一化）に専念してもらうのです。まずは、この苦しみから解放させ、余裕を持たせてあげるのです。
　例えば、上司との人間関係で苦しんでいる人がいたとします。このような人には、まずネガティブな人間関係を忘れさせてあげることも有効です。ある意味強引なやり方ですが、以下のような質問をしたとしたらどうでしょう？

> 「ここまでの人生で、本当はこういうことをしてみたいと思っていたけどできていないことって何かありませんか？」
> 「プライベートでもかまいませんので、自由に考えてもらいたいのです」
> 「今日はちょっと、仕事を離れて○○さんの本音を聞かせてもらいたいのです」

　もし、この質問内容に集中できたら楽になるはずです。この質問は仕事とは関係ないものも含まれますが、困難な状況から脱同一化するという観点では役立ちます。このように、**問題とは関係のないことに焦点を集中するだけでも「脱同一化」できるのです**。ちなみに、困難な状況から遠く離れることは、同時に分厚い鎧(よろい)（ネガティブなプログラム）を脱ぐことにもなります。
　安全な内容に焦点が切り替わるということは、プログラムが安全だと認識するからです。このように、当てている焦点の対象が「分厚い鎧を着るか」「鎧を脱ぐか」を決定するのです。

## 問題の状況から遠ざかった位置とは

　次に、②さらに広い視野が持てるようにすることについてです。
　先ほどの質問の例ですと、ネガティブな人間関係ではないことに焦点が向かったら楽にはなりますね。しかし、一時的に苦しい状況から避難しただけです。これでは、問題解決のための広い視野を得たと言えません。問題解決するためには、問題の状況を外から眺める位置に立つ必要があります。例えば、広く問題を見渡せる位置からリフレームなどを行う必要があります。そこで、続けて、下の質問をしたら、この質問をされた人の中で何が起こるでしょう？　どんな焦点の移動があるのでしょう？

> 「３年後に、職場でどんな活躍ができていたら満足できるでしょう？」

　今度は焦点が再び仕事場に戻りますね。しかも「どんな活躍をしたい

か？」という質問はポジティブな内容を連想させます。ポジティブな連想はポジティブな気分を喚起します。ポジティブな気分を感じている時は、ポジティブな発想をしやすいのでしたね。

その上で、以下の質問をするとどうなるでしょう？

> 「仮に、先ほど話してもらった３年後の活躍ができている自分がいたとしたらどんな自分でしょう？　その自分になりきって体験してください」

これは、57頁で紹介した「アズ・イフ・フレーム（もし○○ができたとしたら）」です。アズ・イフ・フレームは枠を超えるのに役立つとお伝えしています。

本章の冒頭でお伝えした通り、「無意識は現実とイメージの区別がつけられない」ので、アズ・イフ・フレームの質問によって、イメージトレーニングをすることになります。例えば先ほどの質問に答えるとしたら、未来の自分を空想する（イメージする）ことになるからです。３年後に活躍している自分はあくまで架空の自分（イメージ）でしかないのです。

しかし、無意識（身体感覚）は「イメージ」も「現実」ととらえるのでしたね。よって、３年後に活躍している自分のイメージになりきっているだけでも、活躍できているような気分になってくるのです。右頁の図は、前述した質問から、クライアントが３年後になりきった状態を表しています。１つしかない焦点が、上司との人間関係から抜け出して（脱同一化して）、３年後の自分に当たっているのです。

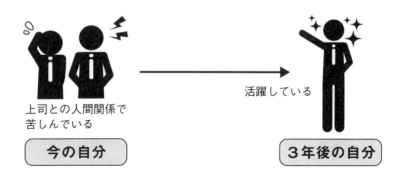

## 脱同一化した位置から問題の状況を眺めるとは

上記の図にあるように、3年後の自分になりきった上で、以下の質問をするとどうなるでしょう？

> 「そして、この3年経ったあなたが、今回の出来事を眺めてみた時、この人間関係から、どんな学び、成長を得られるでしょう？」

このように質問をされると、上司との人間関係から何が得られるかについて、冷静に思案できるのではないでしょうか。上の図のように3年後の自分になりきっている時には、上司との人間関係は他人事のように感じられるのです。この状態の時に初めて、問題の状況（上司との人間関係）の良い面を探すことができるのです。視野が広く、ネガティブな感情に汚染されていないからです。これが、「脱同一化」した視点から質問の答えを引き出すということの一例です。

## 質問の通りに焦点が移動するか否かはコーチとの関係性次第

ただし、このようなスムーズな焦点の移動はいくつかの理由でセルフコーチングでは困難だということを補足しておきます。また、コーチとクライアントのセッションにおいても、両者の間に深いラポール（信頼関係）がある場合にのみ、スムーズな焦点の移動が可能なのです。その理由は第

2部で詳細に解説します。この段階では、あくまで、焦点の作用をわかりやすく理解していただくために、焦点がスムーズに移動するために必要な条件については触れていません。

## 問題を過去の出来事にした方が脱同一化しやすい

先ほど「この3年経ったあなたから、今回の出来事を眺めてみた時、この人間関係から、どんな学び、成長を得られるでしょう？」という質問とその効果について解説しました。この質問によって、脱同一化する理由がもう1つあります。それは、**「現在の出来事」が「過去の出来事」に変わっていること**です。

上司に今（現在）叱責されるのと、3年前に叱責された体験を思い出すのと、どちらの方がダメージが大きいかは言うまでもありません。この差は、「自己同一化」「脱同一化」の程度の差だということがわかるでしょう。何かを体験した場合、現在に近ければ近いほど「自己同一化」気味の体験として思い出され、現在から遠く離れれば離れるほど「脱同一化」気味になるのです。

もちろん、トラウマのような特別に強烈な体験などはずっと生々しく思い出されますが、このような記憶は例外的です。そこで、ある問題から「脱同一化」するには、その問題を遠い過去の出来事にしてしまうことが役立つのです。

先ほどのアズ・イフ・フレームの質問では、今の自分ではない自分（3年後に活躍している自分）になりきることにより、困難な状況から脱同一化できました。さらに、3年という時間が経った位置に移動しているので、この面でも脱同一化しやすかったということです。脱同一化のポイントとして、「ネガティブなプログラムと同一化している状況から、どれだけ遠く離れることができるかにかかっています」と紹介していますが、理解してもらえたかと思います。

## 果たして事実に反する空想が役立つのか？

このように書くと、「過去の出来事が『脱同一化気味』になるということは理解できる。しかし、今ここ（現在）で体験している不幸な出来事を

過去の出来事のように体験できるのか？」と疑問に思う方もいるでしょう。

このような人は、今ここ（現在）で起きている不幸な出来事は事実であって、こんな空想（イメージ）は役に立たないと思うかもしません。しかし、この空想（イメージ）こそ役立つのです。繰り返しお伝えしている通り、「無意識は現実とイメージの区別がつけられない」からです。

ただし、先ほど補足した通り、この通りの効果が上がるかどうかは、コーチが投げかける質問の通りにクライアントの焦点が移動するかどうかにかかっているのです。

## コーチの仕事はきっちり投げかける質問へ導くこと

「別の対象（将来の自分など）に、なり切ること」による脱同一化ができるかどうかは、質問に集中できるかどうかにかかっています。コーチが投げかける質問にクライアントが集中できていれば比較的簡単に焦点が切り替わります（脱同一化できる）。しかし、コーチの質問がクライアントの浅い部分でしか受け取られない場合は、焦点が切り替わりません。あなたも、苦しい時は頭を切り替えて有意義なことに意識を向けた方がいいとわかっているものの、どうしても嫌なことが頭にこびりついてしまって離れないという体験をしたことがあるでしょう。

このように、焦点が切り替わる質問さえすれば必ず焦点が変わるというわけでもないのです。コーチが焦点を別の対象に向けさせるための質問をしても、クライアントの焦点が変わらなければ意味がないのです。よって、**コーチの仕事は、クライアントの焦点をきっちりとコーチが投げかける質問の方向へ導くことだということがわかります。**

# コーチング例「脱同一化」

| | |
|---|---|
| コーチ | ：このセッションで何を得たいですか？ |
| クライアント | ：気分をリセットしたいです。信頼してくださっているお客様の期待を裏切ってしまい、現在、信頼回復のために動いています。しかし、僕のメンタル面の回復が追いつかなくて困っているんです。 |
| コーチ | ：困っているんですね。では、今日はFさんの気分が上がる将来に目を向けましょうね。Fさん、イメージしてください。今回の経験は、5年後のFさんにどのように役立つでしょうか？ |
| クライアント | ：役立つ？　そんな発想はなかったですね。役立つのかな〜。う〜ん、今回のクレームは成長の大きなきっかけになっているかな。 |
| コーチ | ：想像してくださいね。今と5年後のFさんの違いは何でしょうか？ |
| クライアント | ：5年後の僕は、知識や経験の多さはもちろん違っていると思います。ベテランの領域に入るけど、自信あるのかな？　だったらいいな。 |
| コーチ | ：では、30秒ほど時間をかけて、その5年後の理想のFさんをイメージして、5年後のFさんになりきってみてください。 |
| クライアント | ：はい。イメージしてみます。（沈黙） |
| コーチ | ：5年後のFさんは何をしていますか？ |
| クライアント | ：今と同じ営業ですが、部下がいます。 |
| コーチ | ：部下がいるんですね。部下とFさんは何をしていますか？ |
| クライアント | ：新しいプロジェクトを手掛けていて、チームワークが良く、みんないい顔して仕事していますよ〜。 |
| コーチ | ：いい顔しているんですね。そして、Fさんは、毎日何をしてますか？ |
| クライアント | ：やりがいがある仕事しています。楽しんでいますね。 |
| コーチ | ：では、その楽しくやりがいを感じているFさんを体験してください。 |
| クライアント | ：はい、体の内側が温かくなってきました。 |
| コーチ | ：5年後のFさんが、現在の自信を失っているAさんにメッセージを伝えるとしたら、何を伝えますか？ |
| クライアント | ：そうですね〜。焦りすぎていて、大事なことを見落としているよ！だけど、大丈夫だよー！　と応援してくれています。 |
| コーチ | ：応援してくれていますね。5年後のFさんは、何か具体的なアドバイスしていますか？ |
| クライアント | ：う〜ん、もっと人の力を借りなさい。例えば……上司や先輩、同僚。とにかく、周囲の人を巻き込みなさい。と。 |
| コーチ | ：巻き込みなさいと。それでは、5年後のFさんがそのようなアドバイスができるのは、これまでどのような経験をしてきたからでしょうか？想像してみてください。 |
| クライアント | ：あー、課題に逃げないで向き合ってきたようです。 |
| コーチ | ：向き合ってきたのですね。では、その課題に逃げないで向き合ってき |

たFさんを体験していただけますか？
クライアント：（沈黙）はい。体験できました。
コーチ　　　：今、何を感じていますか？
クライアント：色々な大変なことがあったけど、たくさんの方に力を貸していただいてきたんだな〜。なんだか、感謝の気持ちでいっぱいです。
コーチ　　　：感謝の気持ちですね。そして、今、どのような気分ですか？
クライアント：うれしいです。感激しています。

## コーチング例「アズ・イフ・フレーム」

コーチ　　　：その後、部下との関係性はいかがですか？
クライアント：その部下との距離は縮まらないですね。まだ私も冷静になれていないので、今日は、気分を落ち着かせたいですね。
コーチ　　　：そうですね。Sさん、少しクールダウンしてみましょう。
クライアント：はい、そうしたいですね。
コーチ　　　：唐突な質問ですが、Sさんの夢は何ですか？　この組織の中で、プライベートでもなんでも、どんなことを実現したいですか？
クライアント：う〜ん。夢というか、まだやっていないことと言えば、海外でうちの商品の反応を自分の目で見てみたいと、最近思うことがありました。先日、アジアに旅行した際に、競合の商品が販売されているのを偶然見かけて、悔しかったんですよ〜。うちのだって、引けを取らないのに……。
コーチ　　　：では、Sさん、ちょっと想像してみてください。もし、仮にあなたが作っている製品を旅行先で偶然見かけたら、何を感じますか？
クライアント：それは、うれしいですよ〜！この仕事やっていて良かった！
コーチ　　　：良かったですね！では、そこで、次にSさんは何をしますか？
クライアント：すぐにSNSにアップしますね。部下たちに、早く写真を見せたくなるだろうな〜。
コーチ　　　：見せたいですよね。では、20秒時間を差し上げますので、海外で製品を見かけたSさんになりきって体験してください。
クライアント：はい、やってみます。妄想すると、ワクワクしてきました！
コーチ　　　：ワクワクしてきますね。部下の皆さんからは、SNSにどのようなコメントが入りますか？
クライアント：「Sさん、当然ですよ！　そのエリアは販売エリアですよ！」なんて、冷静なコメントかもしれないな〜（笑）。でも、うれしいな。そんなやり取りができたらうれしいな〜。
コーチ　　　：では、それを体験しているSさんが今のあなたを見た時、何を伝えますか？
クライアント：あ〜今の自分は、井の中の蛙になっていますね〜。視野が狭いな…まだまだやることはあるよ！　世界は広い！　と伝えるな〜。（笑）

# 07 焦点移動の基本

## 焦点は無限にあると言われても途方に暮れる

　ここまで脱同一化の意義についてお伝えしてきました。焦点の移動によりそれが可能であることも理解できたかと思います。焦点は無限にありますので、脱同一化にも無限のバリエーションがあると言えます。コーチングを実践すればするほど、クライアントの焦点をどこに移動させてあげたら良いのかが直観的にわかるようになります。

　ただし、コーチング初学者の方々は、焦点は無限にあると言われても途方に暮れてしまうかもしれません。このような方々にとっては、「どのようにすればいいのか？」という問いが重要なのもわかります。そこで、「脱同一化のための質問」をするための処方箋を書いていきます。焦点移動の基本は「時間」「空間」「レベル」を用いて行います。137頁の質問例を参考にしてください。

## 時間を用いた脱同一化

　129頁では「３年後に、職場でどんな活躍ができていたら満足できるでしょう？」という質問で脱同一化を促しています。これは、時間を使った脱同一化ですね。ここでは、３年後という長いスパンを設定しています。１週間先の自分に同一化してもらうよりも、３年先の自分に目を向けた方が脱同一化しやすいからです。時間は年月が長ければ長いほど脱同一化しやすいのです。脱同一化のポイントは「困難な状況から自分から遠ざかる」でしたね。

　また、現実的な質問でなければならない理由はありません。例えば、「あなたが120歳まで仮に生きたとして」「あなたが次に生まれ変わったとして」など、非現実的な質問でもかまわないのです。往々にして突拍子もない質問がパラダイムシフトを起こすことがあります。そもそも普段考えている常識的な発想ではパラダイムシフトは起こせないでしょう。

## ポイントは臨場感たっぷりにその箱に入れるかどうか

ただし、131頁でお伝えしているように、苦しんでいる自分から脱同一化して、別の自分に自己同一化する際には、ある程度の臨場感が必要です。年月が長ければ長いほど脱同一化しやすいからといって、3年後の自分が全くイメージできないようではうまくいきません。

現実的なシチュエーション、例えば数日先でないとイメージできないという場合もあるかもしれません。ただし、この場合もクライアントは奇想天外なシチュエーションをイメージできないわけではないということも覚えておいてください。人間の想像力は無限です。その無限の想像力が発揮しやすい場所と発揮しにくい場所があるだけです。クライアントが能力を発揮しやすい状態ならば、奇想天外なシチュエーションを楽しむこともできるのです。そのポイントは「安全の確保」と「関心が持てるかどうか」です。

## 脱同一化のための質問例

[時間]
- 10年後の成長したあなたが現在のあなたに対して、何を伝えますか?
- もし、2年後にゴール達成したら、次の目標は何ですか?
- もし仮に、1日30時間だとしたら何をしたいですか?

[空間]
- あなたが雲の上から現在のあなたの会社が見えたとします。どのように映って見えますか?
- もし仮に、あなたが坂本龍馬だとしたら、現状をどうとらえますか?
- もし、あなたがどこでも行けるとしたら、どこに行きたいですか?

[レベル]
- ミッションを生きているあなただとしたら、今のあなたに何をアドバイスしますか?
- もし仮に、あなたがミッションを大事にする生き方をしていたら、今回の問題から何を学びますか?
- もし、あなたがこの企業の経営者だとしたら、何をしたいですか?

# 第2部

## クライアントとの信頼関係の作り方

# 第6章 コーチングと無意識

# 01 心が開くとは どういうことか

**人間は安全安心を感じた時に無限の想像力を発揮する**

137頁で、以下のように書きました。

> 人間の想像力は無限です。その無限の想像力が発揮しやすい場合と発揮しにくい場合があるだけです。クライアントが能力を発揮しやすい状態ならば、奇想天外なシチュエーションを楽しむこともできるのです。そのポイントは「安全の確保」と「興味関心を持てるかどうか」です。

無意識は安全・安心を求めていて、プログラム（観念）もその確保のために作るのでしたね。効果的なコーチングを行うには、クライアントの無限の想像力の活用が不可欠です。それができるかどうかは、クライアントがコーチとの関係に「①安全・安心」を感じているかどうかと、コーチングのテーマに「②興味関心を持てるかどうか」にかかっているのです。この第2部（第6章、第7章）では、特に「①安全の確保」の重要性を扱います。

**普段は潜在力の大半を守るために使っている**

コーチがクライアントに「安全・安心」を提供すること。これはあたりまえのことのように聞こえるかもしれませんが、これ以上に重要なことはありません。

すでにお伝えした通り、プログラムに同一化している時には、最高の力（潜在力）を外界から身を守るために使っています。特に、プログラムが危険だとみなした環境では、それが顕著に表れるのでしたね。さらに、プログラム（鎧）はいつも作動しているわけではありません。クライアントは安全・安心な環境だと感じた時に、守ることをやめるのです。守ること

に最高の力（潜在力）を使う必要がない時に、初めてその力を他の活動のために転用できるのです。無限の想像力もまた、最高の力（潜在力）によってもたらされるのです。

## 無意識の防御システムは強固な時と弱い時がある

115頁で以下のように書きました。

> 例えば、経験のない仕事をする時は肩に力が入ります。緊張している証拠です。初めての仕事は失敗するかもしれません。プログラムは危険だとみなしているのです。そのため防御的になっているのです。
>
> 逆に、毎日こなしている仕事をする時はリラックスしています。なじんだ仕事で失敗することはないのでプログラムは安全だとみなしているからです。守る必要がないから肩から力が抜けているのです。

上記のようにプログラム（鎧）は強固な時と、弱い時があるのです。**プログラム（鎧）が強固な時に、人間は心を閉ざしています。**この時に身体は固くなり緊張します。一方、**プログラム（鎧）が緩んでいる時には、人間は心を開いています。**これは、余分な力が入っておらずリラックスしている状態です。

## 人間はこだわりが強い時と弱い時がある

プログラムは独自の安全基準（価値基準）に照らし合わせて、心を開くか閉じるかを決めているとお伝えしました。「価値観」「観念」「プログラム」は同じものです。そして、「価値基準」とは「価値観による尺度」のことです。例えば、「時間に厳しい人＝良い人」「時間にルーズな人＝悪い人」などです。プログラムは瞬時にこのように他人と自分を判断しているのです。

例えば、あなたが、あるプロジェクトのリーダー候補だったとします。そして、複数以上のライバルを含む大勢の人たちに、そのプロジェクトに関する自分のプランをプレゼンテーションする場面があったとします。要

するに競争の場です。周りにはそのポストを狙っているライバルたちがいるのです。このような環境では緊張してしまうでしょう。あなたがライバルに勝ちたいという気持ちが強ければ強いほど、誰かにプロジェクトの矛盾を指摘されたら受け入れられないでしょう。その場合、頑なに自分の立場の正しさを主張することになります。

　一方で、全く同じプロジェクトに関するプレゼンテーションを、いつもあなたを承認してくれている上司たちの前でする場合はどうでしょう？いつもあなたの良さを理解してくれていて、優しく見守ってくれている上司たちの前ではリラックスできるでしょう。その上司たちがあなたのさらなる成功を願って、プロジェクトの矛盾点を指摘したらどうでしょう？先に挙げたのと同じ指摘を受けた場合でも、自分のためを思って優しく語りかけてくれる上司からなら受け入れやすくなるのがわかるでしょう。

## 価値観は強い時と弱い時がある

　これらの例から、価値基準（プログラムの安全基準）は高い時と低い時がある、ということが理解できるでしょう。周りが敵だらけで危険な環境の中では、人間は防御的になります。この時に、普段以上に自分の価値観に固執するのです。先ほどの例ですと、ライバルたちがいる環境では、矛盾を指摘されることを受け入れられないのです。その結果、頑なに自分の正しさに固執してしまいます。このように、人間は危険な環境では頑固になるのです。頑固さは、自分の価値観への強い執着です。危険だからこそ、安全システムである価値観にしがみつくのです。

　逆に、安全な環境では防御する必要がありませんので、安全システムが緩みます。その結果、価値基準が下がりますので、普段受け入れられないことを受け入れられるようになります。あなたも、敵対している人の言うことは些細なことでも反発してしまうけど、信頼している人の言うことは、自分の生き方に反することでも、素直に聴こうとすることがあるでしょう。

## 良いコーチングの条件はクライアントが心を開いている状態

　心を開いている時（リラックスできている時）は、潤沢なエネルギー（潜

在力）を使ってコーチングを受けることができます。普段守るために使っている莫大なエネルギー（潜在力）を、自分が望んでいる活動のために使えるからです。その結果「集中力」が高く「想像力」「発想力」「直観力」などが豊かになります。これらは、質の高いコーチングの条件です。

　逆に、心を閉じている時（緊張している時）は、エネルギー（潜在力）の大半を守るために使っているので、集中力に欠け、貧弱な発想（ありきたりな発想）しかできません。このような意味で、**クライアントの心が開かれている時に質の高いコーチングができるのです。**

　これは、普段の仕事に関しても当てはまります。卓越した能力を発揮できる人はわずかしかいません。人間の中に眠っていると言われる最高の力（潜在力）を、プログラムを維持するために使っているからです。

# 02 クライアントの心を開く方法

### 心を開くかどうかを決めるのは無意識

　心が開いた時に質の高いコーチングができるとお伝えしましたが、では、**どうすればクライアントは心を開くのでしょう？**
　結論から言うと、**コーチが心を開くことです。**
　安全・安心を求めているプログラムは、危険な環境だと察知した時に心を閉じるので、あなた（意識）がプログラムに同一化している時には無意識的に心を閉じることになります。
　例えば、苦手な上司と一緒にいる時には緊張してしまうでしょう。このような状態で意識的にリラックスすることはできないのです。この本を読んで、心を開いた状態の方が能力を発揮できると頭（＝意識）では理解できます。そこで、「心を開くぞ！」と決意したら、心を開けるでしょうか？
　頭（＝意識）で考えても、開かないでしょう。あなた（意識）がプログラムに同一化している時には、心を開くのも、閉じるのも自動的に（無意識的に）行われるのです。
　同様に、自分の意思だけで心を閉じることもできません。人間は慣れ親しんだ環境ではリラックスできます。自宅は、あなたにとって慣れ親しんだ環境です。自宅のドアを開けると落ち着いた気持ちになるのではないでしょうか。また、パートナーや子どもの顔を見るとリラックスします。かわいい子どもを前にして、心を閉じると決意したところで、そうはなりません。プログラムが安全・安心だと判断すれば、勝手に（無意識的に）心は開かれるのです。

### コーチの内面はクライアントに伝わってしまう

　プログラムは瞬時に「価値基準（安全基準）」で他者を判断します。これをコーチとクライアントの関係で考えてみます。極端な例ですが、コーチが極めて時間に厳しい人で、クライアントが時間にルーズな人だったと

します。もちろんコーチは効果的なコーチングを行うために、ニュートラルになった方が良いと知っています。そこで、どんな場合でもニュートラルになろうと頭では意識しています。しかし、このコーチ（人一倍時間厳守が大事なコーチ）のクライアントが約束の時間に大幅に遅れたらどうでしょう？

　ニュートラルになろうと努力しても、内心イライラしてしまうでしょう。もちろん、**コーチは内面の怒りを見せないように平静を装います。しかし、怒りのエネルギーはクライアントに伝わってしまうのです。**

　この場合、このコーチのプログラムはクライアントを危険だと判断しているのです。もちろんクライアントは危険ではありません。ただ、時間に遅れただけです。しかし、意識でそのように思う努力をしても無駄です。コーチがプログラムに同一化している場合は、杓子定規にプログラム通りの反応をしてしまうのです。コーチのプログラムが危険だと判断した場合、コーチは自動的に（無意識的に）固い鎧(よろい)（プログラム）を着て自分を守ることになるのです。これが心を閉じた状態ですね。

## コーチが鎧を着ればクライアントも鎧を着ることになる

　さて、このようにコーチが分厚い鎧を着ている状態は、クライアントから見た場合どのように見えるでしょう？

　クライアントにとって危険な人物に見えるでしょう。こんなに頑丈に守っている人は、クライアントにとって脅威を感じさせるのです。ネガティブな印象が、エネルギーレベルでクライアントに伝わってしまうのです。もちろんエネルギーは見えません。クライアントには雰囲気で伝わるのです。それは、「どことなく違和感（身体感覚）がある」という反応になります。身体感覚は無意識の特徴でしたね。見えない部分（無意識的な部分）で伝わっているのです。無意識的に伝わることは、ある意味言葉など目に見える形で伝わるよりも大きな影響があるのです。この場合、コーチのことを危険だとみなして、クライアントも分厚い鎧（過剰なプログラム）を着ることになります。コーチの怒りのエネルギーは隠していても、無意識レベルではクライアントに伝わっているのです。

# 03 コーチの内面が クライアントに伝わる仕組み

## 意識では気づかない情報も無意識は察知している

　一説によると無意識は意識の2万倍もの力があると言われています。意識では気づかない情報をも、桁違いに大きな力を持つ無意識は察知しているのです。私たちは、無意識が認知しているものの、ごく一部だけを意識化しているのです。気づくとは意識化することだと述べました。つまり気づくとは、無意識的には認識できていることを意識化することを意味するのです。

　にわかには信じられないかもしれませんが、コーチが内面で隠していることも、無意識レベルではクライアントに伝わっています。ただし、クライアントは意識化できていない（気づいていない）場合が多いのです。例えば、コーチがクライアントにネガティブな感情を抱いていたとすれば、それをクライアントの無意識は察知しているのです。

　ただし、ほとんどの場合クライアントは意識的には気づいていません。よって、コーチの悪意はバレません。しかし、クライアントの無意識はそれに気づいているので危険を感じます。その結果、クライアントの心は閉じ気味になるのです。この場合に、クライアントは「理由はわからないが違和感がある」という状態になる場合があります。意識的に気づけていなくても、身体（無意識）で感じることがあるのです。

## 内面は必ず外面に現れる

　「コーチが内面で思っていることすらも、無意識レベルではクライアントに伝わっている」ものの、ほとんどの場合クライアントは意識的には気づいていないと述べました。しかし、クライアントがコーチを注意深く観察できるなら、コーチが内面で思っていることを察知できるのです。「人間の内面は必ず外面に現れる」からです。内面にたまっているものは必ず外側に出るのです。**人間の感情は良いことでも、悪いことでも発散させるよ**

うになっているからです。
「人間の内面は必ず外面に現れる」とは、以下の図にある通りです。

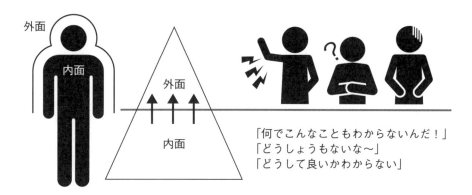

　例えば、激しい怒りを感じている時には、周りを威圧するような表情になりますね。この場合、内面にあるエネルギーを発散させているのです。仮に、部下や子どもに怒りを発散させた場合、楽になるでしょう。怒りを爆発させる度合が大きければ大きいほど短時間でスッキリするはずです。
　ただし、多くの人はあからさまに怒りを誰かにぶつけたりはしません。「不条理なことをしてはいけない」という健全な価値観があるからです。しかし、あからさまに怒りを発散させない場合でも、怒りのエネルギーは少しずつ発散していくのです。それが、「険しい表情」などです。
　誰かに怒りをぶつけなくても、すごく険しい表情をしている人と、全く顔に出さない努力をしている人とでは、どちらが発散できているかは容易にわかるでしょう。全く顔に出さない努力をしている人は我慢しているのです。我慢しているということは、なかなか発散できないので長く怒りを引きずることになります。この場合でも少しずつ発散している、つまり外面に現れているのです。

# 04 相手の発散する エネルギーを感じる

**相手の内面は漏れてくるシグナルを観察すると理解できる**

　怒りが大きければ大きい程、意思の力（意識の力）だけでは抑えられません。ですから、どんなに怒りを悟られまいと努力しても必ず外面のどこかに漏れてしまうのです。

　私の友人の女性にポーカーフェイスだと言われている人がいます。どんな時も無表情なので、周囲の人からは彼女には感情がないのではないかと思われていました。しかし、私はそんな人間がいるはずないと思い、彼女をつぶさに観察してみました。すると、彼女は怒りを感じると腕を組んだ際に、拳を握りしめる癖があることに気づきました。彼女は怒りを感じていない時も腕を組むことが多いのですが、平静な時は腕を組んでも拳を握っていなかったのです。彼女はそのことに気づいていませんでした。ですから、彼女が腕を組んで拳を固く握りしめている時には、私は話しをするのを控えるようにしました。彼女の価値観に反することを言ったということがシグナルから理解できるからです。

　このように、内側で思っていることでも、必ず外面に出るのです。多くの場合はそのシグナルが微妙なのと、そこに意識を向けていないから気づけないだけなのです。もちろん、シグナルを出している本人すらもこれには気づきません。

**エネルギーは伝導する**

　内にあるものを発散させるのは、人間の根本的な仕組みの1つです。人間の無意識は過剰なものが内にあると、それを排出しようとします。身体に悪いものを食べると、便意をもよおすことになります。風邪を引くとウイルスを燃焼させて汗と共に排出させます。これらは、物質的なものを排出させる例ですが、心理的なものも同様です。ネガティブな感情を溜め込むと害になりますので、無意識は排出させようとするのです。それが、ネ

ガティブな感情を大なり小なり露わにすることなのです。これも安全・安心のためだということがわかるでしょう。

　便や汗を出すことは目に見える現象ですのでわかりやすいですね。しかし、感情など心理的なものは目に見えないのでわかりにくいかもしれません。しかし、大きな感情がある時、普段とは違ったエネルギーがあなたの中に渦巻いているのがわかるでしょう。**これらは、目には見えませんが「感じる」ことができるのです。**「見えるもの」「聞こえるもの」は現実として認識しやすいので、どなたも認めます。しかし、エネルギーも見えないからといってないということにはならないのです。エネルギーは見えなくても感じることができるのです。注意深く相手を観察するようになると、感じる力も強化されます。

## 見えないエネルギーを感得する力が直観力の源泉

　質の高いコーチングを行うには、クライアントの内面の変化に敏感でなければなりません。相手の心情が変化すると、必要な関わり方も変わってくるのです。よって、**見る力（視覚）、聞く力（聴覚）**だけでなく、**感じる力（身体感覚）**も相手の内面を察知するために高めなければなりません。

　以上のことに注意してコーチングを実践していくと、とらえどころのないエネルギーを感じる力が増してきます。五感が鋭敏になってくるからです。中でも身体感覚（感じる力）が鋭くなると、クライアントが発散させているエネルギーを直接感得できるようになるのです。

# 05 ペーシングとは

## 相手の世界観を尊重すると相手の無意識は心を開く
　ここまでの解説で、コーチの内面はクライアントに伝わっているということがいくらかでも理解できたかと思います。相手に対して敵意を持つと、相手のプログラムはそれを危険だと感じて心を閉ざしてしまいます。そこで、クライアントに心を開いてもらうには、相手から見てあなたが安全・安心な存在であるかどうかが大切であることがわかるでしょう。相手に安全・安心を感じてもらうための第一歩は、クライアントの世界観を尊重することです。コーチングやNLPではそれをペーシングと呼びます。ペーシングは「合わせること」あるいは「同調」という意味になります。

## ラポールを築く際に何が一番重要か?
　コーチングやNLPではペーシングによりラポールができると伝えています。NLPでは、「ラポールとは無意識レベルでお互いの心が開かれている状態」だと考えます。ただし、コーチングやNLPを学ばれた方がペーシングしても、無意識レベルでお互いの心が開かれるとは限りません。ペーシングでは相手と同じペースで呼吸をしたり、相手と同じ姿勢を取る(ミラーリング)などが一般的です。「呼吸のペーシング」や「ミラーリング」が上手でも、深いラポールを作れないという人もいます。一方でこれらがそれほど上手でなくても、ラポールを作れる人もいます。
　そもそもコミュニケーションの達人と言われる人が全員コーチングやNLPなどを学んでいるわけではありません。これらを学んでいなくても、子どもの心をつかむのに長けた少年野球の監督などは、ラポールを作るのが上手なのです。つまりは、**コーチングやNLPで紹介しているようなテクニックが重要なのではなく、もっと根本的に大切なことがあるのです。それが、安全・安心の提供**です。
　あなたが、相手に安全・安心を提供できるなら、呼吸が合っているかど

うかは大きな問題ではありません。逆に、あなたが、相手に対して誠実さを欠いていたとすれば、ペーシングをしても相手は心を開くことはないのです。

　無意識は「バカ」ではありません。相手の表層意識を騙せても無意識を騙し通すことはできないのです。そこで、コーチ・クライアントという立場を超えて、目の前にいる相手に対して誠実な想いがあるかどうか？　これが何より大事なのです。相手に心から幸せになってもらいたいという暖かい心があるかどうかです。よって、「人間に対する誠実な姿勢」を作っていくことが、コーチング上達の土台となります。

　そうは言っても、「人間に対する誠実な姿勢」は一朝一夕で築けるものではありません。そこで、そのような姿勢を作りつつ、その間もある程度ラポールを築けるようになるための接し方をいくつかお伝えします。

## セッションの中でラポールを築く

セッションでは、クライアントが受け入れがたい自分の価値観に向き合う場面があります。クライアントにとっては、コーチが一切の価値を判断せず、ニュートラルに自分の話に耳を傾ける態度に「話して良かった」と安堵することでしょう。コーチはクライアントが自由に話せる場を作るために、ペーシングをします。しかし、何よりも大切なのはコーチの誠実な姿勢です。これが、ラポールを構築するための重要な鍵です。

| | |
|---|---|
| クライアント | ：あまり人には言いたくないことがあります。実は、負けず嫌いで、人から負けていると気づくと、ほんと夜も眠れなくなるぐらい悔しくて仕方がないんです。 |
| コーチ | ：負けず嫌いなんですね。きっと、○○さんにとっては、口にするのも抵抗があるような印象ですね。いかがですか？ |
| クライアント | ：はい、正直、それをずっと隠してきたつもりです。（笑） |
| コーチ | ：大丈夫ですよ。誰にでもそのような価値観はあります。あって当然です！ |
| クライアント | ：そうですか？　自分の負けず嫌いな所には、嫌気がさしてたし、表に出ないように隠してきたのですが…以前、私の家族や友人に話した時に、バカだよね〜。と、言われたことが強く印象に残っていて。それ以来、人には打ち明けないようにしていました。 |
| コーチ | ：そうだったんですね。それは、ひとりでつらかったでしょう。 |

# 06 安全・安心とは

**無意識は何が安全で何が危険だと認識するのか?**

　ラポールを作るには「安全・安心の提供」が大事だということが理解できたかと思います。次に、いったい何がクライアントにとって「安全・安心」で、何が「危険」なのかをざっくりとらえる必要があります。

　まず、人間は「わからない」という状態を恐れているということを押さえておいてください。逆に、「よくわかっている」と安心するのです。

　144頁で書いた以下の文面をもう一度ご覧ください。

> 　人間は慣れ親しんだ環境ではリラックスできます。自宅は、あなたにとって慣れ親しんだ環境です。自宅のドアを開けると落ち着くのではないでしょうか。また、パートナーや子どもの顔を見るとリラックスします。かわいい子どもを前にして、心を閉じると決意したところで、そうはなりません。プログラムが安全・安心だと判断すれば、勝手に（無意識的に）心は開かれるのです。

　以上の例でもおわかりの通り、人間は慣れ親しんでいることに「安全・安心」を感じます。なぜなら、「よくわかっている」からです。これは、人間はコントロールできない状況や環境を恐れていることを表しています。状況や環境をコントロールできない時には、弱い立場に立たされていると感じるのです。「わからない」という状態はコントロールできない状態の最たるもので、それゆえこの状態を人間は恐れるのです。

**「わからない」という状態を人間は不安に思う**

　転校生が新しい学校に入学するのは勇気がいりますね。大きな不安を感じるでしょう。例えば東京から大阪へ転校するとなれば、話し方のイントネーションから、そこに住む人間の気質まで大きく違います。ほとんどの

人は恐怖を感じるのではないでしょうか。転職する場合も同様です。これまで働いていた業界とは全く違った業界へ、しかも中途採用で入社する場合は、たいそう不安になるものです。

　ただし、違和感があるのは転入する側だけではないのです。あなたも、学期が変わる頃に、転校生が入学してきたという体験をした、あるいは、年度が変わって新入社員が入社してきたという体験をしたことがあるでしょう。新しい人（知らない人）が加入しただけで、バカな話をしづらくなったなど、多少なりとも違和感があるのです。このように、「わからない」という状態を人間は不安に思うのです。そこで「早く打ち解けたい」、あるいは「引きこもりたい」という気持ちになるのです。

## 相手が一番求めているものを提供すれば相手は心を開く

　「早く打ち解けたい」、あるいは「引きこもりたい」という感情も、「安全・安心欲求」から発生していることがわかるでしょう。「打ち解ける」ということは、お互いがお互いを知り合うことです。これにより、よく理解し合うことになるので安心するのです。また、「引きこもること（ひとりの世界に閉じこもること）」により、「わからない環境」「わからない人たち」から離れることができますね。これは危険な環境からの離脱です。ひとりの世界もまた安全なのです。

　これらは真逆な行動ですが、どちらも「安全・安心」を確保しているのです。打ち解けることが得意な人は社交的な人です。引きこもり気味な人は自閉症気味な人と言えるでしょう。両者は全く真逆な性格に見えますが、根本的な動機は同じなのです。両者はたいそう人を恐れているのです。

　このように、**いかに多様に見える人間の行動も、万人共通のシンプルな動機によって引き起こされているのです。**人間は人それぞれ多彩に見えますが、人間に共通する本質を理解することが、コミュニケーション上達の秘訣なのです。

# 07 ペーシングの基本

## 人間の数だけ「安全・安心」の種類がある

「安全・安心」を提供するとラポールができるということが理解できたでしょう。ただし、**安全・安心を提供するのに無数のバリエーションがあるのです。人それぞれ価値基準が違うので、人間の数だけ「安全・安心」の種類があるからです。**ですから、相手にとっての「安全・安心」をカスタマイズしなければなりません。そこで、相手をよく観察し、相手が大事にしていることに気づかなければなりません。その上で、「相手に合わせる」のです。それがペーシング（相手に合わせること）です。

## 共通点を見つけて話題にするとお互いの心が開く

ただし、相手に合わせるのも初めのうちは難しく感じるはずです。仮に相手があなたにとってつまらない話をした場合、その話に興味関心を示すのは簡単なことではないでしょう。

そこで提案したいのが、**何でもいいので相手と自分に共通しているもの（共通点）を見つけて、その話題で会話してみること**です。これは、ペーシングしているというよりは、大切にしていることが共通しているため意気投合していると言えるでしょう。すでにお伝えしているように、自分の内面で思っていることは伝わります。よって、相手を尊重しているフリをするよりも、はるかにラポールができます。この場合でも、あなたがコーチで相手がクライアントの場合は、相手が話したいことを話して、あなたが聞き役に回るようにしてください。相手が言いたいことを言えることと、それをあなたが興味関心を持って聞けることが大事なのです。

共通の話題は、特別なものでなくてもかまいません。例えば、共通の知り合いがいる、出身大学が同じ、同郷の出身、お互いにゴルフが好きなどでかまいません。

ただし、珍しい共通点がある場合は、短時間で深いラポールができます。

私の知り合いで、地方の小さな高校を卒業して東京で就職した人がいます。彼が営業をしている時に、ある会社を訪問しました。面会したその会社の担当者が、同じ高校の先輩だとわかって、急速に距離が縮んだという話を聞いたことがあります。

　共通点があるとラポールができるのも、お互いに「よくわかっている」と感じるからだということがわかるでしょう。相手に「よくわかっている」と思ってもらうことがラポールの基本です。特に不安に思っている時には、1つでも共通点があるだけでも安心するのです。

## ラポールの特徴

| 心を開く | 心を閉じる |
|---|---|
| よくわかっている | よくわからない |

安全・安心欲求

共通点を見つけて「わかっている」状態、
「安全・安心」を提供することで、ラポールが作られる。

会話の中で共通点が見出せない場合があっても、不安になる必要はない。
例えば、クライアントの趣味がゴルフだとする。しかし、コーチはゴルフについて全く経験がないといった場合も問題ない。なぜなら、コーチングをお互いに理解し、セッションを共有している共通点があるから。

# 08 ペーシングの実践のコツ

## ペーシングの基本は相手のペースを尊重すること

　コーチングセッションの最中に、心がけることは相手のペースを尊重することです。相手に合わせるということ（ペーシング）は相手の内的世界（プログラム＝価値観など）を尊重することだと書きました。クライアントが大事にしている価値観などがわかったら、どんなにユニークな価値観であっても否定しないことです。ですから、コーチは偏見なくクライアントの話を聴く必要があります。

　コーチが内面で考えていることも、クライアントの無意識には伝わっています。一方で、コーチが大事にしている価値観の真逆の価値観をクライアントが大切にしている場合があります。その場合、コーチは、その価値観を受け入れるのに抵抗を感じるでしょう。そのようなクライアントを受け入れようとしても難しい場合もあります。そんな場合でも、できるだけ普段の自分が大切にしている価値観（プログラム）から脱同一化して相手を理解する努力をすることです。

## 人間の内面と外面は連動している

　また、内面は必ず外面に現れるとお伝えしました（147頁図）。人間を動かしているのは内面にある感情などですが、それも必ず外面に現れています。ですから、目に見える外面を注意深く観察して、相手の内面の傾向を察知しながらセッションを進めなければなりません。

　例えば、クライアントが内面で幸せを感じているとします。多くの人は、幸せな時にはリラックスした姿勢で柔和な表情をしているでしょう。この場合、クライアントの「幸せな感情（内面）」が、「リラックスした姿勢で柔和な表情（＝外面）」に現れているのがわかります。このように、**内面と外面は連動している**のです。クライアントの内面は幸せだが、顔が険しく身体が緊張しているなんてことはありません。内面と外面は一致するのです。

## 外面もまた内面に影響を与える

　クライアントの「内面の幸せ」が「外面の姿勢・表情」に影響を与えると書きました。これは①「内面」に原因があり→②「外面」が結果の順ですね。

　内面と外面が連動しているということは、逆の順に影響を与えることもあります。つまり①「外面」→②「内面」の順もあるということです。「幸せな時（内面）の姿勢・表情（外面）」と、「憂鬱な時（内面）の姿勢・表情（外面）」は違いますね。試してみればわかりますが、「内面で幸せを感じている時」に、あえて「憂鬱な時の姿勢・表情（外面）」にしてみると憂鬱な気分（内面）になってくるのです。逆に、「気落ちした時」などに、元気なフリをする、つまりは「元気な時の姿勢・表情」を真似てみると気分まで元気になってくるのです。

　ですから、うまくいっていない時には、うまくいっているフリをすると立ち直ることがあるのです。鬱の症状が出ている人をクラブに連れていって激しく踊ってもらったら症状が消えたという事例があります。鬱状態になっている人は暗い表情、背中が曲がった姿勢、固まった姿勢になっています。

　踊っている時には、暗い表情はできません。また、動き回らなければならないので柔軟な姿勢を取らざるを得ません。背筋も伸びてくるでしょう。踊っている姿勢では鬱状態を維持できないのです。このように、姿勢を変えることは、状態管理にも役立つのです。

## 相手の外面をペーシングすると相手の内面を共有できる

　ここまでで、内面と外面が連動するということが幾分かでも理解できたかと思います。そこで、相手の外面の特徴にペーシング（合わせる）すると、どうなるのかを考えてもらいたいのです。

　相手の外面の特徴とは、「姿勢」「表情」以外にも「ジェスチャー」「呼吸」「視線」「話すスピード」「声のトーン」「声の大きさ」などがあります（159頁参照）。

　例えば、クライアントの呼吸がゆっくりだったとします。それに対してコーチはとても速い呼吸だったとします。ゆっくりとした呼吸をしている

ときは、リラックスしてくつろいでいる状態です。とても速い呼吸は機敏ですがせっかちにもなります。この両者のペースはバラバラですね。この２人をイメージした時に合っていると感じるでしょうか？

　２人はバラバラで、どちらも居心地が悪そうに見えるでしょう。片方がまくしたてるように早口で話し、もう一方はおっとりゆっくりと受け答えする感じでしょうか。

　この時に、コーチがクライアントの呼吸にペーシングをしたらどうなるでしょう？　コーチが、クライアントの呼吸と同じスピードの呼吸に変えるのです。

## ペーシングによりクライアントの心理状態（内面）に近づく

　すると、コーチはクライアントの心理状態（内面）に近づくのです。コーチが呼吸のペースをゆるめることにより、徐々に穏やかになっていくのです。

　あなたも、大事な商談の前などにせかせかしてしまって、何とかしなければならないと思ったことがあるかもしれません。そんな時には、深呼吸をするでしょう。せかせかしてしまっている時には、呼吸のスピードが速くなりすぎています。その結果、極度に緊張してしまうのです。深呼吸すると呼吸がゆっくりになります。それと同時にリラックスしてくるでしょう。気持ちも落ち着いてきます。

　このように、外面と内面は連動しています。よって、相手と同じ姿勢を取ると（相手の外面を合わせると）、相手の内面を感じやすくなるのです。相手がゆったりと座っていて、ゆっくりと呼吸していたら、あなたもゆったりと座って、ゆっくりと呼吸してみるのです。あなたの外面（姿勢と呼吸）が変わるので、あなたの内面も変わるのです。さらには、相手と同じ姿勢とペース（呼吸）なので、相手の内面に似たものを感じることになるのです。この場合、お互いに似たものを共有しているので共感しやすくなるのです。

# ペーシングのポイント

　身体に現れる情報にペーシングする際のポイントは、大きくは①ボディーランゲージと②声の調子の２つに分けられる。コーチングはスカイプや電話で行うことも多いが、その場合は、聞こえてくる情報（②声の調子）に合わせる（ペーシングする）ことによってラポールを築く。それ以外の代表的なペーシング方法として、コーチングの場合は③「バックトラック（おうむ返し）」がある。これは、クライアントが言ったことをそのまま復唱するもの。172頁のコラムに事例があるので参照のこと。

## ①ボディーランゲージのポイント

A.呼吸…「呼吸の位置（呼吸が浅いか深いか）」
　　　　「呼吸のスピード（呼吸が早いか、ゆっくりか）」など
B.姿勢…「背中を丸めているか、背筋を伸ばしているか」など
C.表情…「笑顔か、真剣な顔かなど」
D.ジェスチャー（身振り手振り）…「手足の動き」「腕を組んでいる・いない」「足を組んでいるか、いないか」など
E.視線…「アイコンタクトしているか、目を背けているか」など

## ②声の調子のポイント

A.話すスピード…「話すスピードが速いか、ゆっくりか」
B.声の大きさ…「大声で話しているか、静かに話しているか」
C.声のトーン…「高いトーンで話しているか、
　　　　　　　低いトーンで話しているか」
D.話すリズム…「歯切れの良いリズムで話しているか
　　　　　　　（リズミカルに話しているか）、不規則なペースで話しているか」

## ③バックトラック …（172頁のコラムを参照）

# 09 ペーシングの効果

## 「深い理解」とは「体験による理解（体得）」

「知得」「体得」という言葉があります。文字通り「知得」は頭での理解で、「体得」は身体での理解を意味します。本書では、意識、無意識の特徴を、「意識＝思考（頭）＝言葉」「無意識＝身体＝感覚（五感）」と説明しています。それに沿って説明すると、「知得」は頭（意識レベル）で知っているだけの理解です。本を読んだりして頭に情報をインプットすることによって得られる理解です。それに対して「体得」は身体（無意識レベル）での理解です。これは、体験による理解のことです。

砂糖を食べたことがない人がいたとします。この人が砂糖に関する百科事典を読んでも、砂糖の甘さを理解することはできません。しかし、砂糖を一口食べただけで砂糖の甘さを理解します。本来体験による理解（体得）と頭で知ること（知得）にはこれほどの差があるのです。

## ペーシングにより同じ世界を共有できる

呼吸のペーシングの例から、ペーシングによりクライアントの心理状態（内面）に近づくのがわかるでしょう。お互いの心理状態（内面）が近づくということは、お互い同じ世界にいる（同じ世界を体験している）ようなものなのです。本当の理解は体得（体験による理解＝無意識レベルの理解）だとお伝えしました。よって、**お互いがお互いを理解しやすいのです。**

人間は「よく理解できている」と感じた時に、「安全・安心」を感じます。したがって、**コーチとクライアントが同じ世界にいる時には、お互いに相手を深く理解できていると感じるのです。**その時にお互いに深く「安全・安心」を感じるので守る必要がないのです。**そこで、お互いに鎧を脱ぐのです。**これがお互いの心が開かれた状態です。この時に、お互いがお互いに共感するのです。これは極めて感覚的な体験ですので言葉で表現するのは難しいのです。それをあえて言語化するとすれば次のようになります。

クライアントの立場から見ると、「コーチにわかってもらえている、共に同じ世界にいて寄り添ってもらえている」と感じるのです。その時に、ある種の一体感があります。これがラポールの本質です。ラポールとは、「無意識レベルでお互いの心が開かれた状態」だと書きました。上記はそれを別の言葉で表現したものです。

## ペーシングは相手の世界観を尊重することになる

　ここまでの解説でペーシングによりクライアントの心理状態（内面）に近づくということが少しでもイメージできたかと思います。呼吸だけでなく、広い範囲でペーシングできるなら、さらに相手の心理状態（内面）を理解することができるということがわかるでしょう。「姿勢」「表情」「ジェスチャー」「視線」「話すスピード」「声のトーン」「声の大きさ」これらを合わせることにより、さらに相手の世界観に近づきます。そしてそれが、相手の世界観を尊重することにつながるのです。

　ここまで述べてきた通り、相手を理解することによりお互いのガードが緩みます。お互いを分け隔てるものが少なくなるので、ありのままに相手を受け入れることができるようになります。それが、相手を尊重することになるのです。クライアントをただ受け入れて否定することがないからです。ポジティブに肯定するよりも、ニュートラルに受け入れる方がクライアントを尊重することになるのです。

# 10 無意識で察知している情報に気づく

**ペーシング実践のコツ**

　ペーシングの対象として「姿勢」「表情」「ジェスチャー」「呼吸」「視線」「話すスピード」「声のトーン」「声の大きさ」などを挙げました。さらに159頁には、それを細分化したポイントを挙げています。ただし、こんなにたくさんのポイントをペーシングするどころか、観察するだけでも大変と感じた方も多いでしょう。私もコーチングを学び始めた時には難しいと感じていました。

　私たちは「焦点化の原則」の影響を受けるので、クライアントが話すことに意識を向けると、ペーシングが疎かになります。また、ペーシングに意識を向けると、相手が話していることに注意を向けにくくなります。

　焦点化の原則は「**意識は同時に２つ以上のことに焦点を当てることはできない。よって焦点化が起こる**」というものでした。しかし、太字にして表示している通り、これはあくまで意識の特徴にすぎません。無意識は、いつも全方位に意識を向けているのです。これは、無意識は同時に多数の焦点を持っているという意味です。仮に無意識のこの特徴を意識化できるなら、意識的に同時に複数以上の焦点を持つこともできるのです。

**無意識は微細なシグナルをもキャッチしている**

　意識では、クライアントの話を聴くことに集中すると、視覚情報、身体感覚情報をキャッチするのが疎かになります。一方無意識は、五感情報の全てを同時にキャッチしているのです。無意識はあらゆる情報を同時に処理しているが、意識化できるのはごく一部の情報だけだとお伝えしています。そして、ごく一部の情報だけを意識できるというのが「焦点化の原則」の本当の意味なのです。このようにスーパーコンピュータである無意識は、意識では気づけない微細なシグナルをもキャッチしているのです。

## 卓越した能力を発揮している人の特徴

　コーチングやNLPを実践することにより、これら無意識的に察知している多方面の情報を同時に気づけるようする（意識化できるようする）ことも可能なのです。繰り返し、人間の内面は必ず外面に現れると書きました。実はクライアントの外面（見える部分）に無数の情報がちりばめられています。これに気づけるようになれば（意識化できるようになれば）、これまでと同じ世界を見ていても、多くの情報を収集できるようになるのです。優秀なコーチであればあるほど五感が鋭敏です。これが気づく力につながっているのです。

　コーチのみならず、各分野で卓越した能力を発揮している人の特徴の1つは観察力が高い点にあります。普通の人が気づけないことを気づけるから、斬新な発想にもつながるのです。171頁に五感を鋭敏にするためのトレーニング方法を用意していますのでぜひ実践してみてください。

## 価値観に気づく力を高める

　ペーシングの基本は相手を尊重することで、それは相手のプログラムを尊重することになる。そこで、相手の価値観（プログラム）がわかれば、それを尊重する姿勢で会話をすることによりラポールを築きやすくなる。価値観に気づくには、「相手の身体反応」だけでなく「相手が使った言葉」も役立つ。例えば、相手が「この職場はもっと開放的な方がいい」と言ったとしたら、自由に伸び伸びと働きたい人だと推測できる。誰かと会話をする時に、「この人は何を大切にしているのだろう？」と焦点を向けるだけでも価値観に気づく力が増していく。

### 相手の価値観に気づく力を高めるトレーニング

誰かと会話をした後に、その人がどんな価値観を大切にしているかを推測してみよう。誰かと会話した後に、1分程度これを行うことで、「相手が使った言葉」や「自分が使った言葉への相手の反応」から、相手が何を大切にしているのか（相手の価値観）に気づけるようになる。

# 11 ペーシングを上達させる

## ペーシング上達のために必要な2つのこと

　ペーシングを上達させるには2つの能力を開発しなければなりません。まず第一にクライアントの外面に現れる微細な情報に気づけるようになる（意識化できるようになる）ことです。五感を鋭敏にすることですね。そもそも気づけていない部分をペーシングすることはできません。クライアントが左側に多少下がっているということに気づけていなかっから、コーチはその姿勢を取れないのです。

　もう1つは、同時に2つ以上のことにペーシングできるようになることです。「呼吸」だけ、あるいは「話すスピードだけ」のペーシングでもラポールを築くのに役立ちます。その上で、ペーシングできるポイントが多ければ多いほどラポールが深くなります。

> **ペーシング上達のために必要な2つのこと**
> ①クライアントの外面に現れる微細な情報に気づけるようになる（意識化できるようになる）こと
> ②同時に2つ以上のことにペーシングできるようになること

## 慣れることによって焦点を増やせる

　先ほど無意識は五感情報の全てを同時にキャッチしていて、あらゆる情報を同時に処理しているとお伝えしました。私たちは慣れないことに関しては1つのことにしか焦点を当てられません。しかし、慣れてくると同時に2つ以上のことに焦点を当てることもできるようになるのです。

　皆さんの中には、自動車のマニュアル免許をお持ちの方もいらっしゃるでしょう。私が免許を取得した頃はオートマティック限定の免許がなかったので、当時の自動車学校はマニュアル車でのみ訓練していました。マ

ニュアル車を運転するには、「首から上で方向確認」「右足でアクセルとブレーキ」「左足でクラッチ」「左手でマニュアル操作」「右手でハンドル操作」をしなければなりません。左右の腕と足そして頭を別々の操作を同時にしなければならないのです。これは焦点化の逆ですので、最初は多くの方が難しいと感じたはずです。教習所で初めて運転した時は、手足が思い通りに動いてくれませんでした。しかし、繰り返し練習しているうちに、同時に動かせるようになりました。さらには、運転以外のことを考えていても、自動的に（無意識的）に四肢が適切に動くようになっていったのです。このように、人間は複数の動作を同時に実行できるようになるのです。

　人間は繰り返し練習することにより、2つ以上の動作が重なった複雑な行動も取れるようになります。ペーシングも最初はいくつかのことを同時にしようとしたら、ぎこちなくなってしまいます。しかし、繰り返し練習するとできるようになるのです。

## そもそも上達とは

　コーチング上達には「五感の鋭敏性」が大切だとお伝えしました。そこで、五感の磨き方をお伝えします。ここでお伝えすることは、単に「五感の鋭敏性」を磨くだけでなく、コーチングやNLPを含め、新たに何かを上達させるための指針だと思ってお読みください。

　171頁のような五感の鋭敏性を高めるためにワークを行うことも有効なトレーニングです。ただし、本当に上達しようと思ったら、日常生活でトレーニングしていかなければなりません。**人間は毎日自然と使っているものだけを上達させることができるからです。**

　新しいパターンを身につけることは無意識の学習です。この仕組みを考えるに当たって、同じ無意識の学習により作られるプログラムの生成過程が参考になります。

　無意識は「インパクト（強度）」と「繰り返し（回数）」によって、様々なプログラムを身につけてきたのです。「犬に噛まれる」などは強烈な体験（インパクトが強い体験）です。繰り返し両親に言われたこともまた、身体（無意識）に染み着いていますね。これは「繰り返し（回数）」による学習です。運転免許を取ったばかりの人は、あれこれチェックしながら

（頭で考えながら）運転します。上手に運転できる人は、運転技術を身体（無意識）で憶えています。やはり、上達するには、学習を身体（無意識）に落とす必要があります。そこで、意識的に何かを実践で使えるレベルで習得するには、「インパクト（強度）」と「繰り返し（回数）」を意識した学習が必要です。

「インパクト」は特別な五感の使い方によって得ることができますが、これは簡単ではありません。誰にでもできるのは「繰り返し」の方です。よって、上達できるかどうかは、毎日実践できることに限られるのです。**「毎日実践できること」とは、特別なことではなく、すでに毎日使っているものです。それを使わなければ生きていけないほどにあたりまえのことです。**

　自動車の免許を持っている人は多いはずですが、特に都会ではペーパードライバーも多いですね。なぜなら都会に住んでいると、自動車なしでも生活できるからです。運転できるようになっても、運転しなければすぐに手足が動かなくなります。運転が上手な人は、日々運転しなければならない環境にある人です。運転が嫌いな人も仕事で使う必要がある場合上達します。レーシングドライバーになるには、特別な動体視力などが必要ですが、実用的に運転できるかどうかは、向き不向きとは関係なく、毎日使っているかどうかなのです。

　コーチングやNLPの実践で必要な五感の鋭敏性も、特別な動体視力ではなく、誰にでも開発可能なものです。**それは、「毎日、五感に意識を向けるだけ」だけで開発できるのです。**

## 意識して五感を使う

# 12 五感の力を鍛えるとは

## 五感はすでに鋭い

　166頁で「(五感の鋭敏性は)『毎日、五感に意識を向けるだけ』で開発できる」と書きました。これを読んで不可解に感じた人もいるかもしれません。なぜなら、私たちはいつでも五感を使って生活しているからです。
　五感を使うことなく生活している瞬間があるでしょうか？
　それが意識的か無意識的かは別として、私たちはいつも五感を働かせています。すでにお伝えしているように、無意識レベルでは微細な情報も察知しているのです。**つまり、五感はすでに鋭敏なのです**。ところが、五感に十分に意識を向けられていません。その結果、私たちは周りの世界も人間も五感を使って見ているようで見ていない（体験しているようで、体験していない）のです。何度もお伝えしているように「気づく」とは「意識化」することです。「意識化」するとは、そこに「意識（焦点）」を向けることです。つまり、**これまで以上に五感に意識を向けることを続けるだけで、これまで察知していなかったことも見たり聞いたりできるようになる**のです。それは、これまでと違ったことに「焦点」を当てることによって、気づけなかったことに気づけるようになる（意識化できるようになる）のと同じ原理です。
　ないものを新たに作り出すのは大変です。例えば、モーツァルトのような卓越した音感を持っていない人が、どれだけ音感を磨くトレーニングをしても効果は限られます。しかし、すでにあるものを伸ばすのは誰にでもできることなのです。

## 五感を使えていない人が多い

　例えば、私たちはペットボトルを見ているようで見ていません。毎日ペットボトルに入った水やお茶を買って飲んでいる人も漠然としか見ていないのです。試しに、毎日飲んでいる水やお茶のペットボトルを、**しっか**

り意識して見てみてください。おそらく、「こんな絵だったんだ」とか、「こんな情報が書かれてあったんだ」などと、新たな発見があるはずです。ペットボトルだけでなく、公園に咲いている花や、いつも使っている筆記具など、身近なものを**しっかり意識して**見てみてください。きっと、これまでとは違った姿を現すはずです。人間は驚くほどぼんやりとしか世界を見ていないのです。これは、「視覚情報」だけでなく、「聞こえる音（聴覚情報）」「身体で感じるもの（身体感覚情報）」など、五感情報すべてに当てはまります。

## 私たちは世界にフィルターを被せて見ている

　では、私たちは、どうしてこんなに漠然としか五感を使えていないのでしょうか？　その根本的な理由は、ありのままに世界を見ていないからです。繰り返し伝えてきた通り、私たちはフィルターを被せて世界を見ています。フィルター（プログラム）を被せて世界を見た時に、世界は歪曲して見えるとお伝えしました。これは、「世界＝〇〇」という古い認識（記憶）を被せて世界を見ていることを意味します。いったんこのようなものの見方を確立すると、理解したつもりになって、しっかりと五感に意識を向けて世界を見ようとは（体験しようとは）しなくなるのです。

　ひまわりの花を知らない人はいないでしょう。しかし、実際のひまわりの花と、私たちに見えているひまわりの花はずいぶん違うのです。夏になると、道端で咲いているひまわりを見かけますが、私たちは過去の記憶を被せて見ているのです。これを読んで驚かれた方もいるかもしれませんが、実際にひまわりを**しっかり意識して**見てみてください。自分が頭の中でイメージしていたものとはずいぶん違っていることに驚かされるはずです。

　私たちはいとも簡単に、「ひまわりはこういう花」「ペットボトルはこういうもの」「犬は怖い生き物」というように、古いものの見方（フィルター）を基準にして見てしまう（体験してしまう）のです。このように、私たちは、目の前にあるものをしっかりと見るために五感を使っていないのです。これが五感に意識を向けていないということです。ですから、五感に意識を向けるだけで、五感が鋭敏になるのです。

# 13 五感の力を鍛える方法

## 「ありのままに世界を見ていない」という認識が五感を鋭くする

　私たちの中には無数のフィルター（プログラム）があり、それは気づくことなく（無意識的に）作動しています。よって、プログラムの影響から逃れて、世界をありのままに見るには、「強い意思」を働かさなければならないのです。**「しっかり意識して見る」**と決めて見る必要があります。

　このように、意識的に見ようとする人は、「人間はありのままに世界を見ていない」ということがよく理解できている人に限られるはずです。「自分はしっかり世界を見ている」と思っている人は、自分のものの見方に問題があるとはつゆほども思わないからです。

　五感を鋭敏にするためには、まずは**「五感情報を意識的に見る」**ようにすることです。それは漠然といつものように見たり聞いたりするのではなく、「見ること」「聞くこと」「感じること」に意識を集中させることです。それだけでも、これまで見えていなかったものを察知できるようになります。

　さらにもう１つ加えてもらいたいのは**「人間はいつも過去の記憶にとらわれたものの見方をしている、ということを意識して生きる」**ことです。その上で、コーチングをしている時などだけでもかまいませんので**「過去の記憶（価値観など）にとらわれずに見ようと意識すること」**です。

　毎日５分ずつ「五感情報を意識的に見る」だけでも、フィルター（プログラム）にとらわれたものの見方から解放されていきます。このような地道な努力がプログラムの束縛からあなた（意識）を自由にするのです。コーチはクライアントを自由にする存在です。よって、コーチも自由な精神を高めていかなければなりません。その第一歩として、右頁に掲載した五感を鋭敏にするトレーニングを日々行うことをおすすめします。

## 五感を鋭敏にするトレーニング①

　以下のトレーニングは、五感を鋭敏にするためのものである。同じ人に正反対の内容を思い浮かべてもらって、その際に現れる身体反応の違いに注意を向ける。違いは微妙なものだが、わずかな違いに気づけるようにすることにより、確実に五感が磨かれる。なおクライアントに思い浮かべてもらう内容は、「好きな人・苦手な人」など、正反対のものなら何でも良い。

--------

① 2人1組で実施する。
② 1人がガイド役（観察する側）で、もう1人がクライアント役（観察される側）。
③ クライアント役に「得意でよく理解できていること」を思い浮かべてもらう（例えば、ゴルフが得意ならゴルフなど）。
④ ガイド役は以下の項目を観察する。その際に、普段見過ごしている微妙な違いまでよく観察する。
　A）目の位置、顔の向き
　B）呼吸…「深いか、浅いか」
　　　　　「肩で息をしているか、お腹で息をしているか」
　C）顔の筋肉の緊張（特に口の周りをよく観察する）
　D）皮膚の色
　E）唇の「色」と「形」
　F）姿勢
　G）わずかな動き（手の揺れや、握った手の力の入れ具合など）
　H）声の調子（クライアントが話している場合）
⑤ 次に、クライアント役に「苦手で理解できていないこと」を思い浮かべてもらう（文書作成が苦手など）。
⑥ 同様に、A）～H）の項目を観察する。
　そして、微妙な変化に気づいていく。
⑦ ガイド役はクライアント役に「得意でよく理解できていること」を思い浮かべた時と、「苦手で理解できていないこと」を思い浮かべた時の違いをフィードバックする。

## 五感を鋭敏にするトレーニング②

　五感を鋭敏にするトレーニング①は効果的なトレーニングだが1人ではできない。そこで、毎日5分でいいので、友人や同僚などと会話をする時に上記の観察ポイント（④のA～Hまで）に意識を向けるようにしてみると良い。これを続けるだけで、相手の内面の変化が外面のシグナルとしてどう表れてくるかがわかるようになる。また、167頁の図のように、五感情報を意識的に見ることも効果的なトレーニングになる。これも毎日5分行ってみてほしい。

## Column 4

## 「バックトラック（オウム返し）」

　NLPではバックトラック、コーチングでは「オウム返し」と呼ばれるシンプルな技法です。相手が話した言葉をそのまま返すというものです。

■会話例1（バックトラックなし）

A：趣味は何ですか？
B：映画鑑賞です。
A：どのような映画が好きですか？
B：SF映画です。
A：SF映画のどのようなところが好きですか？
B：先が予測できない展開にハラハラするところです。

■会話例2（バックトラックあり）

A：趣味は何ですか？
B：映画鑑賞です。
A：映画鑑賞なんですね。
A：どのようなジャンルの映画が好きですか？
B：SF映画が好きです。
A：SF映画が好きなんですか。
A：SF映画のどのようなところが好きですか？
B：先が予測できない展開にハラハラするところです。
A：なるほど、先が予測できない展開にハラハラするところですね。

> **留意点！**
> 相手のペースに合わせて会話しつつ、できる場面だけバックトラックを使います。ゆっくり話すクライアントには、比較的バックトラックしやすいでしょう。しかし、話すスピードが早い方には、バックトラックをすることで、話の腰を折ってしまうことになりますから、タイミング良くポイントだけバックトラックしましょう。

### バックトラックの効果

　コーチングにおいて最も大事なことは、クライアントとの信頼感（ラポール）の構築をすることです。バックトラックをすることで、クライアントに「はい（YES）」をたくさん言ってもらうことによってラポールを深めていきます。例えば、上記の会話例2でBさんが「映画鑑賞です」と言った後にAさんが「映画鑑賞なんですね」と返した場合、Aさんはうなずく（心の中でハイと言う）ことになります。これは、カウンセラーがクライアントとの間でラポールを作る方法としても知られているイエス・セットと呼ばれる手法です。

　無意識レベルでは、「はい（YES）」は「受け入れる」という意味があります。実際、誰かと繰り返し「はい（YES）」を言い続けたり、うんうんとうなずく回数が多い会話では、意思疎通がうまくいっているように感じて次第にリラックスしてくるでしょう。

　上記の会話例1と2をご覧ください。1はとてもぎこちなく感じると思います。また、クライアントにとっては、詰問されている印象を与える可能性があります。一方、2は会話のキャッチボールが上手にできていると感じるでしょう。その理由は2ではバックトラックすることによって、イエス・セットができているからです。

# 第 7 章
# 直観力を磨く

# 01 コーチとクライアントの鏡の関係

## 高度な直観は意識的には得られない

　第6章ではペーシングすることで、コーチとクライアント双方の心を開き、質の高いコーチングができる状態が整うことを説明しました。続けてこの章では、質の高いコーチングを行うための準備をもう少し深めてみましょう。

　質の高いコーチングの条件のひとつに直観が挙げられます。直観はクライアントが気づきを得るためだけでなく、コーチが気の利いた質問を思い浮かべる際にも必要です。コーチはマニュアルを見ながらコーチングをするわけではありません。クライアントの状況に合わせて柔軟に問いを投げかけるのです。コーチはその場に即応した対応が必要で、頭で考える間もないほどです。そこで直観こそが頼りになるのです。

　しかし、直観は努力次第で思い浮かぶものではありません。直観が浮かぶかどうかは、意識的には決められないのです。コーチとクライアントの双方共に高い能力が発揮できる条件が整った時に、自然と「ひらめく」ものなのです。

## クライアントが鎧を着ている時にはコーチの言葉が入らない

　右頁の図をご覧ください。コーチが図Aのように鎧を着て守っていたら、クライアントは無意識的に危険を感じるはずです。すると、クライアントもまた、図Bのように鎧を着ることになります。危険になると人間はどうなるか──。そうです。自動的に（無意識的に）防御し、表面には反応として緊張が現れるのでしたね。緊張している時には、潜在力（最高の力）の大半を守ることに使っていますから、良い意味でも悪い意味でも相手から影響を受けないようになります。相手から影響を受けないように守っているので、そもそも変化しにくいのです。これでは、コーチの言葉（問い）を素直に受け入れられません。

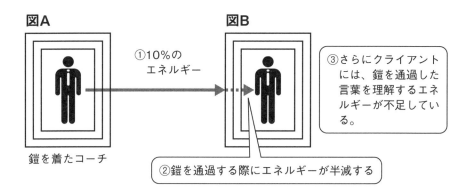

それと同じことが、コーチの中でも起こっているのです。この状態の時、コーチも潜在力（最高の力）の大半を守るために使っています。ですから、コーチもまた緊張しているのです。

ここまで書いてきた通り、コーチが鎧を着ていたら、クライアントも危険を感じて鎧を着ることになります。裏を返して言うと、コーチが鎧（プログラム）を脱いだら、クライアントは鎧を着る必要がなくなります。コーチが安全だとわかったら、クライアントは鎧を脱ぐのです。**つまり、コーチとクライアントの関係は鏡の関係になるのです。**

## クライアントが鎧を着ている時には、コーチの言葉を跳ね返す

仮に、90％の潜在力を守るために（鎧を維持するために）使っているとしたら、コーチの発する言葉のエネルギーは弱くなります。コーチングはおもにクライアントに質問を投げかけることで行われます。質問も言葉のやり取りです。図Ａのように、コーチが90％の力を自分を守るために使っているとすれば、クライアントに言葉を投げかけるために使える潜在力は10％しか残っていません。

この弱々しい言葉（質問）が、分厚い鎧に守られたクライアントに届きます。しかし、クライアントのプログラムは影響を受けまいと全力で弾き

返そうとしているのです（図A）。90％の力で防備している（弾き返す）からです。

　ただでさえ弱いコーチの言葉の力（10％の潜在力）は、強力な抵抗（90％の潜在力の壁）に遭うことになります。これで、さらにクライアントには届ける言葉の力が弱められます。クライアントの強力な鎧（よろい）（90％の潜在力の壁）を通過する時には、半分くらいになっているかもしれません。もともと10％しかない弱々しい言葉の力が半分になったとしたら、クライアントに届く言葉のエネルギーは本来の5％になるのです。

## 5％のエネルギーを10％の理解力で理解したら……

　さて、何とかクライアントに言葉が届きましたが、その力（エネルギー）は5％になってしまっています。すでに影響力に欠ける言葉になっています。

　さらに、障害があります。堅い鎧をくぐり抜けてようやくクライアントに届いたのですが、クライアントにはそれを理解する力がほとんどないのです。なぜなら、クライアントもまた90％の潜在力を守るために使っているからです。これは理解するために使えるエネルギー（潜在力）が10％しか残っていないことになるのです。

　エネルギーは守るためにも理解するためにも使えるのです。深い理解もまた潜在力によってもたらされます。5％しか届いていないコーチの言葉のエネルギーをさらに10％の潜在力でしか理解できない場合、ほとんど理解できないということになるのです。これが表面的にしか理解できない状態（浅い理解）です。

## 身体全体を使って問いに答えるとは？

　次に次頁の図をご覧ください。

　仮に、コーチが防御することをやめたとします。これもわかりやすく理解していただくための比喩です。コーチが無防備になったとしたら（鎧を脱いだとしたら）、クライアントのプログラムは安全を感じるので守る必要がないのでしたね。

　この場合、クライアントのプログラムは、自動的に（無意識的に）鎧を

脱ぐことになりますね。この時に、コーチは守るために潜在力（エネルギー）を使っていないので、大半のエネルギー（90％の潜在力）を使えるのです。コーチが発する言葉は力強くエネルギーが高い状態になります。

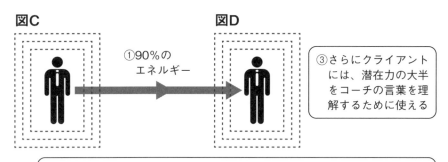

**コーチ・クライアント双方が鎧を脱いでいる状態**

図C　図D

①90％のエネルギー

③さらにクライアントには、潜在力の大半をコーチの言葉を理解するために使える

②鎧を脱いでいるので、エネルギーが消耗することなくクライアントに届く

　さらに、この両者はリラックスしています。クライアントも鎧を脱いでいますので、コーチの言葉を遮るものがありません。よって、コーチの言葉は図Dのように抵抗なくクライアントに届きます。これが「言葉を素直に受け取れる」状態です。この時に、コーチの言葉のエネルギーは消耗することなく（90％のエネルギーのまま）クライアントに届くのです。

　そして、クライアントはこの言葉を、潤沢な潜在力（エネルギー）を使って理解できるのです。守るために潜在力を使っていないので、莫大なエネルギーを使って、コーチが発する問いに答えられるのです。

### 直観は身体全体を使ったコーチングから生まれる

　これまで、無意識の特徴を「無意識＝身体＝感覚（五感）」と説明してきました。「身体」は「無意識」の特徴でしたね。ということは、「潜在力（無意識の力）を使って問いの答えを探す」とは、「身体全体で問いの答えを探す」ことを意味します。これが全身全霊という状態です。通常は全身全霊という状態にはなれないのです。

図Dのように全く防御していない状態になった時に初めて、全潜在力（無意識の力の全て）を問いに集中させることができるのです。**この時に直観（ひらめき）が生まれます。**

　直観（ひらめき）のイメージとしては、「何の前触れもなく、突然やってくるもの」「奇想天外な発想・ひらめき」「普段考えていないこと」などがあるかと思います。これらに共通する要素から、「普段頭で考えていることではない答え」であると言えます。

　意識の特徴は「意識＝思考（頭）＝言葉」ですから、意識の力だけを使っている時には、いつもの考えしか浮かばない、つまりひらめきがない状態なのです。これはあなた（意識）がプログラムと同一化している時の状態です。

　後の章で解説しますが、プログラムと同一化している時には無意識はプログラムを維持することに莫大なエネルギーを供給します。あなた（意識）がプログラムと同一化しているということは、守りを優先させている状態です。先ほど、「エネルギー（潜在力）は、守るためにも、何かを理解するためにも使える」と書きましたが、**潜在力（莫大なエネルギー）を活用するとは、守りに使っていたエネルギーを、自分にとって大切なことを行うために転用することなのです。**

# コーチとクライアントが鎧を脱いでいる時・着ている時の特徴

## 鎧を脱いでいる時

### 直観（ひらめき）がある

「無意識=身体=感覚（五感）」
「全身全霊の状態」
- 潜在力（無意識の力）全てを問いに集中させることができる
- 身体全体で問いの答えを探す

## 鎧を着ている時

### 直観（ひらめき）がない

「意識=思考（頭）=言葉」
- 無意識はプログラムを維持するため、莫大なエネルギーを供給している。
- 意識とプログラムが同一化

**結果として、このような状態に**

**コーチは…**
- 質問やフィードバックが鋭い
- リラックスしている
- 相手の話を理解しやすい

**クライアントは…**
- 全身全霊で集中して答えている
- 普段考えていないひらめきがある
- クリエイティブで自由な発想
- リラックスして話している

**コーチは…**
- 型にはまった質問が多い
- 緊張している
- 相手の発言が理解しにくい

**クライアントは…**
- いつもと変わらない考え
- 気づきの頻度が少ない
- 予定調和な回答
- 緊張して話している

---

潜在力（莫大なエネルギー）を活用するとは、
すでにあなたの中にある「守ること」に使っていた
エネルギー（潜在力）を転用すること。

# 02　自由なコーチとは

### 「質の高い質問」もまた直観から生まれる
　無防備でいても大丈夫な時に、クライアントは直観（ひらめき）を得られると書きましたが、コーチが直観を得られる状態もこれと同じです。コーチもまた守ることにエネルギーを割く必要がない時、つまり、無防備でいられる時に、直観がひらめくのです。よって、177頁の図C・Dの状態の時には、クライアントもコーチも直観がもたらされるのです。
　この時に、コーチの質問の切れが鋭くなります。さらに、その質問に答えるクライアントの気づく力も鋭いのです。この両者が行うコーチングの質は高いことがわかるでしょう。

### 質の高いコーチングは、質の高いコーチだけでは行えない
　「質の高いコーチング」は「優れたコーチ」が行うものだと思っている方が多いかもしれません。実際には、「優れたコーチ」だけで「質の高いコーチング」を行うことはできません。「質の高いコーチング」が行われている時には、同時に「優れたクライアント」もいるのです。質の高いコーチングができている時は、どちらも同時に冴えているのです。コーチの問いも素晴らしいし、クライアントのひらめきも素晴らしい、これが質の高いコーチングなのです。
　今しがた、「優れたコーチ」と書きましたが、ここまでの解説で、恒久的に「優秀なコーチ」というものが存在するわけではないことがわかるはずです。コーチは誰しも、「優秀なコーチ」である時と、そうでない時があるのです。ある意味、鎧を脱いでいる時は誰しも優秀なコーチなのです。
　177頁の図Cのように鎧を脱いだコーチは、優れた直観（ひらめき）を得られると書きました。それには2つの理由があります。1つは、すでにご紹介しているように「潜在力（最高の力）を自在に使える」からです。全潜在力を使える状態の時に直観（ひらめき）があるのでしたね。

もう1つは、「観念（価値観）にとらわれていない」からです。この鎧の正体はプログラム（観念・価値観）でしたね。価値観は「べき・べし」「～しなければならない」「～してはいけない」という衝動を作り出します。「約束を守らなければならない」という価値観があると、律儀な人に好感を持ち、自由すぎる人（わがままな人）に嫌悪感を持つことになります。私たちは鎧によって厳重に守られていると書きましたが、それは価値観でがんじがらめ（不自由）の状態に陥っているのです。

　このように、価値観でガチガチに縛られている時には、凝り固まった発想しかできません。この状態では、型にはまった質問しか思いつかないのです。

　自由な発想ができるコーチだけが、クライアント自身が考えたこともない新鮮な視点を提供できるのです。このような意味で、鎧を脱いだ状態のコーチは「自由なコーチ」と言えるでしょう。一方、鎧を着ている状態のコーチは「不自由なコーチ」と言えます。

> **鎧を脱いだコーチが優れた直観（ひらめき）を得られる2つの理由**
> ①潜在力（最高の力）を自在に使える
> ②観念（価値観）にとらわれていない

## 自由なコーチの前には自由なクライアントがいる

「不自由なコーチ」の前では、クライアントも不自由になります。価値観でガチガチに守っているコーチの前では、クライアントも価値観でがんじがらめ（防御的）になっているのです。価値観が強い時は、価値観に強く影響を受けた発想しかできないのです。これはいつも通りの考えしかできないことを意味します。この状態の時に自由な発想はできません。

　このように条件づけられた発想しかできない時に、クリエイティブなひらめき（気づき）はありません。第5章でお伝えした通り、価値観の正体は記憶、つまり古いものです。ですから、それにとらわれている時には、古ぼけた発想しかできないのです。

　逆に、「自由なコーチ」の前では、クライアントも自由になります。コー

チが鎧を脱いでいる時（価値観が緩んでいる時）、クライアントも鎧を脱いでいる（価値観が緩んでいる）のです。クライアントもまた、この状態の時に自由に発想できるのです。

　効果的なコーチングを行うために、いかに自由に発想できる状態を整えることが重要であるかが理解できたでしょう。繰り返しになりますが、優秀なコーチがいるわけではないのです。コーチは有能な時と、そうでない時があるのです。潜在力（最高の力）をコーチングのために使える状態になれば、どなたも優秀なコーチになれるのです。よって、コーチング上達に欠かせない土台は、いかにしてプログラム（価値観）に条件づけられていない自由な精神を得られるかだということがわかるでしょう。

# 価値観とは

「べき・べし」「〜しなければならない」「〜してはいけない」
という衝動を作り出す。

**価値観の例**

社会人は礼儀正しくあるべき。教師は生徒の模範になるべきだ。
女性らしくふるまうべき。有言実行するべきだ。
空気を読むべき。人に優しくしなければない。
親としてきちんとしなければならない。約束は必ず守るべきだ。
お金のことを話題にしてはいけない。嘘をついてはいけない。

## 鎧を脱いだコーチが優れた直観（ひらめき）を得られる2つの理由

①潜在力（最高の力）を自在に使える
②観念（価値観）にとらわれていない

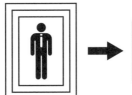

価値観にとらわれている
「不自由なコーチ」

・凝り固まった発想で、型にはまった質問しか思いつかない。
・クライアントにもクリエイティブなひらめきはない。

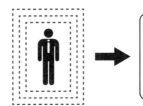

価値観にとらわれていない
「自由なコーチ」

・クライアントもコーチも直観（ひらめき）がもたらされる。
・コーチの質問もクライアントの気づく力も鋭い。
・コーチングの質は高い。

潜在力（最高の力）を使い上達するには、プログラム（価値観）に条件づけられていない自由な精神を得られるかがポイント。

# 03 スポンサーシップとは

**自由なコーチの前でクライアントは自分を認めることができる**
「自由なコーチ」は自分を守っていません。コーチが自分を守っていないからこそ、クライアントも守る必要がないと感じるのです。文字通り鏡の関係です。これを、日常的な言葉で表現すると、「コーチの前ではかっこをつけない」「コーチの前では惨めな自分自身をさらけ出すことができる」「コーチの前では本音を話すことができる」という状態になります。他の人の前では、強がっている人も、コーチの前では弱い自分を見せることができるのです。クライアントがこのような姿を見せられるということは、クライアントが深く安全・安心を感じているということがわかるでしょう。

このような状態になっている時に、クライアントの潜在力が開花します。裏を返して言えば、**コーチは何かをすることによってクライアントを支援するのではないのです。コーチはクライアントの鏡として存在することによって、クライアントにクライアント自身の中にある最高の力（潜在力）に気づかせるのです。**

**答えはいつもクライアントの中にある**
コーチングの前提に、「答えはいつもクライアントの中にある」というものがありますが、これは事実です。どんなに難しい難問でも、「最高の力（潜在力）」を使えば、クライアントは自ら答えに気づけるのです。

しかし、多くの場合は、「最高の力（潜在力）」は眠ったままです。クライアントが「最高の力（潜在力）」につながっていないからです。そして、コーチの存在（Being）が、それを目覚めさせる可能性があるのです。優れた資質を開花したコーチですら、いつもこのような存在（Being）で関われるわけではありません。しかし、**それができたとしたら、コーチの役割としてこれ以上に重要なことはありません。**

## スポンサーシップ（存在承認）とは何かをすることではない

「コーチが無防備になることによって、クライアントが鎧（よろい）を脱ぐ」、これはイソップ寓話の「北風と太陽」を連想させます。北風は、行動（風で服を吹き飛ばそうとする）を通して、旅人の服を脱がせようとします。一方で、太陽はただ、暖かい存在を通して、旅人が自然と服を脱ぐように関わります。

「コーチが無防備になること」は、クライアントに対して行う具体的な行動ではありません。具体的な行動とは「質問をする」とか、「フィードバックする」など目に見える活動のことです。「コーチが無防備になる」とは、まるで太陽のように存在（Being）を示す（見せる）ことなのです。

このように、**「コーチが無防備になる」とは、コーチはクライアントに対して具体的な行動を取るわけではないのです。それはコーチがクライアントにコーチ自身の存在（無防備な存在＝安全な存在）を示す（見せる）ことなのです**。具体的に何かをするわけではなく、ただ存在を通してクライアントに関わる在り方をNLPでは「スポンサーシップ（存在承認）」と呼びます。

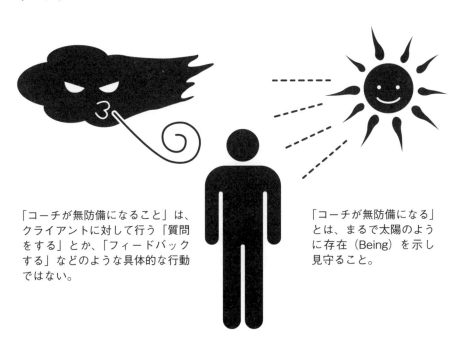

「コーチが無防備になること」は、クライアントに対して行う「質問をする」とか、「フィードバックする」などのような具体的な行動ではない。

「コーチが無防備になる」とは、まるで太陽のように存在（Being）を示し見守ること。

# 04 深く理解してもらうとはどういうことか

**無防備な存在だけが相手の存在そのものを受け入れられる**

　コーチが自分を守っていない時には、価値判断が少なくなります。この時に、クライアントは「受け入れられている」と感じます。**人間は存在そのものが受け入れられたと感じる時に、全てを許されたと感じるのです。**その結果、過去からの束縛を離れ自由に発想できるようになるのです。

　もし、相当に深く存在そのものを許されたと感じたなら、その場で自由になるだけでなく、特定のプログラム（ネガティブな価値観など）が解消することすらあるのです。

　私のクライアントの中に、仕事をしている最中に、自分がすべきことを怠ったために大きな事故を起こしてしまい、関係した人に取り返しのつかない傷を負わせてしまった人がいます。それ以来、そのクライアントは罪悪感を感じながら生きていました。それにより、この人は「自分は幸せになってはいけない」というネガティブな価値観（プログラム）を持っていました。それを20年もの間、引きずっていたのです。あるセッションで、この一連の出来事を、全身全霊で（全潜在力を使って）、一切価値判断することなく受け入れることができました。それは、彼の全人生をまるごと受け入れるような体験でした。

　このセッションの後、彼は憑き物が落ちたように楽になりました。このセッションが終わってしばらくの間だけではなく、それ以来、彼はこのプログラムから自由になったのです。

　このように、深いレベルでスポンサーシップ（存在承認）ができた場合は、コーチに話を聴いてもらっている時にだけ、ある特定のプログラムから自由になるのではありません。ある特定のプログラムそのものが外れて、それ以後そのプログラムに拘束されなくなるのです。大げさな言い方が許されるなら、自由なコーチは、ただクライアントの目の前に存在するだけで、クライアントを変容させることすらもあるのです。

## 秘密を持つと無意識レベルでストレスを抱えることになる

　過去に何かしらの過ちを犯して罪悪感があるという人もいるでしょう。誰にも相談できずに悶々としているかもしれません。この場合、このような秘密を誰かに話すと、軽蔑されるのではないかと恐怖を感じることになります。秘密を抱えていると、「自分の過去がバレたらどうしよう」「自分の本性がバレたらどうしよう」と怯えることになります。じっとしているだけでもエネルギー（潜在力）を消耗させてしまうのです。幾重ものヴェールを被せて自分を隠して生きているようなものだからです。これもまた、分厚い鎧を着て自分を守っている状態です。

## ただ話を聴いてもらうだけでは自由にはなれない

　前述の通り、「人間は存在そのものが受け入れられた時に、全てを許されたような気分を感じる」ので、罪悪感に苛まれている人も、**それを誰かに話して、全く嫌な顔されずに受け入れてもらえた時に、自由になる（解放される）**のです。ただし、**単に話を聞いてもらっただけでなく、それを深く理解してもらえた時にそうなるのです。**

　あなたがある絶望的な課題を抱えていたとします。この場合、どんな人に話を聞いてもらったら理解されたと感じるでしょう？

　2種類の答えがあります。1つは、同じような課題を乗り越えた人です。このような人に聞いてもらうと、苦しみを理解してもらえると感じるはずです。

　もう1つは「人間を理解する力が高い人」です。極端な色眼鏡（個人的な善悪）をかけている人に、罪悪感を告白しても理解してもらえたとは感じられません。プログラム（価値観）を通して話を聞いている時には、十分な理解力がないからです。ここまで本書で述べてきたように、深く理解するには莫大なエネルギー（潜在力）が必要なのです。**「深く理解してもらう」とは、あなたの中に何が起こっているのかを全部理解してもらうことなのです。**深く理解できる時に、ただ受け入れることができる（純粋に受け入れることができる）のです。

## 深い理解にはプログラムを外す力がある

　かつて不良少年だったAさんが、後年努力して自らの影を克服しました。Aさんは不良少年の我儘な行為を見た場合、大勢の人と同様にその行為は良くないことだと感じます。現在では、過去の過ちに気づいているからです。

　しかし、Aさんは、不良少年を責める気持ちにはなれません。なぜなら不良少年の我儘な行動の背景が深く理解できるからです。不良少年は、不良少年になりたかったわけではないのです。両親や社会から抑圧されて育った結果、劣悪なプログラム（社会を悪とするプログラム）を持つにいたったのです。このような環境に育った人は被害者でもあるのです。

　そして、このような環境で育つと、誰しも歪んでしまうのです。Aさんにはそれが深く理解できるから、やっている行為は良くないと思っても、やっている人間を受け入れることができるのです。

　Aさんのように理解してくれる人に不良少年が出会った場合、劣悪なプログラムが外れる（解消する）場合があります。不良少年を見つめるAさんの偏見のないまなざしが、不良少年のガードを下げるのです。少なくともAさんの前だけでは、不良少年は素直になることができるのです。このように、深い理解はプログラムを緩める力があるのです。

## 本当に話を聴くとは

　ミヒャエル・エンデという童話作家の代表作に『モモ』という物語があります。主人公のモモは少女で"家無し子"でした。なぜかモモの所には様々な人が訪れるようになりました。近所で何か困った顔をしている人がいると、「モモのところへ行ってごらん」と皆が言うようになったのです。モモは頭が良いわけでもありません。何かを教えてあげることもありません。モモにできたことは相手の話を聴くことでした。実は、本当に話を聴くことのできる人はめったにいないのです。その点でモモは他に例のないすばらしい才能を持っていたのです。

> 彼女はじっと座って、注意深く聞いているだけです。その大きな黒い目は相手をじっとみつめています。すると相手には自分のどこにそんなものがひそんでいたのかと驚くような考えがすうっと浮かびあがってくるのです。モモに話を聞いてもらっていると、急に自分の意志がはっきりしてきます。急に目の前が開け勇気が出てきます。希望が湧いてきます。
>
> 『モモ』ミヒャエル・エンデ著、大島かおり訳（岩波少年文庫）より

　引用文にあるように、モモはじっと座って、注意深く聞いているだけです。しかし、なぜかこのように話を聴いてもらうことによって、彼女に相談した人の頭に解決策が浮かぶのです。彼女は一切助言を与えていません。モモの関わりの中に「人間の変容の本質」が秘められているのです。モモの姿勢こそが「スポンサーシップ（存在承認）」です。
「スポンサーシップ（存在承認）」とは積極的に相手を受け入れようと努力することではありません。「スポンサーシップ（存在承認）」とは、相手を否定するプログラム（価値観など）がないので、ただ相手を受け入れられるのです。そして、だからこそ相手のことが深く理解できるのです。

## 成長は不自由な状態を克服することによって得られる

　本当に話を聴くことのできる人はめったにいないと書きました。それは、全く気づくことなく、分厚い鎧（価値観）を着たまま話を聴いているからです。ありのままに話を聴くなんてめったにできないことなのです。ですから、相手の存在をありのままに受け入れる（相手を丸ごと受け入れる）ということは、価値判断を緩めた時にしかできないのです。
　先ほど、かつて不良少年だったＡさんが後年努力して自らの影を克服したと紹介しましたが、これは不自由だった人間が、不断の努力によって自由になることを意味します。Ａさんは長年の取り組みで、鎧（プログラム＝価値観）を緩めていったのです。このような人は自らの意思で自由になっていった人です。
　不断の努力で自由になった場合は、プログラムが作り出す眠りから覚め

た人間です。このような人は、大半の人間は幻想の世界（思い込みの世界）に生きていて、それによって苦しんでいるということを自らの体験から深く理解しているのです。**かつて幻想の世界に生きていて、そこから脱することを通して、人間とそれを取り巻く世界を理解していった存在なのです。**

　よって、このような人は、「なぜ人間が苦しむのか」「どうすれば矛盾なく幸せになれるのか」といった人間に対する根本的な理解があります。また、あまり鎧を着ていないので、理解力そのものが高いのです。

　このような意味で、不自由だった人が自らの努力によって自由になった場合、単に価値判断なしに人間を見ることができるだけでなく、目の前にいる人を深く理解できるのです。

　このように考えることができた時に、あなたを不自由にしている幾重にも囲まれた鎧の中の世界も、人間と世界の理解を深めるために欠かせない学びの場だということがわかるはずです。そして、実際に自由になれた時に、苦しみや、困難な出来事ですらも全てが自分を高めるためのトレーニングだったということを理解するのです。実際、人間は楽しかった体験よりも、困難な体験を克服した時に大きく成長しているのです。

## スポンサーのまなざしがクライアントを変える

　このような境涯に達したコーチに見つめられたとしたらどうでしょう？

　全てを理解し、しかも一切ただ受け入れてもらえるという安心感があるのではないでしょうか。

　スポンサーシップを発揮する存在のことをスポンサーと言います。スポンサーとは、クライアントの存在そのものを受け入れるだけでなく深く理解できる在り方（Being）を実現した人を指します。スポンサーはこれらができる在り方があるため、この在り方を通してクライアントの存在そのものを変革するのです。

　この時に、スポンサーはクライアントを変えようと思っているでしょうか？

　少し考えればわかるはずですが、スポンサーの在り方を実現したコーチは誰かを変えようという意図はありません。このようなコーチは価値判断

が緩いということがわかるでしょう。価値判断が緩いので、クライアントに良い・悪いを被せずにただ受け入れて理解するのです。

　このようなコーチにとって、困難や苦しみすらも大切な教師に見えるのです。すでにお伝えした通り、困難を克服することもまた、スポンサーのような境地に達するのに役立つからです。困難もまた人を育てるということを知っているのです。よって、スポンサーとしてのコーチはクライアントに一切同情することなく、ただ静かに見つめているのです。その結果クライアントは自ら気づき、自ら変わっていきます。これが本当の変革なのです。

　繰り返し、コーチとクライアントの関係は鏡の関係になると書きました。コーチがスポンサーの境地でクライアントに接する時に、クライアントも一時的にはスポンサーと似た状態になります。スポンサーのような理解の仕方ができるようになった時には、クライアントは、問題は存在していなかったことに気づきます。その時に、どんな困難な問題も自分を高めるトレーニングになることがわかるのです。

# 05 スポンサーシップのトレーニング

**スポンサーシップ・トレーニング**

　ペーシングがラポールを作る方法（Doing）だとしたら、スポンサーシップはラポールを作る在り方（Being）だということがわかるでしょう。この章を終えるにあたって、スポンサーの姿勢を身につけるためのトレーニングを紹介しておきます。トレーニング方法はとても簡単です。171頁に掲載した五感のトレーニングと並行して行うと相乗効果が上がります。

　このトレーニングはパートナーと2人で行います。やり方は簡単ですが、感覚的ですので、この本を読んで実施するだけでは効果を実感しにくいかもしれません。そこで、興味がある方は、本書の末尾に掲載したコーチング教育団体のトレーニングを受けたコーチから直接指導してもらうことをおすすめします。

---

## スポンサーシップ・トレーニング

① 2人1組で実施する。
② 1人がガイド役でもう1人がクライアント役。
③ クライアント役に目を閉じてもらう。
④ ガイド役は目を開けて、価値判断を外してクライアント役を見る。
　（ありのままにクライアントを見るようにする）。
⑤ 価値判断を外してクライアント役を見る時に、**ハッキリとした意識で見る。これが重要である**。それは頭の中に雑念がない状態かつ、意識的にクライアント役を明るい意識で見ている状態。
※必ず右頁の注意点を読むこと。
⑥ それを3分～5分くらい続ける。

　トレーニングは文字通りこれだけです。しかし適切に行えた場合、ただ見ているだけですがクライアントに変化が現れます。このワークがうまくいった場合は、クライアント役は「リラックスする」「眠たくなる」「ぽか

ぽか暖かくなる」「心地良くなる」「頭がスッキリする」などの状態になります。なぜなら、価値判断しない（ありのままに見る）ということは、クライアントにとって安全だからです。このワークを適切に行えた場合、本書に書いた、鎧（プログラム）が緩んだ状態を体感できます。

## スポンサーシップ・トレーニングのための注意点

ワーク実施のためのいくつか注意点を掲載しておきます。

①に関しては、向かい合わせになって座ってください。お互いに正面を見ている状態で座ります。隣に座るのではないということです。

④では、「ガイド役がクライアント役を見る時に、価値判断を外す」とありますが、これは、プログラムを被せずにクライアントを見るということです。**これは、「思考を止めて見ること」だと考えるといいでしょう。**

**ここで大切な注意点があります。思考を止めると、茫漠とした（ボーっとした）意識になる場合がありますが、これは間違いです。思考を止めつつ、ハッキリと相手を見るようにしてください。意識はしっかりしている（集中している）感じです。**

思考を止めて見ようとしても、頻繁に雑念が浮かぶはずですが、それが普通だと思ってください。その上で、雑念が浮かんだ時には、まるで動いている電車の中から、移り変わる外の景色を淡々と眺めるかのように雑念を眺めるようにします。そして、雑念に気づいたらすぐに、目の前のクライアントを思考を止めて（価値判断を外して）集中することに戻ります。

クライアントを雑念なしに、明瞭に（ハッキリと）見るためには、かなりの集中力が必要です。うまくできている時間と、うまくいかない時間があるのが普通だと思ってください。

1回につき3分〜5分くらいで十分です。長くやりすぎないようにしてください。ハッキリとした意識で行うことが重要で、相当な集中力が必要なためです。

# 第3部

## コーチングによる「最高の力」の引き出し方

# 第8章 コーチングによる目標達成

# 01 願望の正体

## 目標達成するには願望の本質を理解する

第2章で伝えしたように、コーチングは目標達成と課題解決を扱います。この章では、目標を「なりたい状態＝願望」ととらえて、コーチングによる願望実現をテーマとします。

ただし、コーチング以外にも願望実現の手段はいろいろあって、決してコーチングだけが唯一の手段ではありません。コーチングを知ろうが知るまいが、なりたい状態が手に入る場合は、願望実現の原理が働いているのです。そこで本章では、まず願望実現の土台となる原理を明らかにします。その上で、願望実現の原理を実現するために、コーチングがどのように役立つのかをお伝えします。

## 願望とは欠乏感の裏返し

願望を持つということは、ある意味、現在の自分に満足していないことにもなります。現在の自分に満足できていないからこそ、よりよい自分になりたいと思えるのです。この**「より良い自分」こそが願望**です。ですから、現在の満足できていない自分の状態が願望の母とも言えるでしょう。「より良い自分」は人によって異なります。ですから、人によって願望は違ったものになるのです。

例えば、ずっと抑圧されて育った人は、どんな願望を持つでしょう。このような人は「自由になること」が大事になるのではないでしょうか。逆に、自由すぎて退屈だった人はどうでしょう。このような人は、忙しい生活を夢見るかもしれません。欠乏感があるからからこそ、それを手に入れたいと思うのです。

私は30歳くらいの頃、心理職で独立して生活できるくらいの収入を持ちたいという願望がありました。その当時、あるセミナーで知り合った人がカウンセリングの仕事をしていて、しかもカウンセリングルームも運営し

ていました。当時の私にとっては、カウンセリングルームを持って好きな仕事で生計を立てるなんて夢のまた夢だったのです。ですから、その人のことをとてもうらやましいと思いました。

　当時私は、様々な心理学を学んだりコーチングのスクールに通ったりしていました。しかし、全く自信がありませんでした。自信がないばかりか、客観的に考えてもコーチングもカウンセリングも下手だったのです。

　とてもじゃないけれど、これでは心理の仕事に就くなんてことはできないし、ましてや独立するなんて夢のまた夢だと感じていました。

　そんな私がその後3年経った頃には、セラピーや能力開発の分野である程度の知名度を持つまでになっていました。今では本を10冊出版して、国内で最も実績のあるNLPのトレーナー（心理職のトレーナー）の一人として活躍できるまでになりました。

## 自信がないからと頑張ると空回りしてしまう

　「願望を持つということは、ある意味、現在の自分に満足していないことにもなる」と書きました。私が心理職を志した頃がこのような状態でした。当時の私は無力感（欠乏感）を感じていました。それを表しているのが198頁の図です。

　当時私は人間の心理に関心があったので、これを仕事にできたらという強い気持ちがあったのですが、コーチングやカウンセリングで活躍するには下手すぎたのです。全く自信がなかったので、このような状態を克服するにはもっと勉強しなければならないと思っていました。**欠乏感が強く、そのため願望へ向かうモティベーションが高かったのです。**そこで、様々な心理技法などを学ぶために、お金が続く限りありとあらゆるセミナーを受講しました。知識を増やさなければならないと思い、たくさんの本も読みました。しかし、一向に上達しませんでした。

　自信がなかったためか、様々な資格が大事だとも思っていました。まさに、実力のない弱い自分を見栄えの良い鎧（派手な資格など）で守ろうとしていたのです。そこで、臨床心理士の資格が魅力的に見えました。臨床心理士取得のカリキュラムのある大学院を受験しますが、合格しませんでした。当時の私は、実力に自信がないから知識や資格に頼っていたのです。

自信がないからこのままではいけないと頑張るのですが、空回りしていました。勉強してもほとんど上達しないというジレンマを抱えていました。

　何かが足りないと欠乏感を感じていて、その何かが足りないことがダメなことだと思っている時に、人間はその欠乏感の反対側に願望を持ちます。しかし、願望は自分とは正反対なので実現するのが難しいと感じることになるのです。この場合、達成したい気持ちは高いのでモティベーションは高くなりますが、空回りしやすくなるのです。

欠乏感があるから願望が生み出される

欠乏感　→　願望
モティベーションが高い

## 「自然とできる」と思えることは実現しやすい

　世の中には「願望をやすやすと実現していく人」と「願望をなかなか実現できない人」がいます。では、両者の違いは何でしょう。

　何かを手に入れたいと思っている時に、すでにそれを実現している人が参考になります。この際に模範となる成功者を「モデル」と言います。東京大学（以下、東大）に入学したいと思っている人なら、東大に入学した人がモデルになります。このようなモデルがどんな勉強をしたかが参考になりますね。東大合格は具体的な目標です。このような具体的な目標の場合は、「1日何時間勉強したのか？」「どんな参考書を使ったのか？」など行動レベルに意識が向かいます。

　「願望を実現している人」のようにテーマが抽象的な場合でも、モデルを見つけることができます。ただし、テーマが抽象的な場合は、何をするの

か（行動レベル）ではなく、「考え方の特徴」など、メンタルの使い方に根拠を探すことになります。そもそもコーチングも、スポーツやビジネスで優れたパフォーマンスを発揮していた人をモデルとして、その人の頭の中で起こっていることを解明する中で生まれたものなのです。

## 思ったことをどんどん手に入れている人の特徴とは

「願望を実現している人」に共通するメンタルの特徴を挙げるとすれば、目指している願望を「**自然と達成できる**」と思っていることにあります。

経済的に厳しい家庭で育った人は「お金がないことが普通」と潜在的に思っています。すでにご紹介している通り、体験によってプログラムができるからです。同様に、裕福な家庭で育った人は「お金があることが普通」だと思っています。こういう人はなぜか、お金に困ることが少ない人生を歩む場合が多いものです。この場合のプログラムは「自己イメージ」と言われるものです。「自己イメージ」とは自分自身に貼り付けたイメージ（思い込み）のことです。無意識は自己イメージ通りの現実を引き寄せることになります。後で説明しますが、「**無意識はあなたがイメージした通りのことを現実化する**」傾向があるからです。

ですから、仮にあなたが「コーチとして成功すること」を望んでいるならば、「コーチとして成功したい」と思うのではなく、「自然とコーチとして成功する」と思える自分になれれば、願望を実現しやすくなるのです。つまりは、**願望を叶えたければ、「自然と達成できる」という精神状態を先に作った方が良いのです。**

「自然と達成できる」と思っているということは、言い換えると「すでに手に入ったも同然（簡単に手に入る）」と感じているのです。この時に、強く欲することはありません。あなたも簡単に手に入ると感じていることに関して、強く欲することはないでしょう。

一方で、「どうしても叶えたい願望」は、手に入れるのが難しいと感じることとなります。197頁で、私はかつて心理職に就きたいと強く願っていたのは、自分が心理スキルの手腕に「欠乏感」を感じていたからだと書きましたね。「**欠乏感**」があるということは、「今はできない（今は持っていない）」と感じていることになります。「今はできない」と感じているの

で、願望実現は難しいと感じることになります。

　これは、「自分は頭が悪いと思っている人」が偏差値の高い大学を目指す時に感じる気分です。「自分は頭が悪いと思っている人」は勉強にコンプレックスがあるので、当然、偏差値の高い大学は難しいと感じることになるでしょう。難しいと感じていると、願望はなかなか実現できなくなるのです。ここは、とても重要ですので、後の頁で詳しく説明していきます。

## 「願望」と「意図」の違い

　「目標を達成している人」は「どうしても達成したい」という思いは少ないうえ「自然と達成できる」思っているので、「願望」という言葉すら使わないでしょう。**簡単に実現できることに対しては「意図」という言葉の方がしっくりきます。**「意図」とは、「そうすると決める」というニュアンスの言葉です。

　ほとんどの人は「地下鉄に乗りたい」と強く願うことはないでしょう。「地下鉄に乗ること」は願望ではなく「意図」です。ほとんどの人にとって地下鉄に乗ることはあたりまえのようにできることだからです。「意図」は強いものが感じられない言葉、つまりニュートラルな言葉と言えるでしょう。それに対して「願望」は強い感情をともなった言葉ですね。

　例えて言えば、「願望を実現している人」は、多くの人が実現したいと強く切望するようなことすら、まるで地下鉄に乗ろうと思う（意図する）くらいに、自然なことのように感じているのです。地下鉄に乗るのに、積極的になる必要はありません。何も考えずただ自然と乗り降りするでしょう。同様に、**「願望を実現している人」の最大の特徴は、あれこれ考えすぎることなく、ただ、すべきと思えることを、自然と実行しているところにあるのです。**

# 願望をやすやすと実現する人 しない人

## 願望をやすやすと実現していく人

- 「自然と達成できる」と思っている。
- 「すでに手に入ったも同然（簡単に手に入る）」と感じている。
- 強く欲することはない。

## 願望をなかなか実現できない人

- 「どうしても叶えたいという願望」は、手に入れるのが難しい。
- 「欠乏感」があるということは、「今はできない（今は持っていない）」と感じている。
- 「今はできない」と感じているので、願望実現は難しいと感じることになる。
- 難しいと感じていると、願望はなかなか実現できなくなる。

「無意識はあなたがイメージした通りのことを現実化する」傾向がある。
願望を叶えたければ、「自然と達成できる」という精神状態を
先に作ることが大切。

## 02 意識と無意識の認識の特徴

**意識と無意識では「時間」「空間」「人称」の認識の仕方が違う**

　この本では繰り返し「意識」と「無意識」についてその性質を明らかにしてきました。以下の「意識・無意識の特徴1」はすでに紹介しています。ここではさらに願望実現という観点から「意識」と「無意識」のもう1つの特徴（意識・無意識の特徴2）を紹介します。それは、**意識には「時間」「空間」「人称」の概念があり、一方、無意識は「今」という時間と、「ここ」という場所、「私」という人称しか認識できないという特徴**です。

| 意識・無意識の特質1 | 意識・無意識の特質2 |
|---|---|
| 意　識＝思考＝言葉 | 意　識＝時間＝空間＝人称 |
| 無意識＝身体＝感覚（五感） | 無意識＝　今　＝ここ＝　私 |

　あたりまえのように聞こえるかもしれませんが、あなた（意識）は現在・過去・未来の違いを区別します。場所についても、あなた（意識）は「ここ（今自分がいる場所）」と、「あそこ（今自分がいない場所）」の違いを認識します。人称についても、あなた（意識）は他人と自分を区別しています。また、あなたが誰かと会話している時に、そこにはいない共通の知り合いのことに話が及んだ時には、それを第三者（彼・彼女）と認識します。「あなた」は「意識」ですので、「意識」のこの認識の仕方はあたりまえのように思うはずです。

**無意識は「時間」「空間」「人称」の区別ができない**

　一方で、無意識は「今という時間」と「ここという空間」「私という人称」のみを認識している、ということです。その結果、無意識は「今・ここの自分」を実現し続けることになるのです。これが何を意味しているのか、そして、それが願望実現にどんな影響があるのかをこれから段階的に解説

していきます。

## 私たちはどうやって過去の体験を思い出しているのか

　あなたが過去の体験を思い出す時に、頭の中のスクリーンに過去の記憶を再現することになるはずです。過去は終わってしまったものだからです。あたりまえのことですが、過去の体験を思い出すとは、過去の記憶の五感情報を頭の中で再現して、それを見ることです。このように考えた時、過去の記憶を再現するとは、触ることのできないイメージを頭の中で見ることだとわかるでしょう。

　例えば、私が大学生の頃の海外旅行を思い出したとします。私は大学3年生の時にオーストラリアに行きました。そして、オーストラリアの広大な砂漠を思い出したとしたらどうでしょう。オーストラリアのどこまでも続く赤茶けた砂漠がバスの窓越しに見えている映像が見えて、長距離バスの走行音が聞こえるという具合でしょうか。ただ、これらの五感情報は頭の中で再現されたイメージだということがわかりますね。

　ではこのイメージ（再現された過去の五感情報）を、私たちはどの時制では見るのでしょう？

　それは「現在（今）」のはずです。

　先ほどの、長距離バスの窓越しに「延々と続く赤茶けた砂漠」を実際に見たのは24年も昔（22歳の頃）のことです。そして、この記憶を思い出しているのは「今＝現在（46歳の私）」だということです。

　あたりまえですが、タイムマシンに乗って過去に戻ったわけではありません。私たちは現在に生き続け、それが過去を思い出したとしても、未来を想像したとしてもそれは今・現在それらの映像などを見ていることになるのです。

## 同じ映像を見ても意識と無意識ではとらえ方が違う

　ある記憶を思い出した時、それが過去だとわかるのは頭（意識）で何年何月何日の出来事というラベル（言葉）を貼って理解しているからです。意識の特徴の1つは言葉だとお伝えしていますね。「意識＝思考（頭）＝言葉」ですね。「時間」も言葉とともに生まれた概念なのです。何年・何

月という表現も言葉ですね。

　つまり、過去の記憶を思い出している時に見えているものは、現在という時間に再現された映像です。見ているもの、聞こえている音、そしてそれに対する身体の反応（身体感覚＝無意識）など全てが現在（今）体験していることなのです。

　**これら過去の記憶を思い出す時、頭（意識）では過去のことだとわかっています。しかし身体（無意識）では、それが過去のイメージであろうが、目の前にある現実世界で起こっている出来事であろうが、等しく現実だととらえて反応するのです。**繰り返し「無意識は現実とイメージの区別がつけられない」とお伝えしてきた通りです。

　このように、過去の記憶は頭の中に再現したイメージにすぎないのですが、それを思い出す時、今（現在）目の前で起こっている出来事と同様にリアリティー（現実感）を身体（無意識）で感じるのです。

　第4章では、人間は意識（頭）よりも無意識（身体）の方に大きな影響を受けるので、身体で感じる反応（身体感覚）の方にリアリティー（現実感）を感じるとお伝えしています。

# 過去の記憶をどのように捉えているのか

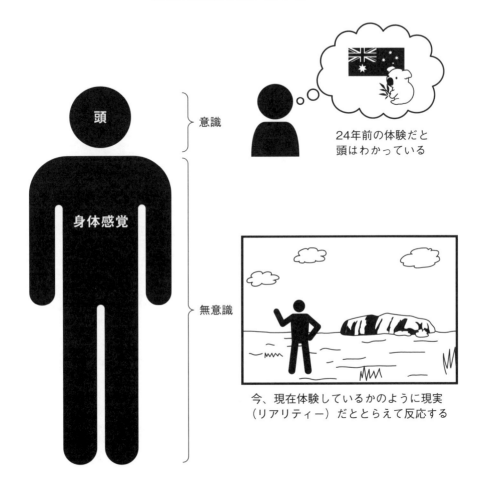

過去の記憶を思い出すと……

意識

24年前の体験だと頭はわかっている

無意識

今、現在体験しているかのように現実（リアリティー）だととらえて反応する

# 03 イメージには"現在"しかない

## あなたが現実を見ると身体はイメージに反応する

　第5章で、映画は虚構だが身体（無意識）ではリアリティーを感じるとお伝えしました。私たちが「映画を見る時」もまた、「過去の体験の映像（イメージ）を見る時」と同じことが頭の中で起こっています。どちらも**今（現在）目の前で起こっている現実（実物）ではなく、今（現在）見ているイメージ（触ることができないもの）にすぎないのです。**

　私たちは、映画は虚構（イメージ）だということを頭（意識）では理解できています。つまり、映写機から映写される光線によって作り出される世界は、光と影からなるイメージであり実態がない世界だと頭（意識）では理解しています。

　しかし、嘘だとわかっていても、ホラー映画を見ると本当に怖い思いをしますね。よくできたホラー映画を見ると身体がガタガタ震えます。このように、映画を見るとそれがイメージ（虚構）だと頭（意識）でわかっていても、身体（無意識＝身体＝感覚）はしっかりと反応しているのです。**意識（思考）と無意識（身体）は別々のとらえ方をしているのがわかるでしょう。**

## 無意識は未来も目の前で起こっている現実だと認識する

　同様に、私たちが過去の記憶を思い出す時に、頭（意識）では過去のものだと考えています。しかし、身体（無意識）はイメージと現実の区別がつかないため、現実だと認識して現実の出来事に対するのと全く同じ反応をするのです。これは、意識では現在・過去・未来の違いをとらえることができるが、無意識ではどれも等しく「今・ここ」で起きている現象だととらえていることを意味します。

　未来に関しても同じです。私たちは未来という時間を体験することはできません。私たちが体験できるのはいつでも現在（今・ここ）だけだから

です。未来とは、頭の中に作り出したイメージの世界なのです。未来のことを考えるとは、未来はこうなっていくのではないかという映像を頭の中のスクリーンに映し出して、それを現在（今・ここ）見るという体験なのです。

## 無意識は頭の中でイメージした場所に今いると錯覚する

空間に関しても同じことが言えます。先ほど24年前にオーストラリアに行ったと書きましたが、私がこの体験を思い出す時、それはオーストラリアに行った時に体験した記憶を、頭の中のスクリーンに今（現在）、再現していることになります。もちろん、意識（頭）ではオーストラリアに行った時のはるか昔の体験だとわかっています。しかし、無意識（身体）今・ここしか認識できないから、今（現在）自分はオーストラリアにいるのだと錯覚するのです。

ここまでの解説で、時間と空間の概念は意識にしかないことが理解できたでしょう。無意識は過去のことも未来のことも「今（現在）・ここ」で起こっている現実とみなすのです。同様に、意識は「ここ（今自分がいる場所）」と、「あそこ（今自分がいない場所）」の違いを認識しますが、無意識は「ここ」と「あそこ」も同じく「ここ」とみなすのです。よって、オーストラリアの体験を自宅で思い出しても、無意識（身体）は今（現在）オーストラリアにいると錯覚するのです。

# 04 無意識の イメージトレーニング

## 無意識は「今・ここ」でイメージしていることを実現する

あなたが何かをやめたいと思ったとします。例えば、あなたがアルコール中毒気味だったとします。仮に、あなた（意識）が、お酒をやめたいと思っても、「お酒を飲むことに価値をもたらすプログラム」と同一化している時には、なかなかやめられません。あなた（意識）がプログラムに同一化している時には、無意識はプログラム通りになるようにエネルギーを供給するのでしたね。あなた（意識）がプログラムに同一化している時には、頭（意識）で考えることよりも、身体（無意識）で実感していることが実現するのです。

多くの能力開発に関する専門家が言っているように、無意識はイメージしたことを実現します。そして、無意識は「今・ここ」でイメージしていることを実現します。ここまで見てきたように、**無意識は特に「今・ここの自分」を強く認識する（イメージする）**からです。仮に、今ここのあなたがお酒を飲みたいと思っていたら、お酒をイメージすることになります。それは、お腹が空いた時に、食べ物のイメージが頭の中に浮かぶのと同じです。お腹が空くということは身体（無意識）で感じることです。この身体感覚がイメージを喚起しているのです。身体（無意識）でお酒を強く飲みたいと感じていて、頭の中にお酒のイメージがある場合、抑制し続けることは難しいのです。

## 意識的なイメトレ・無意識的なイメトレ

プロスポーツ選手や成功したビジネスマンの多くがイメージトレーニングの効用について語り、「人は強くイメージした通りの人間になる」と口にします。**これは意識的にイメージすることだけでなく、無意識的にイメージしていることも叶ってしまうことを意味しています。ところが実際は、無意識的にイメージしていることの方がはるかに叶いやすいのです。**

フィギュアスケートの選手がイメージトレーニングをする時には、自分が最高の演技ができた時のイメージを思い浮かべるかもしれません。つまり、ある分野のパフォーマンスを向上させるために、意識的に模範となるイメージを思い描くというものです。このように、イメージトレーニングとは意識的に行うもの（意識的なイメトレ）だと思っている人が多いようです。

しかし、実際には**人間はいつでも（無意識的に）イメージトレーニングを行っているのです**。このことに、ほとんどの人は気づいていません。つまり無意識的に行っているということです。これは、あなたの無意識がプログラムに沿って、あなたにどんなイメージ見せるのかをあらかた決めていることを意味します。

将来の不安について考えたいという人はいないはずです。しかし、悲観的になっている時は、自動的に（無意識的に）四六時中ネガティブなことを考えてしまうのです。人間は誰でも無数のプログラムを抱えていますので、不安に思うことも多々あるはずです。無数のプログラムによる過剰防衛状態で生きていますので、「〜をしてはいけない」「〜しなければならない」とネガティブな発想をしがちなのです。そして、**何かを考えたり、発想している時にはイメージも付随しているのです**。

例えば、ある上司との関係で悩んでいる人は、その上司に関するネガティブなイメージを頭の中で見ているでしょう。これは知らず知らずのうちに（無意識的に）ネガティブなイメージトレーニングをしていると言えるのです。これを本書では「無意識的なイメトレ」と名づけます。仮にあなたが無意識的に（気づくことなく）ネガティブなイメージを繰り返し見ていたらどうなるでしょう？

人間はイメージした通りの人間になるのですから、どんどんネガティブな人間になっていくのです。「意識的なイメトレ」と「無意識的なイメトレ」どちらがパワフルかは言うまでもないでしょう。「無意識的なイメトレ」は意識（思考）を介さない分より効果も高いのです。

もし無意識的に暗いイメージトレーニングを頻繁にしている人が、意識的に肯定的なイメトレを1日10分したとしても、焼け石に水となってしまいます。なぜなら、圧倒的に長い時間を暗いイメージと共にいるからです。

## 人間はイメージできるものしか目指せない

　ここで、もう少しだけ「イメージ」と「願望実現」の関係を書いておきます。少し考えればわかりますが、私たちが実現できるものは、私たちがすでに頭の中でイメージできるものに限られます。エジソンが白熱灯を発明したのは、そのイメージが頭の中にあったからです。その当時、他の誰も白熱灯なんて頭の中になかったのです。

　3歳の子どもが将来なりたいと思えることは、その子の頭の中にあるイメージに限られます。3歳の子でも、将来パイロットになりたいと思うかもしれませんが、キャリアカウンセラーになりたいとは思わないでしょう。キャリアカウンセラーという言葉さえ知らないからです。

　つまり、イメージできるかどうか、これが実現できるかどうかの決め手になるのです。

　コーチがクライアントに新鮮な世界を見せるための質問をすることは、クライアントの凝り固まった頭をほぐし、プログラムの意向に沿ったものとはまったく別の、クライアントが普段発想しないイメージを持たせることになります。これにより新たな可能性が持てるようになるのです。

　エジソンが様々な発明をして、それが世界を変えていったように、人間の頭の中のイメージが現実世界を創り出してきたのです。そして、これからも人間の頭の中のイメージが人間の社会を創り出していくのです。このように、頭の中で、新しいイメージを持てるようなること自体に莫大な価値があるのです。

## 「叶いやすいイメージ」「叶いにくいイメージ」

　「実現しやすいイメージ」と「なかなか実現しないイメージ」の違いは、イメージの量と質の違いです。無意識は「インパクト（強度）」と「繰り返し（回数）」によって新しいことを習得しますから、願望が実現するかどうかも、無意識の影響に大きく左右されます。よって、強いインパクトで、頻繁な回数イメージしたものは実現しやすいのです。

　ネガティブなイメージばかり考えている人は、それだけネガティブになるイメージトレーニングを積んでいることになりますから、意識でそうなりたいかどうかは関係なく、リアルに（インパクト強く）頻繁に（回数多

く）ネガティブなイメージを見てしまうと、そのイメージ通りの自分になってしまうのです。

　ここまで解説してきた通り、無意識にとって一番なじみのあるイメージ、一番繰り返し見て感じているイメージは「今・ここの自分」です。「自由になりたい」と思っていても、「今、窮屈」だと感じているなら、窮屈な自己イメージを繰り返し見て、窮屈だという強烈な感覚（インパクト）とともに過ごす時間が長いことになるのです。その結果、引き続き実現するのは「窮屈な状態」になるのです。

# 05 欠乏感の解消

**幸せになりたいなら、すでに幸せだと実感すればいい**

　199頁で「自然と達成できる」と思っていると、その状態を引き寄せやすくなるとお伝えしました。「自然と達成できる」と思っているということは、「すでに手に入っている」に近い感覚があるのです。つまり、これは「今・ここ」にそれがあると無意識が認識しているので、これを引き寄せることになるのです。

　これを裏返すと、**本当に叶えたい目標があるならば、強く追い求めすぎないことがポイントとなります**。なぜならば、**強く追い求めすぎることは、「『今・ここ』にはない」という裏メッセージを「無意識」が受け取ってしまうことになるからです**。

　どういう意味でしょう？

　ここで、もう一度人間が願望を持つとはどういうことなのかを思い出してもらえればと思います。198頁で以下のことを述べました。

> 何かが足りないと欠乏感を感じていて、その何かが足りないことがダメなことだと思っている時に、人間はその欠乏感の反対側に願望を持ちます。しかし、願望は自分とは正反対なので実現するのが難しいと感じることになるのです。この場合、達成したい気持ちは高いのでモティベーションは高くなりますが、空回りしやすくなるのです。

　上記の引用文から、強く追い求めたくなるような大事な願望は欠乏感の裏返しだということがわかるでしょう。**これは、願望を強く求めれば求めるほど、「今・ここ」ではその反対側にある欠乏感を実感することを意味するのです**。196頁では「現在の満足できていない自分の状態が願望の母」だと書きました。「現在の満足できていない」つまり、欠乏感が強いから

こそ、その反対側に理想を求めるのです。裏返して言うと、**欠乏感がなくなるとその反対側にある願望に関する執着が減るのです。**逆説的ですが、この時に願望は叶いやすくなるのです。

## 受け入れられない状態が何度も実現してしまう

　私のクライアントに、幼少期に厳しい親に育てられた女性がいます。彼女は「不自由な自己イメージ」に苦しんでいました。彼女は、この自己イメージを受け入れず否定しているので、その反対側にある「自由になること」に強い憧れを持っていました。

　しかし、彼女は自分を拘束する人と結婚しては離婚するという体験を2度もしてしまったのです。自由を求めている彼女が、なぜ「自分を拘束するような人（自分を不自由にするような人）」と結婚することになるのでしょう？　なぜなら彼女は、「自由になりたい」と思うと同時に「不自由」な自分を「今・ここ」で強くイメージしていたからです。

　ここまでの解説でわかるように、「自由になりたい」と思うということは、それ以前に「不自由だ」と感じているのです。そして、この場合どちらの自分を「今・ここ」に身近に感じるかと言うと、「不自由な自己イメージ」の方です。なぜなら自由な自分は理想であり、まだ手に入れていないものだからです。

## 無意識は身近に感じている方を実現する

　214頁の図のように、欠乏感を感じているのは現在（今・ここ）であり、こちらの方が無意識は身近に感じてます。身近だということは、ある意味「自然な状態」です。社会人になったばかりの新入社員は収入が多くありません。ある意味、お金がないということが「あたりまえな状態（自然な状態）」で、お金がたくさんあるということの方が「特別な状態（不自然な状態）」です。良いかどうかは別として、かけ出しの社会人が臨時収入などで、たくさんのお金を得るとそわそわするのです。不自然で慣れていないからです。

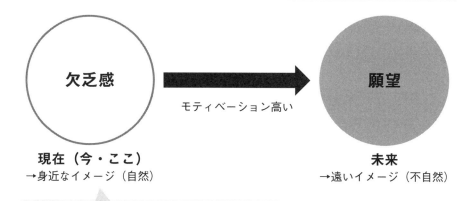

話を元に戻します。彼女（幼少期に厳しい親に育てられた女性）が「自由になりたい」と強く欲する気持ちは「不自由だという自己イメージ」が作り出していることがわかるでしょう。彼女は幼少期の記憶を憎んでいる（受け入れられない）のです。彼女はその後コーチングセッションを受けて、不自由だった過去を受け入れられるようになりました。それと共に、彼女の欠乏感は解消したのです。

## 強く願わなくなった時に、願っていたものを手に入れる

さて、彼女はこの欠乏感が解消した後も、自由になりたいと強烈に望むことになるでしょうか？「欠乏感（不自由な自己イメージ）」がなくなると同時に、「自由になりたいという願望」もなくなったのです。願望を生み出していたのは欠乏感だったからです。

**彼女は、自由になることに関心がなくなりました。しかし、それにより彼女は自由になったのです。**意外なことに聞こえるかもしれませんが、**強く願わなくなった時に、願っていたものを手に入れた**のです。しかも、自然と（努力することなく）手に入れられるようになったのです。

彼女は不自由だったのではなく、「不自由だという自己イメージ」があって、頻繁（繰り返し）かつ強烈（インパクト）にこの自己イメージにとらわれていたのです。その結果、不自由だという現実が引き寄せられていたのです。これが、２度も自分を拘束するような男性と結婚してしまった理由です。

　２度目の結婚でも同じことを繰り返した時に、彼女は今度こそ自由になると期待していただけに絶望しました。さらに不自由を感じることになり、それに抵抗して自由になりたいと、より一層「自由になりたい」と強烈に願うことになりました。

　しかし、願えば願うほど不自由な自分を受け入れられなくなり、それを「今・ここ」でしつこくイメージするようになっていたのです。このようにして同じ課題が繰り返されることになるのです。

　どなたも強すぎる願望を持つ時に、無意識下では同じ原理が働いているのです。

　先ほど「彼女は不自由だったのではなく、『不自由だという自己イメージ』があって頻繁（繰り返し）かつ強烈（インパクト）にこの自己イメージにとらわれていました」と書きました。これは、意識（彼女）はもともと自由なのですが、その自由な彼女（意識）が不自由なイメージ（自分は不自由だというプログラム）を洋服のように着ていたことを意味するのです。そして、その洋服（自分は不自由だというプログラム）に同一化していたので、自分は不自由だと思い込んでいたのです。

　もう一度言います。**もともと彼女は自由だったのです**。だから、彼女が自分の課題を克服した時に、すぐに自由になったのです。彼女を不自由にしていたものは「自分は不自由だという自己イメージ（プログラム）」だったのです。

　このように、欠乏感はネガティブなプログラムが作り出すのです。そして、欠乏感があるから願望を持つことになりますが、願望を見ると同時に「今・ここ」に満たされていない自分を感じることになるのです。その結果、願望を目指すが、なかなか達成しないということになるのです。これが、願望を持つとその反対側の欠乏感が実現しやすくなるという理由です。無意識下にはこのような原理が働いているのです。

# 06 イメージの変化が願望実現の近道

## 願望を意図に変えると達成しやすくなる

　199頁でお伝えした通り、「願望を実現している人」に共通するメンタルの特徴として、**「自然と達成できる」**と思っていることが挙げられます。「自然と達成できる」と思っているということは、言い換えると「すでに手に入ったも同然（簡単に手に入る）」と感じていて、この時に、強く欲することはありません。

　あたりまえのことですが、すでに自分が手に入れていることを欲しいとは思わないのです。先ほどの例の「不自由な自己イメージ」に苦しんでいた女性は、不自由だという自己イメージに苦しんでいた時には、強く自由になりたいと欲していました。しかし、この自己イメージを克服した時には自由に対する憧れはなくなったのです。それは、彼女が自由を手に入れたからです。

　この後、彼女はこの種の自由を実現し続けることになりました。なぜなら、何の努力をすることもなく自由を感じていたからです。これが「自然と達成できる」と感じている心理状態なのです。彼女は「今・ここ」で自由なので、彼女の無意識はこの状態を再現し続けるのです。

　その後、彼女は束縛されていると思うことはほとんどなくなったと言いました。以前だったら、ちょっとした命令でもひどく拘束されるように感じていたのです。例えば、「1時間残業してくれと」と上司に頼まれるだけでもすごく束縛されているように感じていたのです。

　しかし、自己イメージが変わった後は、同じことを言われても嫌悪感がないのです。今では、同じように「残業してくれ」と言われても、自分が所属している部署が繁忙期で手が足りていないから普段以上に仕事量が増えていると、冷静に（ニュートラルに）受け止めることができるのです。そして、このようにニュートラルな気持ちで仕事をしている時には、業務もサクサク進んでいくのです。心の内面が静かな時には、ただ、目の前の

ことに集中できるからです。

## あきらめてから、かつて望んだ状態が実現した

　これは、欠乏感を解消することによって「内面で手に入れたい心の状態（彼女の場合は自由）」を手に入れた事例です。願望には「お金を得ること」や「結婚すること」などのようなものもあります。このような「物を手に入れる場合」や「人間関係の変化」など、目に見える何かを手に入れたいという願望の場合も同じ原理で手に入るのです。無意識は「今・ここ」で感じている内面にあるイメージ通りのことを実現しようとするからです。

　不自由さを克服した女性の事例は、特別な体験でとても自分にはこのような変化はできないと思っている人もいるかもしれません。しかし、「今・ここ」で感じている内面にあるイメージの変化により、これまで手に入れられなかったものを、手に入れられるようになることは特別なことではありません。

　もっと身近な事例を紹介します。

　私は学生の頃、彼女がいない時期がありました。学生時代に彼女がいないことは深刻な問題のように感じていました。そこで、彼女が欲しいと切望しました。恥ずかしい話ですが、8週連続で合コンに出かけました。しかし、その時の私はギラギラしていたのでしょうね。ことごとく敬遠されたのです。しばらくして、そんな自分に飽き飽きして（そんな自分を恥じて）、彼女を欲する気持ちが弱まったのです。

　誰かと付き合おうと思ったら力が入ってしまって、会話もぎこちなくなります。女性と付き合うことを考えずに話すと、自然と会話がはずむようになりました。すると自然に彼女ができたのです。

　その後、驚くべきことが起こりました。彼女ができた後、今度は急にモテ始めたのです。何人もの女性から言い寄られる体験をしました。彼女がいるのに心が揺らぐこともあったくらいです。

## 最も大事なことは意識状態

　この体験をここまで解説した無意識の原理に当てはめて考えてみます。彼女がいない時期は、欠乏感から願望を目指していました。「今・ここ」

にいる自分は「彼女がいない（モテない）」というイメージですので、イメージ通りの現実が引き寄せられました。彼女ができた後は、彼女がいるわけですから、「彼女がいる（モテる）」という自己イメージが「今・ここ」にあります。すると、無意識はこのイメージ通りの現実を引き寄せたのです。

　下世話な話題が続きますが、非常に美人で性格も良くてどう考えてもモテるはずなのに男性運がない女性を何人も知っています。逆に、容姿は良いわけでもないし、性格も良いとは言えないけど、彼氏は簡単にできると思っていて、その通りになっている人も知っています。

「願望を実現している人」は、多くの人が実現したいと強く切望するようなこと（願望）すら、まるで地下鉄に乗ると決めること（意図）くらいに、自然なことのように感じているのです。

　例えば、明日の朝、地下鉄に乗ってどこかの駅まで行くと考えた時に、頭の中にどんなイメージがあるでしょう？

　自然と（無意識的に）地下鉄に乗っている自分のイメージが見えるでしょう。それは、未来のこと（明日）のことですが、すでに自分が地下鉄に乗っているイメージがあるでしょう。そのイメージを見ていて抵抗することもなく、ただ、ニュートラルに見えているのです。ですから、地下鉄に乗るという体験は簡単に手に入ります。このように、自然と実現できることは、あたりまえすぎて普段意識しないようなことなのです。あなたも空気を吸うのに、簡単だなんて考えないでしょう。

　一方で、独立して1億円の年収を得ようと思ってみてください。イメージするのが難しいでしょう。また、そのイメージを作っても、なんだか遠い未来のイメージのようでリアリティーを感じられないでしょう。また、それが自分だと思い込もうとしても違和感があるはずです。

「意図するとは、地下鉄に乗ると決めるようなもの」とは、**あたりまえのように自然とイメージできる**ということなのです。よって、願望を実現したいと思うなら、まず最初にこのような意識状態になることから始めた方が効果的なのです。

# 意図と願望

## 意図は身近に感じるもの

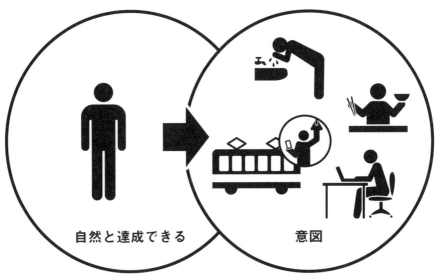

意図はすぐそばにあるイメージ

## 願望は遠く感じるもの

# 07 願望の意図化

## 願望の意図化とは

　ここまでの解説で、願望は叶いにくくて、意図は叶いやすいということが理解できたでしょう。そこであなたがどうしても実現したい願望があるのなら、願望を意図に変えることをおすすめします。私はこれを「願望の意図化」と呼んでいます。「願望の意図化」には２通りの方法があります。**「①イメージを書き換えることによる願望の意図化」と「②イメージをはずす（ニュートラルにする）ことによる願望の意図化」**です。

> **願望の意図化の２つの方法**
> ①イメージを書き換えることによる願望の意図化
> ②イメージをはずす（ニュートラルにする）ことによる願望の意図化

　念のために書いておきますが、イメージとプログラムは同じ意味です。よって、「イメージを書き換える」は「プログラムを書き換える」と同じ意味になります。同じく「イメージをはずす」と「プログラムをはずす」は同じです。ただし、ここではイメージという言葉だけで説明した方がわかりやすいので、あえてプログラムという言葉は使っていません。
　まず基本的な考え方からお伝えします。願望を実現するのも意図を実現するのも、「今・ここ」にある心理状態だということが理解できたでしょう。よって、**「今・ここ」にある心理状態を「欠乏感」から「自然と達成できる」に変えることです。**その際に、イメージを書き換えることによっても、イメージをはずす（ニュートラルにする）ことによってもそれを実現できるのです。

## イメージをはずす方法のメリット・デメリット

　「イメージをはずす方法」による「願望の意図化」については、不自由な

自己イメージに苦しんでいた女性の変化がそれに当たります。彼女の場合は、「自由になりたいという願望（光）」と「自分は不自由だという自己イメージ（影）＝欠乏感」の間で苦しんでいたのでしたね。そして、欠乏感を解消した時に、内面が自由になったのです。

彼女が欠乏感を解消できたのは、欠乏感を作り出していたプログラムに気づいたからです。ただし、この場合の気づきは深い気づきです。繰り返しお伝えしてきた通り、深い気づきはプログラムを解消するのです。「イメージをはずす方法」については、後の章で述べることとします。根本的に変容するには「イメージをはずす方法」が必要です。こちらの方が変化は大きいのです。ただし、イメージ（プログラム）が解消するほどの深い気づきは簡単ではありません。第7章で書いたように、潜在力（最高の力）を使った気づきが必要です。

## 「現在形」か「現在進行形」で目標を立てるようにする

一方で、「イメージを塗り替える方法」による「願望の意図化」は比較的簡単にできます。「今・ここ」で「自然と達成できている」という心理状態を作るポイントは無意識を錯覚させることです。その際に、今すぐにできる簡単な方法があります。それは、目標設定する際に、あえて希望・願望を表す言葉を使わずに、現在形か現在進行形で表現してみることです。これは様々な能力開発本や自己啓発本にはよく書かれていることで、聞いたことがある人も多いでしょう。

私たちは願望を持つ時に、「〜したい（希望・願望）」という言葉を使うでしょう。それを「〜している」に変えてみるのです。例えば、「モテたい」のであれば、「私は今モテている」という言葉に変えてみるのです。

209頁で、「何かを考えたり、発想する時にはイメージも付随している」と書きました。これは、言葉を発する時に（あるいは内的会話をする時に）同時にイメージも伴っていることを意味します。例えば「椅子」と心の中でつぶやいてみてください。言葉と共に椅子のイメージも伴っていたでしょう。よって、悲観的な言葉を使う人は悲観的なイメージを見る機会が多いのです。このように、言葉とイメージは連動しているので、言葉を変えるとイメージも変わるのです。そして、イメージが変わると引き寄せる

現実も変化します。

## 意識・無意識の特性を使って無意識を錯覚させる

　さて、「モテたい」という願望を持つ人は「モテていない人」のはずです。それをいくら「私は今モテている」という言葉を使っても、これは嘘だとわかりますね。ところが、これが無意識を錯覚させるのに役立つのです。ここまで解説してきた通り、意識と無意識では認識の仕方が違うからです。

　すでにお伝えしているように映画は虚構（嘘）だとわかりますが、無意識は本当のこと（真実）だと錯覚します。無意識には時間と空間の概念がないので、それがイメージ（虚構）でも「今・ここ」で起こっている現実とみなすのです。

　同様に、仮に「私は今モテている」という言葉を使って「モテているイメージ」を見たとします。頭ではこれは嘘だとわかっています。しかし、無意識（身体）では「今・ここ」で起こっている現実だとみなすのです。その結果、頭での考え（思考）とは違って、感覚的には（身体感覚では）モテているような気分になってくるのです。

　それは、映画を見てそれが嘘だとわかっていても、主人公の一挙手一投足に反応するのと同じです。真実は「頭（意識）で考えたこと」の方です。しかし、身体（無意識）はイメージを現実（真実）だと錯覚するので、無意識（身体）はこのイメージに沿った反応をするのです。

　人間は頭（意識）で考えることよりも、身体（無意識）で感じることの方にリアリティー（現実）を感じます。自分がモテていると感じたならば、それが自己イメージ（「自分はこう」だと実感しているイメージ）になるのです。その時に、無意識はこの自己イメージ通りの現実を引き寄せることになるのです。このように、**簡単にできる願望実現のテクニックは「現在形か現在進行形で目標を立てる」**ことです。

　無意識は「インパクト」と「繰り返し」によって新しいパターンを習得しますから、繰り返し現在形で、すでに「手に入れている」状態をイメージすると無意識はそれが自分だと錯覚して、その状態を実現しようとするのです。そして、繰り返しこのようなイメージを持つようにすると、「自然と達成できる（意図）」と感じられるようになってくるのです。これが

最も簡単な「願望の意図化」です。

「自然と達成できる」という心理状態になってくると、強く欲する気持ちは低下します。その時に、「ただそこに向かっていって手に入れるだけ」「それは自然と手に入るもの」という感覚になってきます。これが「意図」の状態です。

## 08 願望の意図化のためのアズ・イフ・フレーム

**アズ・イフ・フレームで脳を錯覚させる**

「自然と達成できる」という意識状態を作り出す今すぐできる方法として「現在形か現在進行形で目標を立てる」を紹介しました。簡単な目標なら、これで十分に効果があるはずです。

ただし、現在形や現在進行形の言葉を使う以上に重要なことがあります。現在形や現在進行形を使った方が良いのは、これらの言葉を使うことに付随して、頭の中に「自然と達成できる」というイメージが浮かびやすいからでしたね。**しかし、目標達成を妨げるネガティブなプログラムがある場合は、言葉の時制を変えてもイメージが変わらない場合もあります。**例えば、男性恐怖症がある女性が「今、私は男性にモテている」という言葉を使っても暗い男性像（イメージ）は払拭できないでしょう。

そこで、ある程度ネガティブなプログラムにブロックされていてもその影響を受けないように「自然と達成できる」というイメージを持てるようにする必要があります。それには、すでに紹介しているアズ・イフ・フレームが役立ちます。

**願望の意図化という観点でもアズ・イフ・フレームが役に立つ**

「アズ・イフ（as if）」とは、「もし○○であれば」、「あたかも○○のごとく」という意味だとお伝えしています。第1章では枠をはずすための質問方法として、第5章ではネガティブなプログラムから脱同一化するための質問方法として紹介しています。ちなみに、「枠をはずすこと」と「ネガティブなプログラムから脱同一化すること」は同じ意味になります。

どうしても叶えたい願望がある場合、欠乏感から来るネガティブなプログラムに拘束されているとお伝えしました。この状態は、第5章でお伝えした分厚い鎧(よろい)を着ている状態と同じです。分厚い鎧（ネガティブなプログラム）を装着していては、「自然と達成できる」というイメージは持てま

せん。ネガティブな鎧を脱いで「自然と達成できる」イメージを持てるようになるのに、アズ・イフ・フレームが役立つことがわかるでしょう。ここでは、**願望の意図化という観点でのアズ・イフ・フレームの使い方**をお伝えします。

## 低い自己イメージがある限り新しい世界へ踏み出せない

　セラピストのように人を癒す仕事に就きたいと思っていても、一歩踏み出す自信がない人は多いものです。すでにご紹介しているように、私も心理職に就きたいと勉強には励むものの全く自信がなく、なかなか行動には移せませんでした。

　世の中には、ごく一部の才能に恵まれた人にしか達成できないこともあります。誰もがイチロー選手のようにメジャーリーグで活躍できるわけではありません。しかし、ほとんどの人が自分の人生で望む願望はそんなに突出したものではありません。それは、「〇〇業界で仕事をする」「セラピストになる」「本を出版する」などではないでしょうか。かつて私が望んでいたこともささやかな願望でした。心理職に就いてそれで生計が立てられれば良いと思っていたのです。

　私の古いクライアントにコーチとして活躍するHさんがいます。現在はコーチとして活躍していますが、かつて彼女はコーチを目指しつつも、どうしても自分のコーチングに自信が持てなかった時期がありました。彼女もまた自己評価が低く「自分にはコーチにはなれない」という思い込みがあったのです。そして、こんなに自信がない自分がコーチングしてはいけないと思っていたのです。Hさんが「コーチにはなれない」と感じていたのは、ネガティブなプログラムに自己同一化していたからです。このプログラムが、「コーチにはなれない」と思わせていたのです。繰り返しになりますが、人間が「やれない・できない」と強く思う時、それはプログラムの仕業なのです。そして、プログラムは、あなた（意識）ではないのです。「自分にはできない」と思い込んでいる状態で考える限り、願望は実現しません。

# アズ・イフ・フレームのやり方

**将来の自分に自己同一化するとネガティブな自分から離れる**

　これまでお伝えした通り、アズ・イフ・フレームによって、分厚い鎧を着ている自分（プログラムと同一化している自分）の外の視点から考えられるようになります。これによって、ネガティブなプログラムからも自由になれるのでしたね。

　願望実現という観点でアズ・イフ・フレームを使う場合は、「自然と達成できる」と思っている自分（視点）になり切るのです。これにより、219頁の図のように、①ネガティブなプログラムから脱同一化できるのと同時に、②願望を「自然と達成できる」と思える自己イメージを持つことができます。このアズ・イフ・フレームの使い方を225頁にも登場したHさんの事例を通して見ていきます。Hさんに投げかけた質問を短い言葉で要約すると以下のようになります。

---

**アズ・イフ・フレームの質問**
もし、あなたが3年間コーチングのトレーニングを続けて、上手なコーチになれたとしたら、あなたはどんなクライアントに対してどんなコーチングをしていますか？　まるで宝くじに当たったくらいのつもりで自由に楽しんで想像してみてください。また、その自分（未来の自分）になり切ってその世界を描写してみてください（現在形で表現する）。

---

　この質問に答えるために、彼女は何をしなければならないのでしょう？
　まず、未来（3年後）においてコーチとして活躍している自分をイメージしなければなりません。
　過去と現在にはすでに現実化した事実があります。それに対して未来は

何も決まっていません。何も描かれていない真っ白なキャンバスと言えるでしょう。ですから、将来（未来）なりたいと思うことを何だって自由に空想することができます。例えば、「宝くじに当たったら何をしようか？」などと起こる確率が低いことでも、自由に空想して楽しむことができます。

コーチを志望していた頃のHさんはこの質問に答える形で「コーチとして仕事をしている自分」を空想したのです。この時に何が起こるのでしょうか？

この時に、Hさんはその未来に描いた自分に強く自己同一化することになります。コーチになりたいと思っていたので、コーチになった自分にどっぷりと浸かって楽しんだのです。彼女は自信はなかったけどコーチになりたかったからです。それは、私が、自信はなかったけれど心理職に就きたいと思っていたのと同じです。ちなみに、どっぷり浸かるということは没頭している、つまり、「自己同一化」していることになります。この場合は「ポジティブなプログラム」に同一化していることになります。

Hさんは、アズ・イフ・フレームの答えとして以下のように語りました。「クライアントの数はそれほど多いわけではない、せいぜい10人くらいかな（現在形）。ただし、それぞれのクライアントは会社経営者だったり、政治家だったり影響力のある人ばかりだ（現在形）。私はこれら影響力の高い人たちに影響を与えています（現在形）。それにより、社会に貢献できているという実感がある（現在形）」。

## アズ・イフ・フレームによって焦点が変わる

以上のように彼女はすごく楽しそうに空想を語ったのです。まず、彼女の焦点が切り替わります。「惨めな自己イメージ（自信がない自分）」から切り離されることになります。

「焦点化の原則」で紹介したように、意識は2つの立場を取れないからです。「惨めな自己イメージ（自信がない自分）」と「コーチとして活躍している自分のイメージ」を同時に体験することはできないのです。人間は焦点を当てたものしか見ることができないので、彼女は未来におけるコーチとして活躍している自分に集中したのです。その時には、いつもの自信が

ない自分（分厚い鎧を着込んでいる自分）はいないのです。第1章で紹介したように、焦点が状態を作るので未来で活躍しているHさんを体感している時には堂々とした印象すらありました。

## アズ・イフ・フレームにより将来の自分に自己同一化する

「コーチとして活躍している自分のイメージ」に強く自己同一化している時のHさんには強い感情が伴っていました。彼女はワクワクしていたのです。強い感情があるということは、「インパクト（強烈な体験）」のある体験です。つまりは、新たな自己イメージができるのです。無意識は「インパクト（強度）」と「繰り返し（回数）」によって新しいパターンを習得するとお伝えしましたね。

このように強く自己同一化すると、新しい自己イメージをインストールすることになるのです。Hさんの場合は、「コーチとして活躍している自己イメージ」ができたのです。

## コーチの理解の深さがクライアントへの影響力となる

アズ・イフ・フレームによってHさんが無意識レベルで体験していることをもう少し深めてみます。アズ・イフ・フレームはその効果を実感しているコーチが使った時に真価を発揮するからです。

野球のバッティングにおいて、野球の指導者（コーチ）で「素振りの重要性」を説かない人はいません。しかし、同じように素振りの重要性について選手に語る場合も、あるコーチが言うとその重要性が伝わるものの、別のコーチが同じことを言っても伝わらないケースがあります。

その理由の1つはすでにお伝えした関係性の質です。お互いの心が開かれていないと深く言葉は伝わらないのでしたね。その上でもう1つ重要な要素があります。それは、**ある内容を伝えようとする側が、その内容の重要性をどれだけ深く理解できているかです。**

全ての野球の指導者が素振りの重要性を語ったとしても、指導者自身がどの程度その重要性が理解できているかどうかによって選手への伝わり方が違ってくるのです。

コーチングも同様です。そもそもコーチングの効果に疑問を抱いている

人はコーチング的なコミュニケーションを取らないでしょう。また、コーチングの効果を理解している人たちの間でも、理解の度合は同じではありません。コーチングの効果性を深く理解できているコーチがコーチングを行った時に、コーチングはクライアントに大きな影響を与えるのです。同様に、アズ・イフ・フレームの価値を理解しているコーチがアズ・イフ・フレームを使った時に初めてその真価が発揮されるのです。

実際、私のコーチングセミナーにいらした後に、アズ・イフ・フレームの効果が初めてわかったという方もいます。このような方の中には、その後のコーチングにおいてアズ・イフ・フレームによるクライアントの変化が大きくなったという方が多いのです。

## なぜアズ・イフ・フレームによって変化するのか

さて、Hさんの変化の解説に戻ります。Hさんがアズ・イフ・フレームによって思い描いたこと、これら全て空想ですね。Hさんも頭（意識）では空想にすぎないとわかっています。しかし、無意識は現実とイメージの区別がつけられないのでしたね。

その結果、どうなるのでしょう？

無意識は「自分はコーチとして活躍しているのだ」と錯覚し始めるのです。この原理は重要なので、この章の復習を兼ねてもう一度説明させてください。

「意識には時間と空間の概念がある」と述べてきました。よって、Hさんは意識ではこのイメージは未来（3年後のイメージ）であって今の自分ではないとわかっています。ですから、Hさんも頭（意識）では架空のイメージを作っているだけだと知っています。

しかし、「無意識には時間と空間の概念がない」のでしたね。無意識は「今」「ここ」しか認識できないのです。その結果、無意識はこの架空のイメージ（コーチとして活躍しているイメージ）を「今・ここにいる自分」だとみなすのです。

頭（意識）では架空の出来事だとわかっています。しかし、身体（無意識）ではコーチとして自分は活躍できていると実感することになるのです。

つまり、**意識と無意識は正反対の認識をすることになるのです**。意識（頭）と身体（無意識）が別々の認識を持った場合、人間は身体（無意識）の方にリアリティー（現実感）を感じると繰り返しお伝えしましたね。

そして、無意識は今・ここでイメージした通りのことを現実化しようとしますので、「コーチとして自分は活躍できているイメージ」が現実化しやすくなるのです。**この時に「自然と達成できる（自然とコーチとして活躍できる）」という心理状態になっていることがわかるでしょう。つまり、「願望の意図化」が起こっているのです。**

特に、Hさんのようにどっぷりと活躍している自分のイメージに入り込んだ場合は、強く思い込むことになります。強く思い込むということは、単にその場でイメージを見ただけでなく、自己イメージ（プログラム）が書き換わることになるのです。この場合は「自然とコーチとして活躍できる」という「プログラム（思い込み）」に変わるということです。

このように、プログラムを書き換えるのは「悪い思い込み」を「良い思い込み」に変えることなのです。それは、「達成できないというイメージ」を「自然と達成できるというイメージ」に変えることでもあります。

### コーチング例「アズ・イフ・フレーム」

コーチ　　　：Mさん、今日のセッションはどのようなことをお話ししたいですか？
クライアント：来週、2次面接を通過した企業の役員面接を控えています。その面接に備えたいです。
コーチ　　　：面接に備えたいのですね。具体的には、どのようなことがはっきりするといいですか？
クライアント：前回の面接は、頭は真っ白になり、言葉がスムーズに出てこなかったです。営業先での普段の私が出せるといいのですが、なかなか……。
コーチ　　　：普段のMさんを出せるといいですね。それでは、想像力を働かせみましょう。Mさん、もし、あなたがその企業に転職しているとします。Mさんはどのような働きをしているでしょうか？　どうぞ、自由に空想していただけますか？　もうすでにその会社で活躍しているMさんになり切ってください。
クライアント：はい、やってみます。
コーチ　　　：その状態を十分に体験できたら教えてください。

| クライアント | ：はい、体験できました。 |
|---|---|
| コーチ | ：今、Mさんには何が見えますか？ |
| クライアント | ：A社のオフィスにいて、机とPCの画面が見えています。 |
| コーチ | ：A社のオフィスの机とPCの画面が見えていますね。他には？ |
| クライアント | ：面接官でもある上司のFさんです。それから、隣の席にも人がいます。 |
| コーチ | ：上司のFさんと隣の席の方が見えますね。そこで、Mさんは何をしていますか？ |
| クライアント | ：Fさんと隣の方と3人で会話しています。隣の人は先輩のようです。 |
| コーチ | ：Fさんと先輩と会話しているのですね。何が聞こえていますか？ |
| クライアント | ：Fさんと先輩の声ですね。 |
| コーチ | ：Fさんと先輩の声ですね。そこで、Mさんは、何を感じていますか？ |
| クライアント | ：ワクワクしています。毎日、新しいことばかりで新鮮です。緊張感もありますね。前の業界とは違うことが多く、戸惑いも感じています。 |
| コーチ | ：ワクワクしたり、緊張感、そして戸惑いも感じているのですね。今、何か新しいことに挑戦をしていますか？ |
| クライアント | ：（沈黙）はい、この業界に関する勉強をしています。資格を取るための、試験勉強を業務の合間にやっています。前の会社ではここまで勉強しなかったですね。 |
| コーチ | ：試験勉強をしているのですね。Mさんは、次は何を実現したいと考えていますか？ |
| クライアント | ：資格取得もそうですが、1日も早く商品知識を得てお客様にお伝えできるようになりたいです。やはり、お客様と接しているのが一番好きです。 |
| コーチ | ：お客様と接したいですね。では、それを実現しているMさんを体験してください。 |
| クライアント | ：はい、体験しています。 |
| コーチ | ：お客様に接しているMさんは、どのような思いで接していますか？ |
| クライアント | ：困っているお客様の役に立ちたいですね。喜んでいただいています。 |
| コーチ | ：はい、ここまでお話ししていかがですか？ |
| クライアント | ：不思議ですが、すでにA社で働いている気分になりました。 |
| コーチ | ：すでに働いている気分になりましたね。来週の面接のことを考えてみてください。どのような印象ですか？ |
| クライアント | ：先ほど感じていた面接への緊張感や嫌悪感はなくなりました。リラックスして面接官とお話しできそうです。あー、面接官をお客様だと思ってお話ししてみるといいのかもしれません。ありがとうございました。 |

# 10 アズ・イフ・フレームを活用するために

## アズ・イフ・フレームの可能性とは

　『ジョーズ』というサメに関する恐怖映画があります。この映画を見た人が、サメ恐怖症になって海へ行けなくなったという事例があります。映画はイメージ（虚構）にすぎませんがプログラムを作り出すのです。もう一度お伝えしますが、無意識はイメージと現実の区別がつかないからです。同じ理由で、**アズ・イフ・フレームによる頭の中の空想でも、それが十分なインパクトがあるのならプログラムは書き換わるのです**。このように、「もしできたとしたら（アズ・イフ・フレーム）」という質問は、プログラムを書き換えるだけのインパクトを与える可能性があるのです。

## 「将来の自分になり切る」ためのポイント

　ただ、アズ・イフ・フレームによって十分なインパクトを体験するための注意点があります。237頁の図Aのように、**将来の自分になり切ることです**。ここまでも解説した通り、通常私たちが願望を持つ時には、同じ頁の図Bのように、現在の自己イメージに軸足を置きつつ未来を見るのです。「こうなったらいいな」と希望・願望を持つ時、無意識には「今はできていない」という裏メッセージが届くのでしたね。このように「今の自己イメージ（欠乏感）」に軸足を置きつつ、「未来の姿（願望）」に憧れを持つ時には、「今の自己イメージ（欠乏感）」の方が現実化しやすくなるのです。

　これを避けるために、**将来のことにように思わないで、今（現在）起こっていることとして空想するのです**。これが、「将来の自分になり切る」ということです。これを踏まえると、すでにご紹介した**「現在形」か「現在進行形」を使うこと**が役立つことがわかるでしょう。「現在形」や「現在進行形」を使うことによって、未来において実現することでも、現在の自分としてイメージしやすくなるのです。ですから、Hさんへ投げかけたア

ズ・イフ・フレーム（226頁）では、最後に「**また、その自分（未来の自分）になり切ってその世界を描写してみてください（現在形で表現する）**」というセンテンスを付け加えているのです。Ｈさんには「自分はコーチとして活躍していて……」と現在形で答えてもらったのです。

## 空想を楽しむのをブロックするプログラムを回避する

Ｈさんに投げかけたアズ・イフ・フレームでは「あなたが３年間コーチングのトレーニングを続けて、上手なコーチになれたとしたら」と伝えています。３年という時間を設けたのには、３年間もの時間トレーニングをすると上手になるという前提が含まれています。

ただし、人によっては３年では上手にはならないと思っている人もいるかもしれません。その場合は10年でも良いのです。**意識では３年先の自分と10年先の自分の違いを認識しますが、無意識には時間の概念がないのでどちらも今（現在）の自分と認識するからです。**

３年では十分ではない（上手にならない）という観念（思い込み）を持っている人には関しては、「何年あったら上手になれると思いますか？」また、何年トレーニングしても上手になれる気がしないという人がいたら、「では、どんな才能を開花できたら上手になれると思いますか？」でもいいのです。

あくまで、クライアントの中に「上手になれると思える基準」があるのです。「これだけの期間トレーニングすれば」「このような内容のトレーニングができれば」「こういう状態になれれば（こういう才能が開花できれば）」という基準を質問によって掘り出してあげるのです。

上手になれる基準が明らかになったら、スムーズに上手になった自分を空想することができるのです。その上で、「その状態を実現できたとしたら、その時あなたはどんな活躍をしているのでしょう？」という質問を投げかけて、そのイメージを体験してもらうのです。

## 無意識は楽しんでいる時に潜在力を発揮する

Ｈさんに伝えた、「**まるで宝くじに当たったくらいのつもりで自由に楽しんで想像してみてください**」という投げかけはリラックスしてもらうた

めのものです。無意識はイメージできたら自動的に自分自身だとみなすのです。それが現実的であるかどうかは関係ないのです。あなたも「宝くじ3億円当たったら何をするだろう？」と無責任に考えたことがあるかもしれません。ここまで"ぶっ飛んだ"空想なら思い切って自由に楽しむことができますね。それは映画を楽しむことに似ています。

　『ロード・オブ・ザ・リング』や『スターウォーズ』のような映画を楽しめるのは映画の内容に責任を持たなくていいからです。『ロード・オブ・ザ・リング』を見ていて、「自分がこんな過酷な運命だったなら？」と現実的に考えたらとても楽しむことはできません。映画の中で起こる出来事は他人事だから楽しめるのです。意識は真実をとらえるので映画の中の出来事は他人事だということがわかるでしょう。しかし、無意識ではしっかり影響を受けるのでしたね。

　同じ要領で、アズ・イフ・フレームもまずは、肩の力を抜いて楽しむことができたら、無意識がそのイメージを今・ここの自分だと自動的に（無意識的に）錯覚してくれるのです。ですから、「まるで宝くじに当たったくらいのつもりで自由に楽しんで想像してみてください」と伝えることによって、自由にイメージを楽しんでもらいやすくなるのです。また、無意識はリラックスして楽しんでいる時に潜在力を全開するのです。あなたも楽しいことの関しては時間を忘れて集中するでしょう。コーチングもワクワクするようなものの場合に集中力が増すのです。

## インパクト作り出す方法

　さらに、インパクトを強くする秘訣としては、**将来の自分に可能な限り強く自己同一化した方が良い**ということがわかるでしょう。自己同一化を強化するには**五感を鮮明にする**ことが役立ちます。五感情報が漠然としている場合、十分なインパクトが得られない場合があるのです。テレビで映画を見る時に、30年前のブラウン管のテレビ画面で見るよりも、最新の3D対応のテレビ画面で見る方が迫力がありますね。同じ映画を見る場合でもインパクトが桁違いです。鮮明な画質がインパクトを強めるのです。

　**頭の中の五感を鮮明にするには、五感情報を細分化して1つひとつ体験することが役立ちます**。外の景色を見る時に、焦点を定めずに全体を見る

と茫漠とした映像が見えるでしょう。しかし、見えている景色の中から焦点を1つに定めると、見える範囲は限られますが、見えているものは鮮明になります。私たちは焦点を絞ることによって、「見るもの」「聞くもの」「感じるもの」つまり五感情報を鮮明にできるのです。

このように、「何が見えるか？（視覚）」「何が聞こえるか？（聴覚）」「何を感じているか？（身体感覚）」と順番に質問することによって、アズ・イフ・フレームによって思い描いたイメージを鮮明にすることができるのです。230～231頁のコーチング事例にその質問例があります。

視覚情報、聴覚情報、身体感覚情報を細分化して鮮明にすると、再度焦点を全体に戻した場合でも、元のような漠然としたイメージには戻りません。明らかにした（鮮明にした）五感情報はある程度そのまま残るのです。よって、アズ・イフ・フレームの質問によって焦点を未来に向けた後は231頁のように、五感情報を鮮明にするための質問をすることによってインパクトを強化できます。

Hさんのようなケースですと、「コーチとして活躍しているあなたはどんな景色を見ているのでしょう？」「どんな音とか声が聞こえているのでしょう？」「その時あなたはどんな感情を抱いているでしょうか？」などです。

## アズ・イフ・フレームが機能する条件とは

ここまで、コーチングの際のアズ・イフ・フレームのポイントを述べてきました。ただ、最後に最も重要なポイントをお伝えしておきます。それは、アズ・イフ・フレームはコーチとクライアントの間に深いラポールがなければ機能しないということです。

アズ・イフ・フレームにどっぷりと浸かるということは、クライアントが現実を手放して空想の世界に沈潜することを意味します。別の表現で表すと、クライアントが持てる力（潜在力）を全て使って空想の世界を創り出すことを意味するのです。空想の世界はクライアント自身が作り出す独自の世界だからです。その世界を無意識が錯覚するくらいに鮮明なイメージを伴ったものにするためには、莫大なエネルギーが必要だということがわかるでしょう。それには、普段は自分を守るために使っているエネル

ギー（潜在力）を空想の世界を創ることの方へ転用しなければならないのです。これを行うことは、クライアントが丸腰（無防備）になることを意味します。それはコーチとの間に深い信頼関係（ラポール）がある時に初めて可能だということがわかるでしょう。

　このように、アズ・イフ・フレームは公式のようにいつでも効果があがるものではないのです。第２部で書いた、ペーシングとスポンサーシップによる安全・安心の土台の上に、変容の技法（アズ・イフ・フレーム）が効くのです。

## プログラムを書き換えるためには莫大なエネルギーが必要

　ここまでの解説で、本書で詳しく述べてきた変容の本質をさらに一段深く理解してもらえたのではないかと思います。Hさんのように大きく変化するためには、莫大なエネルギーを使って新しいプログラムを生み出す必要があるのです。Hさんにとっては、新しい自己イメージを生み出すことだったのです。

　芋虫が蝶に変容する際には、通過点であるサナギの中で、芋虫を構成している素材を溶かして、それを蝶の羽などを作っていきます。つまり、芋虫の身体を蝶に転用するのです。これはエネルギーの転用です。

　先ほど書いた通り、アズ・イフ・フレームを深く体験するには、普段は自分を守るために使っているエネルギー（潜在力）を空想の世界を創ることの方へ転用しなければなりません。そして、それを可能にするのはコーチが提供する絶対安全な環境なのです。それは、テクニックによって作り出すものではなくコーチの存在から滲み出るものなのです。このように、コーチは何かをすることでクライアントを変容させるのではなく、クライアントがスポンサーを体現したコーチの存在に接した時に変化の可能性を得るのです。その姿勢を体現するまでは、アズ・イフ・フレームなどの全ての手法の本当の価値はわからないものなのです。

# アズ・イフ・フレームによる脱同一化

上司との人間関係から抜け出して、3年後の自分に焦点が当たっている。

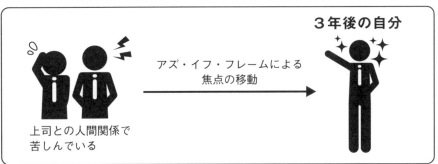

ある程度の臨場感を持ちつつ3年後の世界へ入ることは、以下の図Aにあるように、軸足を未来に置くということ。少しだけ3年後の自分に意識を向けることは図Bの通り。

### アズ・イフ・フレームのポイント

・将来の自分になり切ること＝今（現在）起きていることとして空想する。
・「現在形」か「現在進行形」を使って表現する。
・将来の自分に可能な限り強く自己同一化する。
・頭の中の五感を鮮明にするには、五感情報を細分化して1つひとつ体験する。
・コーチとの間に深い信頼関係（ラポール）がある。
・プログラムを書き換えるためには莫大なエネルギーが必要。
　自分を守るために使っているエネルギー（潜在力）を空想の世界を作ることへ転用する。
・肩の力を抜いて楽しんで想像する。
・ペーシングとスポンサーシップにより、変容のための土台を作る。
・コーチの在り方がスポンサーシップを体現している。

# Column 5

## 「傾聴」と本書の内容との関連について

　本書第2部ではクライアントとの信頼関係（ラポール）の作り方を紹介しました。第2部で書いたことを要約すると「①五感を鋭敏にしてよく観察する」ことと、「②先入観を持たずにクライアント受け入れる」の2点に絞られます。これは、コーチングやカウンセリングで「傾聴」と言われているものと同じものです。本書では、それを「ペーシング」「スポンサーシップ」という言葉を使って解説したにすぎません。これまでコーチングやカウンセリングを実践してきた人は、なぜ純粋に話を聴く（傾聴する）だけでクライアントが変化するのか、その理由を深められたはずです。

　ただし、傾聴も言葉だけで理解できるものではありません。傾聴の姿勢を身につけていくと、コーチングの効果は飛躍的に向上します。もちろん、本書を読んだくらいで、すぐに高いレベルの傾聴ができるわけではありません。本書をここまで読んでいただければ、傾聴も方法（Doing）ではなく、在り方（Being）だということがわかるでしょう。傾聴はクライアントを前にして行うテクニックではないのです。傾聴によって、クライアントをありのままに（価値判断なく）受け入れるには、セッションを行う間にだけ傾聴の姿勢を取るのではなく、常日頃から自然と傾聴できる存在になれるよう心がける必要があります。

　そこで、傾聴の姿勢を強化するためにスポンサーシップを高める日々のトレーニングを2つ加えておきます。171頁でご紹介した五感を鋭敏にするトレーニング、192頁でご紹介したスポンサーシップ・トレーニングとともにぜひ毎日実践してください。このような地道な努力がコーチとしての基盤を作っていくのです。

---

■1人で行うスポンサーシップを高めるトレーニング1
「自分を他人のように客観的に観察する」
①1日5分でいいので1人になれる時間を用意する
②その時間内には、自分の経験や行動を、あたかも他人の経験や行動のようにみなす

---

■1人で行うスポンサーシップを高めるトレーニング2
「自分とは正反対の立場の人を理解しようと試みる」
①1日5分でいいので1人になれる時間を用意する
②「自分と反対意見を持っている人」「自分と対立している人」「自分には理解できないと思われる行動を取る人」などの立場に立ってみる
③この立場から、その立場の正しさ、その立場の良い点を理解しようと試みる

---

　以上の1のトレーニングがある程度できないと2のトレーニングはできません。自分を客観的に見つめることができる人だけが、反対側の立場を理解できるのです。この2つのトレーニングができるようになれば、自分の正しさを脇において、ありのままに他者の話を傾聴できるようになります。よって、初めのうちは1のトレーニングだけに集中してください。これは時々実践するものではなく生きる姿勢の一部になるくらいに毎日実践することです。

# 第9章

# パフォーマンスの高い状態を作るために

# 01 高い能力の発揮とは

### 目標達成やパフォーマンスの最大化に不可欠

　第8章では、「自然と達成できる」という意識状態がある時に、手に入れたいことが実現しやすくなると書きました。目標を達成したいのであれば、この意識状態を作り出すことから始めた方が良いことがわかるでしょう。

　ただし、私たちが、本当に目標を手に入れるためには、仕事などの現場で高い能力を発揮できるようになる必要があります。第8章では、あくまで自分が目指す目標（願望）を達成するために適切な自己イメージの持ち方をお伝えしました。これは日々のパフォーマンスを高める土台となります。目標を目指すことに対する抵抗がある限り、スタートを切ることすらままならないからです。

　その上で、日々のパフォーマンスを高めるためには、ここぞという時に、高い能力を発揮できるようになる必要があります。この章では、高い能力を発揮するとはどういうことかを明らかにします。

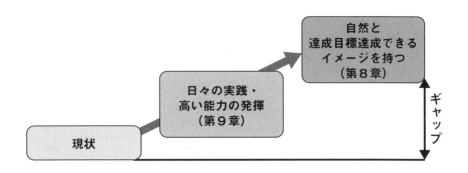

目標達成の全体図

## 能力は誰の中にもあるが……

　私が心理職を目指し始めた頃の事例を何度か紹介しました。コーチングもカウンセリングも下手だったというエピソードです。当時私は深刻な欠乏感に苛まれていました。欠乏感から願望を目指す時には、欠乏感の方が実現してしまうのだから、当然の結果と言えるでしょう。では、私は心理職に就くのに必要な能力がなかったのでしょうか？

　これは違うということがわかるでしょう。もし、私に能力がなければ、その後、NLPやコーチングの業界で活躍することはなかったでしょう。ましてや、このようにコーチングの本など書けなかったでしょう。

　全くうだつの上がらなかった頃の私の中にも、能力はあったのです。ただ発揮できないようになっていたのです。ネガティブなプログラムが才能の発揮を妨げていたのです。同じように、今能力を発揮できていないと思っている人がいるなら、それはネガティブなプログラムによって、能力が発揮できないようにさせられているのです。

　ネガティブなプログラムから脱すると、人間は最高の力（潜在力）を自然と使えるようになるのです。ネガティブなプログラムから脱するためには、これがどのように人間の能力を妨げているのかを具体的に理解しなければなりません。そこで、この章では、人間が仕事などの現場で最高の力（潜在力）を発揮している状態と、それができない状態の違いを明らかにします。

# 02 内的会話と能力の発揮

## 頭の中のイメージ・言葉が能力の発揮を妨げる

　本書をここまで読んだみなさんは、頭の中の世界がいかに現実を作り出すのかが理解できたでしょう。頭の中の世界にはイメージや言葉があり、イメージと言葉は連動しているともお伝えしました。

　日々の仕事における能力の発揮もまた頭の中の状況次第です。頭の中で、自己否定ばかりしていると、身体が重くなってきます。私も会社勤めをしていた頃、自分が属している会社のネガティブな面ばかりが目についていた時期がありました。当時は、出勤する足取りが重くなり、仕事のパフォーマンスは最悪でクレームを多発させたこともありました。このように、能力だけでなく体調すらも頭の中のイメージと言葉が作り出すのです。ですから、**頭の中の状態を整えることが、能力発揮のための状態管理となるのです**。

　では、人間はどんな時に高い能力（最高の力）を発揮できるのでしょうか？
　そもそも、コーチングはこの問いを探求することから始まったのです。
　本書で紹介しているコーチングの原点は、テニスのコーチとして革新的な指導方法を編み出した、ティモシー・ガルウェイのテニスの指導にさかのぼります。その指導方法を克明に書き記した著書『インナー・ゲーム』を読むと、頭の中（内面・インナー）で起こっていることが、そのまま能力発揮に直結していることがわかります。スポーツの選手に限らず、どの人の能力発揮も頭の中にその鍵があるのです。

## 内的会話が活発な時にはパフォーマンスは低くなる

　ガルウェイがテニスのコーチを始めた頃、スポーツコーチの指導スタイルは、「模範的な型を知っているコーチ」が、それを選手に教え込むというものでした。当時のスポーツコーチは「こうしろ」「こうするな」と命令形で指導するのが主流だったのです。

しかし、ガルウェイは不調に陥った選手の内面で何が起こっているかを知って、従来の指導方法が効果がないことに思い至ります。と言うのも、不調に陥った選手の頭の中ではコーチに言われた言葉がリフレインしていたのです。「こうしろ」「こうするな」「これは模範的でない」「どうしても修正できない」などの言葉が、能力発揮を妨害していたのです。

このように、**命令や評価を与えようとする内的会話のことを、ガルウェイは「自己妨害」と呼びました**。実は、**内的会話が活発な時にはパフォーマンスは低くなる**のです。

## コントロールしない時に「最高の力」を発揮できる

一方で、ガルウェイはスポーツの一流選手が「最高の力（潜在力）」を発揮した瞬間のことを聞かれると、「あの一瞬のことは覚えていない、何も考えていなかった」などと答えることが多いと気づきました。実際のところ、「強い意欲に燃えていた」「絶対に勝つと思っていた」といった表現より、「心は静かで、一点に絞り込まれていた」「別の世界にいるようだった」などといった言葉の方がはるかに多かったのです。

さらには、「最高の力（潜在力）」を発揮している時の特徴として「自分をコントロールしようとしなかった点」と、「自己評価をしなかった点」を挙げています。（テニスの）ショットをコントロールしようとしなかったし、「こうしろよ」「こうしてはいけない」などという自制する内的会話がなかったのです。また、「今のは良かった」などと評価する内的会話もなかったのです。

そこには、ただひたすらプレーに集中している状態があったのです。

ボールがはっきりと見えていて、何をするかをただ選択して、ショットを打つというより「身体が自然と（無意識的に）最適に動いてくれている」という状態が続いたのです。

そこで、ガルウェイは選手は自分自身をコントロールしない時に最高の状態が生まれるということに気づいたのです。**内的な会話が作り出す心理状態と、最高の選手が語る「静かな集中状態」とはあまりにもかけ離れていた**のです。

ガルウェイは一連の指導体験から、テニススクールでコーチが善意で教

え込むことによって、生徒が生まれつき持っている自然な能力の発揮が妨げられることに気づきました。教え込むことによって、生徒はそれが唯一の正解だと思い込むようになっていたのです。

## 人間の中にいる2人の自分

ガルウェイはさらに、テニスをしている時に2人の自分がいることに気づきます。この2人の自分を「セルフ1」「セルフ2」と名づけました。「セルフ1」とは「指示を出し評価する側の自分」です。セルフ2とは「話しかけられる側の自分」です。

「セルフ1（指示を出し評価する側の自分）」は先生から習ったやり方で、自分自身をコントロールしようとします。頭の中に絶対的な模範があり、「すべきこと」「すべきでないこと」を指示していくのです。その結果、先生に教え込まれた通りのこと、つまりは制限された能力しか発揮できないのです。さらには、辛辣な自己批判まで加えてきます。これらは身体の動きを鈍らせることになります。

ここで、「セルフ1（指示を出し評価する側の自分）」と「セルフ2（話しかけられる側の自分））」を本書で説明してきたことにあてはめてみます。「セルフ1（指示を出し評価する側の自分）」とは「プログラムに同一化した自分」のことです。

「プログラムに同一化した自分」は杓子定規に学んだ通りの考え方（条件づけられた考え方）しかできませんから、ネガティブなプログラムはネガティブな思考、イメージをあなたに強いるのです。あなた（意識）がプログラムと同一化していてそれに気づかない時には、それ以外の行動は取れないのです。

では、「セルフ2（話しかけられる側の自分）」は何でしょう？

これは「無意識」です。

繰り返し、無意識はイメージした通りのことを実現すると述べてきました。あなた（意識）がプログラムに同一化している時には、あなた（意識）の頭の中にはプログラムが作り出すイメージがあるのです。この状態にある時には、無意識はプログラムが作り出すこのイメージを実現します。

「セルフ1（指示を出し評価する側の自分）」は「プログラムに同一化し

ている自分」のことですから、「セルフ１（プログラムに同一化している自分）」がイメージした考えた通りのことを、「セルフ２（無意識）」が実現することになるのです。

よって、「セルフ１（指示を出し評価する側の自分）」が制限をかけるような内的会話をしたら、「セルフ２（話しかけられる側の自分＝無意識）」は自分に制限をかけてしまう（能力発揮を妨げてしまう）のです。

例えば、「この相手に勝てる気がしない」などとネガティブな評価を、セルフ１（指示を出し評価する側の自分）が頭の中でつぶやいたとします。すると、それを聞く「セルフ２（話しかけられる側の自分＝無意識）」はネガティブな評価に影響を受けたパフォーマンスを実現することになるのです。

## プログラムからくる内的会話は能力を低下させる

また、「セルフ１（指示を出し評価する側の自分）」が強く何かを望む時には、セルフ２（話しかけられる側の自分＝無意識）は、裏メッセージを受け取ることにもなります。これは第８章でお伝えした「欠乏感から来る願望を持つと、無意識は欠乏感の方を実現させてしまう」のと同じメカニズムです。

「セルフ１（指示を出し評価する側の自分）」が「（プレゼンテーションにおいて）もっと明るく元気に話さなければならない」という内的会話をしたとします。それが強いメッセージであればあるほど、それを聞く「セルフ２（話しかけられる側の自分＝無意識）」には裏メッセージが伝わることになります。「もっと明るく元気に話さなければならない」と強く思うことは、願望を持つことを意味します。強い願望は欠乏感の裏返しです。

この場合、それができていないという欠乏感、例えば「自分は緊張してしまっている」という裏メッセージが「セルフ２（無意識）」に伝わります。

すると、「セルフ２（無意識）」は「（プレゼンテーションにおいて）緊張してしまっている自分」の方を「今・ここの自分」だと認識して、この状態を実現します。そして、さらに緊張することになるのです。

 # パフォーマンスが高い時の状態とは

**最高のパフォーマンスを発揮している時には雑音がない**

　最高の力（潜在力）を発揮している時には、いったい何が起こっているのでしょうか？

　スポーツの一流選手が「最高の力（潜在力）」を発揮した瞬間の体験を243頁では以下のように紹介しています。

> そこには、ただひたすらプレーに集中している状態があったのです。ボールがはっきりと見えていて、何をするかをただ選択して、ショットを打つというより「身体が自然と（無意識的に）最適に動いてくれている」という感じが続いたのです。そこで、ガルウェイは選手は自分でコントロールしない時に最高の状態が生まれるということに気づいたのです。**内的な会話が作り出す心理状態と、最高の選手が語る「静かな集中状態」**とはあまりにもかけ離れていたのです。

　さらに「最高の力」を発揮している状態を表現する言葉として、「あの一瞬のことは覚えていない、何も考えていなかった」「心は静かで、一点に絞り込まれていた」「別の世界にいるようだった」を紹介しています。その時の特徴として**自分をコントロールしようとしなかった点**と、**自己評価をしなかった点**を挙げています。

**パフォーマンスが高い時と低い時には真逆の力が働いている**

　次頁に、「最高の力を発揮している状態」と「能力が低い状態」とを比較してみました。

| 最高の力を発揮している状態 | 能力が低い状態 |
|---|---|
| ・自分をコントロールしていない<br>・自己評価していない<br>・心は静か<br>・一点に絞り込まれていた（集中状態）<br>・身体が自然と（無意識的に最適に動いてくれている | ・命令している（コントロールしようとしている）<br>・自己評価している<br>・頭の中は内的会話でいっぱい<br>・雑音だらけ（集中力が低い）<br>・身体が緊張していて、思うように動かない |

　上記の図を見るとわかるように、両者は真逆になるのです。そこで、最高の力（潜在力）を発揮するために必要なことが明らかになります。**能力が低い状態では、「セルフ１（プログラムに同一化した自分）」がいて、その影響で「セルフ２（無意識）」が動いているのがわかります。**

　**逆に最高の力を発揮している時には、「セルフ１（プログラムに同一化した自分）」がいないのです。その時には、「セルフ２（無意識）」のみが自動運転をしているのです。**ちなみに、この「無意識にゆだねている状態」をアメリカの心理学者ミハイ・チクセントミハイは「フロー状態」と表現しています。

　そこで、ガルウェイはどうすれば「セルフ２（無意識）」が自動運転している状態になれるのかを探求しました。その結果開発されたのが初期のコーチングなのです。その後ガルウェイは、「セルフ２（無意識）にゆだねている状態」は、スポーツに限らず、ビジネスや芸術などあらゆる分野で「最高の力（潜在力）」を発揮するのに役立つことを実証したのです。つまりコーチングとは、人間にとって最高の力（潜在力）を発揮できる状態から行動したり発想したりできるようにするためのものなのです。

# 04 無意識の自動運転の鍵はプログラムにある

**無意識にまかせるとは**

　本書では「無意識はスーパーコンピュータに匹敵する」と表現しています。どの人にも無意識はあるのです。これは、誰でも最高の力（潜在力）を発揮する可能性があることを意味します。

　ここまで解説した通りに、「セルフ2（無意識）」のみが自動運転をしている状態になれば、相当な能力を発揮できるのです。しかし、ほとんどの場合「セルフ1（プログラムに同一化した自分）」から活動しているのです。これが、なかなか高い能力を発揮できない理由なのです。

　つまりは、**プログラムから解放されること**が、無意識が自動運転を始めるための前提条件になるのです。ここを理解することによって初めて、なぜコーチングこそが能力発揮に役立つのかがわかるようになります。まずは、以下の図をご覧ください。

---

## 意識とプログラムは別のもの

　本書をここまで読んだ皆さんは、上記の図は理解できるでしょう。プログラムはあなた（意識）ではないのでしたね。ですから第4章で「脱同一化」できるとお伝えしたのです。

## プログラムには独自の意思がある

ただし、普段私たちはプログラムに自己同一化していて、そのことに気づいていません。その時には、「プログラムに同一化している自分（意識）」のことを、自分だと錯覚してしまうのです。

「プログラム」には「あなた（意識）」とは違う独自の意思がありますから、「プログラム」に「あなた（意識）」が自己同一化している時には、あなたはプログラムが自分だと思い込んでいるのです。この場合、プログラムがあなた（意識）を乗っ取っている（憑依している）状態と言っても過言ではありません。

この状態の時には、プログラムが考えていることを、あなた自身（意識）が考えていることと思い込んでいるのです。ですから、「自由になりたいと願いながらも、二度も不自由な結婚をしてしまった事例（213頁）」にあるように、プログラムを解消すると夢から覚めたような感覚に陥ります。

仮に、あなた（意識）がある人物が大嫌いだったとしても、それはあなた（意識）がその人物を嫌っているのではなく、あなたが同一化しているプログラムが嫌っているのです。このメカニズムにあなたが気づかない時に、自分（意識）が嫌っていると思い込んでいることになるのです。以下の図の通りです。

## 自己同一化している時

このようにプログラムに同一化している時には、プログラムの意思を自分自身（意識）の意思だと錯覚している。しかし、この状態に陥っている時には、それに気づきにくい。

信じられない人も多いかもしれませんが、上記の状態の時には、あなたが自分の意思で生きているというよりはプログラムにコントロールされて動いていると言った方がいいのです。

# 意識・無意識とプログラム

## プログラムを現実化するのは無意識

249頁に「意識がプログラムに同一化している状態」を図説しました。しかし、これだけでは、あなたはプログラム通りには動きません。あなた（意識）をプログラムの傾向通りに考えさせ、プログラム通りの現実を生き させるのは「無意識」なのです。まとめると、以下の図のようになります。

### 意識、無意識、プログラムの関係

無意識は「プログラムと同一化している意識」にエネルギーを供給する。その結果、プログラム通りになる。無意識は「純粋なエネルギー源」。

## 無意識は「純粋なエネルギー源」

ここまで、繰り返し「無意識はイメージした通りの現実を作り出す」とお伝えしました。これは、あなたが、プログラムに支配されていようが、支配されていまいが、あなたが頭の中でイメージしたことや考えたことを無意識は実現することを意味するのです。

上記の図では意識はプログラムに支配されています（プログラムに同一化している）。この状態では「プログラムが自分（意識）」なので、プログラム通りの発想（イメージや思考）をするのです。その発想にエネルギーを供給し実現するのが無意識なのです。基本的に無意識は、あなたが良い

と思うことでも、悪いと思うことでもおかまいなしに実現します。このような理由で、第8章では、頭の中にどんなイメージや言葉があるかが大事だとお伝えしたのです。

　ここで、もう一度確認しておきたいことがあります。**それは「無意識そのもの」と「プログラム」は別物だということです**。プログラムは安全を確保するために無意識が作ります。ただし、**「無意識によって作り出されたプログラム」は「無意識そのもの」ではない**のです。

　196頁では、「無意識そのもの」と「プログラム」の関係を母と子の関係に見立てて説明しています。プログラムは無意識から産み出されますが、その後は、独立した存在として独自の意思を持つのです。

## 「意識」「無意識」「プログラム」の区別の仕方

　「意識」「無意識」「プログラム」の関係を明らかにすることによって、初めて、人間は自分で自由になれる可能性を高めることができます。なぜなら「意識」「無意識」「プログラム」の関係を理解できると、あなた（意識）は自由な存在だということが理解できるようになるからです。あなた（意識）が自由な存在だと理解できた時に、**意識的に**「最高の力（潜在力）」を発揮できるようになる可能性が高まるのです。

　あらためて、基本的なことを確認しておきます。

　まず最初に「意識」とは何か？

**「意識」とは「あなた」のことです。**

　**それは「世界を見ている（認識している）あなた」**のことです。252頁の図をご覧ください。

　98頁で、プログラム（価値観など）はありのままの世界を隔てるフィルターとなるとお伝えしました。これは、色眼鏡をかけて世界を見ている状態だと説明しています。252頁の図Aはプログラムと同一化したあなたが世界を見ている様子です。この時に世界は歪曲して見えるのでしたね。

# 意識のものの見方

**図A：意識（あなた）がプログラムによって歪められている世界を見ている（認識している）場合**

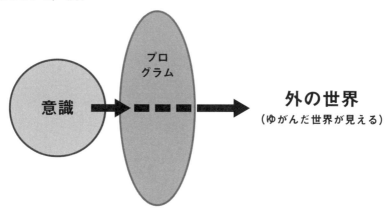

それに対して、以下の図Bはプログラムから脱同一化したあなた（意識）が世界を見ている状態です。図Bのように世界を見た時に、世界はありのままに見えると述べました。

**図B　意識（あなた）がありのままの世界を見ている（認識している）場合**

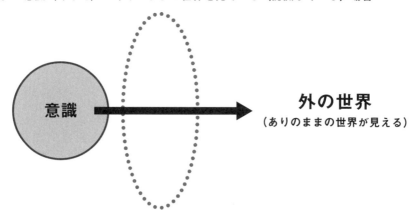

図A、B、どちらの場合も、外の世界を見ているのは「意識（あなた）」です。ただし、プログラムを通して見ている場合と、それを介さずにありのままに（純粋に）見ている場合があるのです。

## 意識とは「世界を見ているあなた」

以上の例からもわかるように、意識とは「世界を見ている（認識している）あなた」のことです。プログラムに同一化していようが、脱同一化していようが、いつも「あなた（意識）」が世界を見ている（認識している）のです。このような意味で、意識とは「純粋なあなた」と言うことができます。

そして、**この「純粋なあなた」には、「あなた（意識）の純粋は意思」**があります。これは、**あなたがプログラムに支配されていない時に「自然と持つ意思」**です。この「自然と持つ意思」は**本来のあなた（生まれつきのあなた）に起源を持つ意思**だと言えます。

一方で、あなた（意識）がプログラムに同一化している時には、プログラムの意思で生きている状態です。プログラムは、生まれた後の体験や繰り返し教えられたことによってできたものです。ですから、これは「後天的に形成されたプログラムが持つ意思」と言うことができます。

以上、「意識」と「プログラム」との対比から「プログラム」の性質がさらに浮き彫りになったかと思います。「プログラム」とは、生まれた後の体験によって作り出された、あなた（意識）とは違う独自の意思を持った存在なのです。

前述したガルウェイは、「セルフ1（プログラムに同一化している自分）」のことを、書籍の中で次頁のように述べています。

> 奇妙な話だが、ときどき私は、セルフ1とは私の中に潜入した、地球外高等生物エイリアンではないかと思う。エイリアンは私になりすましている。私は常に内側でこのエイリアンと会話している。エイリアンは何が目的かは知らないが、とにかくまるで私の上司のような声色で私に仕事を命じ、私の現実世界を規定しようとする。
> 『インナーワーク』ティモシー・ガルウェイ著、後藤新弥訳／構成（日刊スポーツ出版社）より

　人間の中にはたくさんのプログラムがあり、それらが入れ替わり立ち代わりあなたを支配しています。プログラムが自分だと思い込む時に、あなたは「生まれつきの自分に起源を持つ生き方」ができないので、「偽りの自分」として生きることになるのです。
　ほとんどの場合は、プログラムに同一化して生きているので、人間は自分らしく生きている方が珍しいということになるのです。コーチングを実践することは、プログラムを解放することにもつながります。その結果、意識的に（主体的に）自分らしく生きられる時間を増やすこともできるのです。
　実際、パーソナルコーチングのクライアント多くは「自分らしく生きられるようになること」を目的としています。このような人たちにとっては、「自分らしく生きられるようになること」は、地位、名誉、経済的成功を得ることよりも大事なことなのです。

## 「無意識そのもの」とは

　では、「無意識」とは何でしょうか？　これは、ガルウェイが「セルフ2（話しかけられる側の自分）」と呼んだ自分です。「無意識」もまた、「意識（あなた）」や「プログラム」と同じように意思があります。ただし、それは色のついていない本源的な欲求のようなものです。全ての動物に共通する本能と言ってもいいでしょう。1日でも長く生き長らえようとする純粋な生存欲求のようなものです。
　無意識にはこの性質があるためプログラムを産み出すのです。ただし、

先ほどもお伝えしたように、「無意識そのもの」と「無意識が産み出したプログラム」は別物です。それぞれに意思があります。

さらに**無意識には、それ以外に２つの機能があります。１つは物事を実現する「エネルギー源」としての機能**です。第８章では、無意識のこの側面について解説しました。一方、**もう１つは効果的かつ効率的に成し遂げる「叡智」としての機能**です。

## 無意識はあなた（意識）が活用するスーパーコンピュータ

無意識の２つ目の側面としての「叡智」とは何でしょうか？　これは、何かを成し遂げる時（あるいは何かを実行する時に）に最も効果的かつ効率的な方法を教えてくれるスーパーコンピュータだと考えればいいでしょう。

エジソンやアインシュタインなどの天才が意識的に無意識（潜在意識）のこの機能を使用した話は有名です。彼らは「夜寝る直前に、日中どうしてもわからなかった課題に意識を向ける」ということを何度も行ったそうです。そして、朝起きた時には、その答えがひらめいていて、それを急いで書き留めたら、ものすごい発明や発見につながったという経験を幾度となくしたというのです。

本書で紹介した「空白の原則」も同じ原理が働いています。無意識は空白を作るとその答えを出してくれるのです。普段私たちが何かを考える時には、過去の記憶に頼る場合が多いでしょう。この場合は、すでに知っていることにしか対応できません。これまでの経験では対処できない難問が現れた時に、必要なのは知識ではなくひらめきの方です。ひらめきは、無意識が「あなた（意識）」に提供するものです。すでに、質の高いコーチングができている時には、コーチとクライアント双方に気づき（ひらめき）がもたらされると書いています。ここからも、コーチングは人間の中にある「叡智」を活用して、目標達成や問題解決に役立てるものだとわかるでしょう。

# 06 無意識が意識に従う時

## 無意識は意識(あなた)に従う

　ここで、無意識の驚くべき性質をお伝えします。それは、**「無意識は『意識(あなた)』に従う」**というものです。コーチングを勉強している方だけでなく、自己啓発や心理学などの勉強をしている人は無意識(潜在意識)の巨大な力のことを聞いたことがあるでしょう。このような方々は、無意識は意識(あなた)をコントロールするものであっても、あなたがコントロールできるものではないと考えている人も多いでしょう。私もかつては巨大な力を持つ無意識に翻弄されていると感じていました。

　しかし、無意識に翻弄されていると感じていたのは、「意識(私)」というものが十分に理解できていなかったからでもあります。あなた(意識)がプログラムに同一化している時には、プログラム通りのことが実現するとお伝えしています。裏を返せば、あなた(意識)がプログラムを自分だと信じているから、プログラム通りのことを実現するように無意識がエネルギーを供給するのです。

　結局これも無意識があなたの意思に従っていることになるのです。これを表しているのが250頁の図です。もちろん、プログラムが無意識化している場合は(プログラムに気づいていない場合は)この状態にならざるを得ないのですが。

## 最高のパフォーマンスを発揮している状態とは

　ここで最高の力(潜在力)を発揮できている時の状態を図式化します。右頁の図をご覧ください。

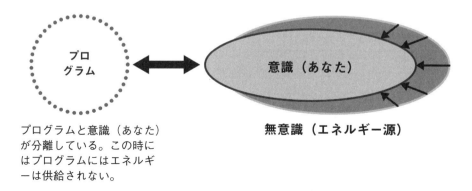

## 最高のパフォーマンスを発揮している状態（あなたらしい）

プログラムと意識（あなた）が分離している。この時にはプログラムにはエネルギーは供給されない。

無意識（エネルギー源）

> 「最高の力」を発揮している時には無意識が意識（あなた）に従っている。この時に無意識に同一化している状態になる。その結果、「エネルギー源」と「叡智」があなた（意識）の道具となる。あなた（意識）が無意識につながっているからである。

　ガルウェイは、『最高の力（潜在力）を発揮している時には、「セルフ1（指示を出し評価する側の自分）」がいない、その時には「セルフ2（話しかけられる側の自分）」のみが自動運転をしている』といった内容を述べています。これを本書のパラダイムに翻訳すると以下のようになります。

**最高の力（潜在力）を発揮している時には**
① 「プログラムに同一化している自分（セルフ1）」がいない
② その時に、あなたは「無意識（セルフ2）」に同一化している
③ 「無意識（セルフ2）」は、エネルギー源であり「叡智」である
④ 無意識は意識（あなた）に従うので、無意識の持つエネルギー源と「叡智」はあなたの意思（意図）に従う
⑤ この時に、あなたが示す意図の方向に沿ったパフォーマンスが実現する

つまり、ガルウェイの言う「セルフ１（プログラムに同一化している自分）」がいない状態の時に、「セルフ２（無意識）」の特質が顕著に表れるのです。さらに、「セルフ１（プログラムに同一化した自分）」がいないので自らに課す制限がありません。その結果、「セルフ２（無意識）」の特徴である「エネルギー源」と「叡智」につながっているのです。

スーパーコンピュータである無意識とともにあるので、高速でひらめきがやって来ます。何をすればいいのかが瞬時にわかり、意識する前に身体が自動的に（無意識的に）動くのです。これが、無意識があなた（意識）に従っている状態です。

この時には、あなたの意図に従って、無意識の叡智が自動的に最も効果的かつ効率的に動いてくれます。例えば、あなたがテニスでバックハンドを打つと決めたら（あなたの意図）、**身体（＝無意識）**が自動的に最も効果的かつ効率的にバックハンドを打ちます。「**無意識＝身体＝感覚**」です。スポーツですごく調子が良い状態を体験したことがある人は理解しやすいかと思いますが、身体が自動的に動いてくれる感じです。これをビジネスのプレゼンテーションに置き換えると、「自動的に話すべき内容が頭に浮かび、それをその場の人たちに最適な伝え方で表現する」となります。この時には、必要な言葉が自然と（自動的に）口から出てくるのです。

# 最高の力（潜在力）を発揮している時

プログラムと意識（あなた）が分離している。この時にはプログラムにはエネルギーは供給されない。

最高のパフォーマンスを発揮している時には無意識が意識（あなた）に従っている。この時に無意識に同一化している状態になる。その結果、「エネルギー源」と「叡智」があなた（意識）の道具となる。あなたが無意識そのものになっているからである。

# 07 最高の力を発揮する状態とは

**最高の力を発揮する状態は共通している**

　ここまでで、無意識は意識に従うということ、そして、無意識は有能なので無意識にゆだねた時に「最高の力」を発揮できることの2点を少しでも理解してもらえたかと思います。

　意識（あなた）がプログラムから独立している時には、無意識は「あなたの意図通りのこと」を実現しようとするのです。その時のあなた（意識）はあれこれ考えていなくて、方向性だけ示しているような状態です。

　ここでの「方向性だけ示す」とは、「意図する」「選択する」というニュートラルなものだととらえてください。先ほど挙げたテニスの例ですと、「バックハンドを打つと意図すること（選択すること）」で、私の場合であれば、NLPのスキルなどを目の前の受講生に説明すると意図すること（選択すること）などです。

　つまり、あなたが方向を示す（意図する）と、それを無意識が最も効果的かつ効率的な方法で実現するのです。その時には、頭の中に雑音がなく、今行っていることに集中しています。この状態は「願望の意図化」で説明した状態と同じです。**「自然と実現できる」という静かな確信があるのです。**

　人間が最高の状態を達成する時の状態はどんな人でも共通しています。それをある人は、「無心の状態」と言います。別の人は、「強い集中状態」「ゾーンの状態」などと言います。同じことを本書では「自然とできるという意識状態」「意図だけがある状態」などと表現しています。

　「自然とできるという意識状態（＝意図だけがある状態）」の時には頭の中の雑音が少なくなります（頭の中が静かになる）。この状態の時には静かに今目の前のことにただ集中していますね。例えば、「失敗したらどうしよう」とか「以前はこんなだった」と考えている時には気が散っているのです。このように、頭の中の雑音が少ないということは「無心の状態」

に近いのです。この「無心の状態」の時に集中力が高まります。

そして、コーチングに限らずビジネス、スポーツ、芸術など分野を問わず強い集中状態の時に「最高の力」を発揮できるのです。前述したように、これを心理学ではこれを「フロー状態」と呼んでいます。NLPでは「Know nothing state（無心の状態）」と呼んでいます。

> **人間が「最高の力（潜在力）」を達成する時の様々な表現**
> 「無心の状態」「雑念がない状態」「強い集中状態」「フロー状態」
> 「ゾーンの意識状態」「Know nothing state」「無意識が自動運転している状態」「自然とできるという意識状態」「意図だけがある状態」

## ごくまれに最高の力を発揮することがある

本来は非常に体得するのが難しいことなのですが、「最高の力」を発揮できる状態を説明した時に、「理解できる」と答える方も多くいます。その方々は、自分が得意な分野に関しては、「最高の力」を発揮できているからです。そもそも、ある分野で卓越した能力を発揮できているということは、程度の差こそあれ、「最高の力」が発揮できる状態にあるのです。中にはものすごく調子の良い時にだけ、その状態を体験したことがあると答える人もいます。

例えば、私はスポーツがあまり得意ではないのですが、今振り返ると、ごくまれに「最高の力」を発揮したことがあるとわかります。

高校生の時にラグビー部に所属していたのですが、下手な方でした。私のポジションの役割は、ボールを受け取った後、ディフェンス（防御側）のタックルをかわして、1メートルでも先に走るものでした。相手をかわす際に、フェイントをかけて一瞬の隙をつくのです。しかし、どのようにフェイントをかけてかわしていくのかは、ある意味天性のもの、つまり、センスによるところが大きいのです。

私は足は速かったのですが、これがうまくできないためにレギュラーにはなれなかったのです。走るスピードや、タックルを受けた時に耐える力は練習によって身につきます。しかし、センスの磨き方がわからなかった

のです。

　しかし、ごくまれにですが、特別なラグビーのセンスがある先輩にしかできないようなフェイントをかけて、楽々と抜き去るといったプレーができたのです。その時の体験は、時間の流れがスローモーション気味になり、相手の動きがよく見えるのです。直観が冴え渡り、身体が勝手に最高の動きをしてくれる感じでした。しかも、身体が軽くてどれだけ走っても疲れないのです。むしろ心地良い感覚です。ただし、このような状態はごくまれにしか訪れませんでした。

## 苦手なことでも最高のパフォーマンスを発揮できるように

　私の知り合いで、仕事に関しては創造的になれてその場のひらめきで何をすればいいかがわかっている、つまり、「最高の力」を発揮できるという方（Ａさん）がいます。仕事では難問にぶつかっても、柔軟に対処していくことができます。ところが、このＡさんはクライアントへコーチングを行う際には、頭で考えすぎてしまって型通りにしかできなかったのです。

　私はＡさんに、仕事で「最高の力」を発揮しているのであれば、コツをつかめばコーチングでも「最高の力」を発揮できるようになるとお伝えしました。しかし、このことを理解していただくのにはかなりの時間がかかりました。得意な分野で「最高の力」を発揮している時には、どのようにそれができているかがわからないからです。

　ここまでたくさんの言葉で「最高の力」を発揮している状態について解説してきたのは、あなたが得意でない分野でも「最高の力」を発揮できるようになるコツを提供するためです。苦手な分野で、高いパフォーマンスを発揮できるようになるにはトレーニングが必要です。特に、質の高いコーチングはこの状態の実現なしには実践できないものなのです。繰り返しお伝えしているように、コーチとクライアントの双方に無意識からひらめく直観がある時に、初めて質の高いコーチングができるからです。

# 最高のパフォーマンスを発揮できる状態とは

① あなたが方向を示す（意図する）
② それを無意識が最も効果的かつ効率的な方法で実現する

# 08　内面を整える方法

## 頭で考えすぎるとパフォーマンスは下がる

　ここまで何度か、私が心理職に就くことに憧れていたものの、長らく空回りしていたと述べました。今では心理職の第一線でそれなりに活躍できています。下手だった頃の私は、ガルウェイが言う「セルフ１（指示を出し評価する側の自分）」が、主導権を持ってあれこれ頭の中で雑音を発していたのです。逆に、活躍できるようになった後は、「セルフ２（話しかけられる側の自分）」の自動運転状態で能力を発揮できる機会が増えたのです。ここでは、「うまくいかなかった時」と「うまくいくようになった時」の違いを描写します。それによって、パフォーマンスが高い状態と低い状態の顕著な違いが明らかになります。

## うまくやろうとすればするほど下手になっていった

　心理職を志すもなかなか芽が出なかった頃の私は、欠乏感を抱えていたので自信がありませんでした。そこで、上手にセッションを行うことが大事でした。いつもうまくやろうと気負っていたのです。下手な人ほど気負いますね。それも、自信がないからだということがわかるでしょう。私の場合も、上手にしようという思いが強いあまり、余計なことを考えながらコーチングを行っていたのです。

　その当時、私の頭の中は雑音だらけでした。頭の中に無数の声が聞こえるのです。「こうすればいいのではないか？」「もっと上手やれる方法はないのか？」「今のは失敗だったのではないか？」などです。また、自信がなかったので、どう見られているかも大事でした。「クライアントに失望されていないだろうか？」「良かったと言ってくれているけど、社交辞令にすぎないのではないか？」頭の中に意識が向かっていて、その声にいちいち反応していたのです。セルフイメージが低かった当時の私が自分に投げかける言葉はネガティブなものが多く、頭の中の雑音に反応する度に消

耗していったのです。

　雑音が多いということは集中力が低いということです。当時の私でも、これは良くないことくらいはわかっていましたので、雑音をかき消そうと頑張りました。しかし、消そうとすればするほど雑音はしつこくつきまといます。ネガティブなプログラムに同一化している時には、ネガティブなことを考えない方が良いとわかっていても、どうしても考えてしまうのです。

　これは、第7章でご紹介したように、幾重にも鎧(よろい)を身につけながらコーチングをしている状態です。自分が不自由でエネルギーが低いのに、クライアントを自由にしてあげることはできません。当然、下手なセッションしかできません。その結果、ますます自己嫌悪するという負のスパイラルに入り込んでいました。このような状態ですので、自分を奮い立たせるために希望の火が必要でした。そこで、「強い願望」を持っていたのです。しかし、欠乏感が作り出す「強い願望」は、かえって欠乏感を意識させるのです。そうやって、いたちごっこのような果てしない苦しみが続いていたのです。

## 頭の中に雑音がない時に能力が発揮できる

　一方で、上手になった後の私はその反対でした。要するに、頭の中の雑音がほとんどなくなったのです。余計なことを考えなくなったからです。繰り返し申し上げた通り、頭の中が静かな時に「最高の力」を発揮できるのです。余計なことを考えなくなったのは、欠乏感が解消されたからです。欠乏感を作り出していたネガティブなプログラムから自由になったのです。

　欠乏感が解消された時に、願望は意図化されるとお伝えしました。その時に、ただコーチングをしようという意図だけが残りました。この時に余計な雑音は大幅に減っていたのです。この時の私の状態を描写するとすれば、「自然とコーチングできる」という表現になります。願望を意図化した時に生まれる状態(「自然と実現できる」)と同じですね。コーチングをしようという意図だけがあるのです。この時に欠乏感はないので、上手にやろうという意識もありません。全く気負っていないのです。評価された

いという執着もないので、クライアントに満足してもらいたいという気持ちすらありません。**ただ、セッションに集中しているのです。**雑念が全くないというわけではありませんが、雑音があってもあまり反応しなくなったのです。

今でもクライアントとのセッションが毎回うまくいくとは限りません。しかし、失敗しても気にならなくなったのです。セッションが膠着状態になることもあります。60分のセッションで50分過ぎても何も進展しないということもあります。それでも焦ることはありません。**うまくやろうと思ってないからです。**

このように、結果を気にしないということは、結果を手放しているのです。投げやりな意味ではなく、どのようなセッションになっても良いと思っているのです。しかし、このように、結果を気にしないでセッションを行う時には、50分間何も進展しなかった時にも、残り10分でクライアントにとても深淵な気づきが起こることが多いのです。

## 考えすぎていた時には過剰に準備していた

下手だった頃の私は、コーチングセッションを行う前によく**物理的な準備**をしていました。コーチングにおける物理的な準備とは、コーチングセッションの内容や方法を考えることなどです。あるクライアントとセッションを行う前には、「このクライアントとの前回のセッションはどうだったのか？」「このような流れでコーチングするとうまくいくのではないか？」「このような質問を取り入れればいいのではないか？」とあれこれ考えていました。

意識的に考えていたというよりは、自信がなかったので、考えないわけにはいかなかったと言った方がいいでしょう。うまくいかないような気がして怖かったのです。まさに欠乏感から逃げるように、強いモティベーションがもたらされていたのです。今考えると、準備のためにあれこれ考えることも頭の中の雑音だったとわかります。考えすぎていたのです。

当時は、プログラムに同一化していましたので、このような考えをさせられていたのです。しかし、当時はそんなことには気づけていませんでした。私は慎重で緻密な人間だから準備するのだと思っていたのです。考え

すぎていただけだったのですが、それがパフォーマンスを高めるのに役立つと思っていたのです。

## コーチングにおける最高の準備は内面を整えること

「自然とできる」という意識状態からコーチングを行えるようになった後は、**物理的準備をすることがほとんどなくなりました**。その理由を表現するとしたら、「自然とできる」ということがわかっているから、としか言いようがないのです。できるという静かな確信があるのです。そこで、あれこれ考えすぎることがなくなりました。不安がなくなったので、焦ることがなくなりました。その結果、準備しなければという強迫観念がなくなったのです。

もちろん、準備そのものが悪いわけではありません。効果的な準備というものもありますので、無責任に何もしないというのも違います。ただ、**コーチングに限って言えば、「内面を整える」ことが最高の準備になるのです。「内面を整える」とは、質の高いコーチングを妨げる頭の中の雑音をなくすことです**。頭の中の雑音は「セルフ１（プログラムに同一化している自分）」が発しているので、この自分が静かになる時に、「セルフ２（無意識そのもの）」が自動運転を始めるのでしたね。

コーチングの段取りについて事前にあれこれ考えることなどが、「物理的準備」であるならば、**「内面を整える」は「心理的準備」**と表現できるでしょう。繰り返しになりますが、頭の中にある雑音がなくなれば集中力が増し、自然とパフォーマンスは向上するのです。その時に「自然とできる」という意識状態があるのです。よって、コーチにとっては自分の内面にある課題を解消することがクライアントのための最高の準備と言えるでしょう。

## 準備は「心理的準備」→「物理的準備」の順に行う

ちなみに、スポーツやビジネスにおいても「心理的準備」が最も効果的な準備になります。内面世界が外面世界に大きな影響を与えているからです。ビジネスにおいては、優れた事業計画やマーケティングプランなども内面の状態が研ぎ澄まされている時に生まれるのです。いかに内面（頭の

中）の状態を整えることが大切であるかがわかるでしょう。

　ただし、スポーツやビジネスにおいては「物理的準備」もまた重要です。スポーツ選手が内面で「自然とできる」という静かな確信を持っていても、入念に身体を整えておかないと思い通りには動けません。無意識が「最高の力」を発揮しようにも、筋力を高め、肺活量を増やしておかなければ、限られた範囲でしか能力は発揮できません。ビジネスにおけるプレゼンテーションにおいては、内面が充実していても、プレゼンテーションの資料がずさんな場合は、クライアントに与えるインパクトが制限されます。このような意味で、「物理的準備」もまた重要です。

　ただし、プレゼンテーションの準備（物理的準備）で、聴衆に見せる質の高い「視覚映像（動画など）」や「キャッチコピー」を作れるかどうかも、クリエイティブな状態（内面が充実している状態）があるかどうかにかかっています。よって、「心理的準備」を行ってから、「物理的準備」を行うことによって、効果的な「物理的準備」もできるのです。

　かつて私はコーチングの事前準備（物理的準備）に時間をかけていましたが、振り返ってみるとその質が低かったのです。このように、準備は「①心理的準備」→「②物理的準備」の順なのです。そして、クライアントがコーチングを受ける最大の目的は、「心理的準備」のためだということがわかるでしょう。コーチングで「心理的準備」をすることにより、ビジネスなどの重要なシチュエーションで「最高の力」を発揮できるようにするのです。118頁で、人前恐怖症のクライアントに、大勢の人の前で司会を行う朝に臨時のコーチングセッションを行ったと述べました。彼女はわずか30分のセッションで大勢の人の前でも、自然と話せるようになったのです。

## 物理的準備をしなくなってパフォーマンスが格段に向上した

　さて、私の場合、物理的準備（コーチングの方法に関する準備など）をしなくなってからパフォーマンスが格段に向上しました。コーチングの方法などを頭で考えなくなった私は、**より一層クライアントに集中して、その場その時のクライアントに合わせて臨機応変（柔軟に）に対応できるようになったからです。**

《第9章》パフォーマンスの高い状態を作るために

　コーチングスクールで学んでいた頃、コーチングの理想は「型にはまらない柔軟なセッション」だと学びました。「型にはまらない柔軟なセッションをしよう」と頭で考えている時にはできなかったのですが、余計なことを考えなくなった時に自然とそれができるようになったのです。

　コーチの直観力とクライアントの気づきが最大化される時に、柔軟で創造的なセッションが生まれると述べました。コーチとクライアントのエネルギー関係が安全・安心な状態の時、このようなセッションができるのです。コーチの頭の中に雑音がない状態（「自然とできるという意識状態」）とは、プログラムから解放されている状態だということがわかるでしょう。それは、第7章でお伝えした、安全・安心な状態の時に実現する状態（177頁の図C、Dの状態）と同じです。

> 事例から学ぶ

# 「自然とできる」意識状態とは

## ● 無意識が自動運転している状態とは

　最高のパフォーマンスが発揮できている時には、多くの人にとっては信じられないということを成し遂げることがあります。

　私の場合、セミナーや講演も「自然とできるという意識状態（＝意図だけがある状態）」で行う場合が多いです。現在私は年間150日以上セミナーや講演を行っています。私の場合は、セミナーや講演でも、物質的準備に時間を費やすことはほとんどありません。セミナーのテーマにもよりますが、場合によっては9日間連続のセミナーですらも、物質的準備を全くしないことすらあります（私が行っているセミナーは、時に柔軟性や、セミナー会場で産み出される創造性を重んじているので、あえて物質的準備をしないことが多いためですが）。ただし、「自然とできる」という確信がないと、このようなことはできません。
「自然とできる」という確信がある時には、**このセミナーを行う「意図」だけがあるのです**。これは、私のセミナーに出席してくださった大勢の受講生が証人として存在します。ただし、これは、物質的準備をしない方がいいと言っているわけではありません。あくまで、無意識の自動運転状態のパフォーマンスを理解していただくための事例を紹介しているとご理解ください。

## ● 時間をかけて準備をしていた頃の方がパフォーマンスは低かった

　話を元に戻します。私はセミナー前日でもセミナー以外の仕事に没頭しています。9日連続のセミナーでも「自然とできる」と思っているからですが、それは成功するとも、失敗するとも思っていない状態です（ニュートラルな状態）。また、外部からの期待も、自分自身に課す期待も年々減っていっています。それと共にさらに「自然とできる」という意識状態でできるようになっています。

できるということがわかっているので、余計なことは考えていないのですが、これは強く自信を持っているという状態とも違うのです。９日間連続のセミナーは年に一度ゴールデンウィークに行っています。しかし、毎年相当に内容が異なるセミナーを行っています。毎年新しい９日連続のセミナーをその場で産み出していると言った方がいいでしょう。ですから、「その前の年にできたから、今年もできる！」という類の自信があるわけではないのです。文字通り、自信があるわけでもないわけでもなく、ただ「できるということがわかっている」としか表現できないのです。信じられないかもしれませんが、このように無心になれる時に「最高の力」が発揮できるのです。

しかし、私が研修講師の仕事を始めた頃はこのようなことを行っていませんでした。反対に時間をかけてセミナープログラムを作り、何を伝えるのか、どのように伝えるのか、何時に休憩入るのかまで綿密にスケジュールを組んでいました。しかし、今の方がはるかにパフォーマンスが高いのです。

## ●極めて長い即興劇を行うようなもの

それは、例えて言うと、極めて長い即興劇を行うようなものです。即興劇とは、直前にテーマを与えられて、そのテーマに沿った芝居を演じるものです。テーマを与えられた直後に始めなければならないので、準備する時間もありません。頼りになるのは、一瞬一瞬にひらめく直観だけです。このような状態の時には、何かをしたい（願望）ということはないのです。この状態では、上手にやろうという気持ちもありません。誰かに認められたいという気持ちもありません。ただテーマ（意図）だけがあって、余計なことを考える暇もないのです。これが意図だけがある（無心）状態です。このような状態の時に高い集中力を発揮でき、結果として「最高の力」が発揮できるのです。無意識は「叡智」とエネルギー源だとお伝えしました。ただ、私に「あるセミナーを行う」という意図だけがある時に、無意識が自動運転によってその意図を成し遂げていくのです。それは、フロー状態を体験した時のスポーツ選手が言っているのと同様に心地良いものです。

# Column 6

## 「逃げること」も大切な選択肢

　コーチングをすることにより、クライアントは基本的に「前向きな選択」ができるようになります。「前向きな選択」にも様々なレベルがあります。人間には二面性があります。どの人の中にも、現状を打破して新たなステージに上がりたいという前向きな自分がいる反面、変化せずにこれまで通りのんびり生きていきたいと望んでいる保守的な自分もいるのです。この場合の前向きな選択は「新たなステージに上がりたいという前向きな自分」を選ぶことです。

　さらに第12章では、「プログラムに同一化した自分」と「本来の自分に起源を持つ意思（自分）」がいるとお伝えしています。「本来の自分に起源を持つ意思（自分）」に関しては253頁で言及しています。第12章では、「本来の自分に起源を持つ意思（自分）」で生きる時にミッション（使命）を生きることができるとお伝えしています。そして、この両者の違いに気づいた時には、こられも選択できるものになります。この場合は、「本来の自分に起源を持つ意思（自分）」を選択することが前向きな選択です。

　**ただし、コーチングを長く実践している人に中には、「前向きな選択肢」が選択肢ではなくて、「選ばなければならないもの」に変わってしまっている人もいます。**そこには「チャレンジすることは良いことだ」「逃げてはいけない」といった観念が見えます。これらの観念は、前向きな行動に駆り立てますが、一方で視野を狭くしてしまいます。場合によっては、これらの観念が原因で必要以上に苦しい人生を送る場合もあるのです。

　コーチングが大事になりすぎると、「コーチング病」にかかってしまいます。コーチング病とは、コーチング的な考え方に偏ってしまって、それによる弊害で苦しむことです。これはコーチングだけのことではありません。例えば、NLPに偏ってしまうとNLP病になります。どんなに健全だと思われているものも大事になりすぎると弊害が出るのです。

　「前向きな選択肢」も選択肢の１つにすぎません。ですから、コーチングを実践する際にいつでも「逃げてもいい」とも思っておいてほしいのです。何かに頑なになると視野が狭くなります。大事なのは適切な選択をすることであって、前向きな選択をすることではないのです。

　ミッション（使命）に気づいた人にとっては、これは大切な生きる目的になります。しかし、「ミッションを大切にした生き方をしなければならない」と頑なに考えるなら、これも視野を狭くしてしまいます。もちろんミッションは大事です。しかし、広い視野を持った人がミッションを大事にする時に、健全にミッションを実現できるのです。

　このような意味でも、時々自分自身を冷静に振り返る時間を持つことが大事です。238頁で「自分を他人のように客観的に観察する」というトレーニングを紹介しました。これを毎日５分行うだけでも、偏った自分を脱することができます。さらに１週間に１回曜日と時間を決めて、30分間すべての活動からフリーになることをおすすめします。この時間を持つと、「適切な選択」と「前向きだが偏った選択」の違いがわかるようになります。

# 第10章

# 集中力を生み出す

# 01 パフォーマンスを最大化させる仕組み

**「自己妨害」によってパフォーマンスが台なしになる**

　ここまでの解説で、「最高の力を発揮できる状態」と「能力が発揮できない状態」の違いが浮き彫りになりました。「最高の力を発揮できる状態」では、無意識が自動運転しているのです。**これは、あなた（意識）が意図することを、エネルギー源かつ「叡智」である無意識が効果的かつ効率的に実現している状態です。**それに対して、**「能力が発揮できない状態」では「プログラムに同一化した意識」から行動しているのです。**その顕著な違いは、頭の中の雑音の有無でした。

　ここまでの理解を確かなものにするために、第3章から第9章までに解説したことを、図を使って統合しておきます。各章で書いた内容は密接に関連しています。この関連を明らかにすることで理解が深まります。

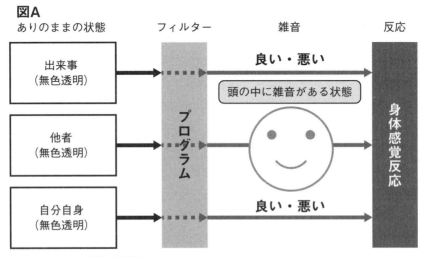

人間のもののとらえ方①

左頁の図に書いたことを第3章から第5章にかけては、「自己同一化・脱同一化」という観点から説明しました。第6章と7章では、同じ内容をラポール（信頼関係）を作るという観点で、第8章では願望実現、第9章では能力発揮という観点から解説しました。各章に書いた内容は観点が違います。しかし、どれも共通して「あなた（意識）」が「プログラム（分厚い鎧）」から自由になることの意義を書いています。

　第4章では、「ありのままの出来事」ではなく、そこに被せたフィルター（プログラム）によって問題が引き起こされると述べました。「最高の力」の発揮を妨げる「頭の中の雑音」もまたフィルター（プログラム）によって作り出されるのです。プログラムが価値判断する時に、「良い・悪い」という評価が生まれているのです。**この「良い・悪い」の部分が頭の中の雑音の正体です。**

　雑音は、単純な「良い・悪い」だけではなく、「〜しなければならない」「〜であるべき」「うまくいくだろうか？」などの内的会話もあります。これらも「良い・悪い」が派生したものです。

　雑音があるということは、プログラムがあるということですので、ありのままに世界を見ることができません。同時にプログラムがあるということは、プログラムを維持するために莫大なエネルギーを浪費することになるのです。

　その結果、問題のない世界（ありのままの世界）でネガティブな問題を抱えることになるのです。また、「ラポール（信頼関係）の構築」「願望実現」「能力発揮」の全てが妨げられます。

## 頭の中の雑音を排除するとはプログラムから脱同一化すること

　第7章では「あなた（意識）」がプログラムに同一化している時には、無意識はプログラム通りのことを実現すると書きました。エネルギー源である無意識はプログラムに同一化したあなた（意識）に従うからです。

　これは、第5章でご紹介した「分厚い鎧を着込んでいる状態」と同じことだとわかるでしょう。この状態は能力発揮の妨げになります。エネルギー源である無意識は、プログラムを維持するために（自己防衛のために）大半のエネルギーを使っているからです。

次に以下の図Bをご覧ください。この図のように、頭の中にある雑音を作り出すフィルター（プログラム）を取り除いたらどうなるでしょうか？　雑音を作り出しているプログラムがなくなれば、雑音（良い・悪いなどの判断など）もなくなるはずです。雑音が身体の反応を作り出していたので、身体感覚反応も同時になくなります。

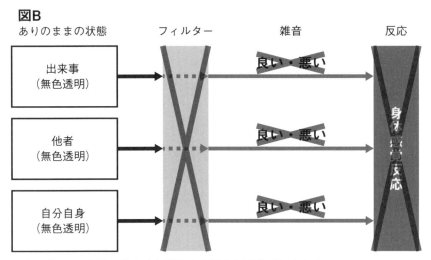

プログラムから脱一化すると頭の中の雑音と反応がなくなる

## プログラムから脱同一化した時に、ありのままの世界が出現する

　図Bのように、あなたがプログラムから解放された時には、無意識はプログラムにエネルギーを供給していません。あなたがプログラムから解放された時には、良い・悪い（価値判断）がなくなります。そして、プログラムが作り出すフィルターを通して世界を見ることがなくなると、良い・悪いに身体が反応しなくなるのです。それを表しているのが、右頁のの図Cです。

## ただありのままに出来事を見ている状態

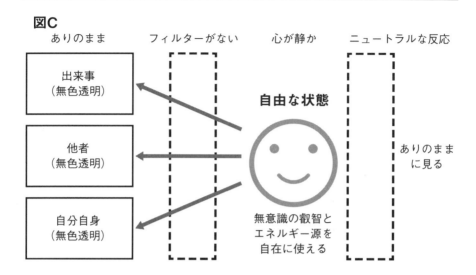

図C

## 精神が自由で身体が軽い時

　上記の図のように、プログラムに束縛されない時にあなた（意識）は自由になり、身体が軽くなります。**この時に、ただ目の前のことに集中できるのです。**無意識のエネルギーが浪費されることもないので、無意識本来の機能である「叡智」と「エネルギー源」があなたに従うのです。182頁では、「コーチング上達に欠かせない土台は、いかにしてプログラム（価値観）に条件づけられていない自由な精神を得られるか」とお伝えしています。

　図Cの状態が、ここまで解説してきた「最高の力」を発揮できる状態です。本書では「無意識が自動運転している状態」「自然とできるという意識状態」「意図だけがある状態」とも表現しています。

# ⑫ 集中とは

## 最高の力を発揮するには集中状態が必須

　プログラムから脱同一化することが、「最高の力」を発揮する必須条件です。しかし、人間の中には無数のプログラムがあり、そのほとんどに気づいていないのでしたね。ですから、脱同一化するためには、プログラムに気づける状態が必要です。気づくことによって、プログラムから幾分かでも脱同一化できるからです。ただし、プログラムと同一化している時には、分厚い鎧を着ていてエネルギーを消耗しているので、気づきは起こりにくいのです。

　では、どうすればプログラムとの同一化から脱して、「最高の力」を発揮できるのでしょうか？　プログラムから脱同一化するだけなら、122頁で紹介した「脱同一化の方法」も役立ちます。どうしようもなくネガティブなプログラムに支配されていて、そこから脱することが目的ならこの方法は有効です。

　ただし、この方法ではプログラムから脱しただけで、「最高の力」を発揮できるとは限りません。**「最高の力」を発揮している時には、「プログラムから脱同一化」しているだけでなく、「今行ってることへの高い集中状態」** が必要なのです。

## 興味・関心がなければ無意識のエネルギーは使えない

　「セルフ1（プログラムに同一化している自分）」がいない時に、「セルフ2（無意識）」が自動運転しているとお伝えしました。ただし、あなたが意図を持たなければ（進む方向を示さなければ）、何事もなすことはできないのです。

　「セルフ1（プログラムに同一化している自分）」がいない時に、無意識はエネルギーを供給し始めます。しかし、それだけでは、ただ莫大なエネルギーと共にあるだけです。そのエネルギーを何にも活用していないのです。

あたりまえのことですが、「最高の力」を発揮するには、何らかの行動や活動をしていることが必要です。それは、スポーツのような具体的行動でもいいし、読書のような内面的な活動でもかまいません。スポーツの場合なら、最も効果的かつ効率的に「意図するプレー」を実行できるようになります。読書の場合は深く内容を理解できるようになるのです。

ただし、これらの行動（スポーツ、読書など）をぼんやりやっていても「最高の力」は発揮できません。先ほど書いた通り、「最高の力」はプログラムから自由になっているだけでなく、行動（スポーツ、読書など）に**集中している時に（没頭している時に）発揮できるのです。この「集中状態」は、あなたが行っている行動に興味・関心がある時にもたらされます。**

気力や体力（エネルギー）がみなぎっていても、やりたいことが見あたらなければ、そのエネルギーを有効活用できません。同様に、「セルフ１（プログラムに同一化している自分）」がいなかったとしても、あなたが今行っていることに興味・関心を持てない時には、無意識のエネルギーは活用できないのです。

## 「集中しなければ」と思っている時には集中していない

「セルフ１（プログラムに同一化している自分）」がいない状態であると同時に、**何事かに没頭している時に（集中している時に）**「セルフ２（無意識そのもの）」が「最高の力」を発揮するために自動運転をしています。この状態を243頁では、「あの一瞬のことは覚えていない、何も考えていなかった」「心は静かで、一点に絞り込まれていた」「別の世界にいるようだった」などの表現でお伝えしました。

これは、何かに没頭している（集中している）状態ですね。このように、ただ目の前のことに集中している時には、「セルフ１（プログラムに同一化している自分）」がいないのです。**「セルフ１」を忘れていると言ってもいいでしょう。この時に「最高の力」を発揮しているのです。**

**ただし、集中は「何かに集中しよう」と決めてできるものではありません。**どなたも、勉強する時には集中しようとするはずです。しかし、集中しようと努力している時には、高い集中力を発揮できません。**集中している時には、「集中しようとしている自分」はいないのです。**集中している

時には、ただ目の前にあることに集中しているのです。集中できている時には、集中しようとも思わないはずです。

繰り返しお伝えしてきた通り、人間は「できていないこと(欠乏感)」の反対側を欲します。「集中できていない(欠乏感)」時にこそ、「集中したい」「集中しなければと」考えているのです。第8章で述べた通り、この場合には、「集中できていない(欠乏感)」状態が継続することになります。

## 「集中しようとしている自分」もまた「指示し評価する自分」

このように、「集中しようとしている自分」もまた、「セルフ1(指示し評価する自分)」だとわかるでしょう。よって、「集中したい」「集中しなければ」という自問自答も頭の中の雑音なのです。そして、「集中したい」「集中しなければと」と思っている限り、「セルフ1(指示し評価する自分)」から行動していることになるので、「最高の力」は発揮できないのです。

このように、「最高の力」を発揮している時には、①「セルフ1(指示し評価する自分)」を忘れている状態(プログラムから脱同一化している状態)と、②ただ目の前のことに没頭している(集中している)状態の両方が同時にあるのです。

> **高いパフォーマンスを発揮している時の2つの特徴**
> ①「セルフ1(指示し評価する自分)」を忘れている状態(プログラムから脱同一化している状態)
> ②ただ目の前のことに没頭している(集中している)状態

# 没頭している時、集中している時とは

没頭している時に（集中している時に）「最高の力」は発揮できる。

この「集中状態」は、あなたが行っている行動に興味・関心がある時にもたらされる。

集中している時には、「集中しようとしている自分」はいない。

「集中できていない（欠乏感）」時にこそ、「集中できていない（欠乏感）」状態が継続する。

没頭している時の状態（集中している時）とは？　後で気づくと…
- 「あの一瞬のことは覚えていない、何も考えていなかった」
- 「心は静かで、一点に絞り込まれていた」
- 「別の世界にいるようだった」

「セルフ1（プログラムに同一化している自分）」がいない状態であると同時に、何事かに没頭している時に（集中している時に）「セルフ2（無意識そのもの）」が「最高の力」を発揮すべく自動運転している。

# 03 集中はどのように生み出されるか

## 何かに熱中している状態とは

「ただ目の前のことに没頭している（集中している）状態」についてもう少し深めて考えてみます。

まず、人間は「何かを心底楽しんでいる時」「我を忘れている時」に、後から「何かに没頭していた」と気づきます。程度の差はありますが、ゲームやスポーツに熱中している時には、**ゲームやスポーツの世界にはまり込んでいるような感覚**があります。

繰り返しになりますが、「最高の力」を発揮している時には、「あの一瞬のことは覚えていない、何も考えていなかった」「心は静かで、一点に絞り込まれていた」「別の世界にいるようだった」といった感想を持ちます。ただ、それは後から振り返った時に初めてわかることです。

## 俯瞰しつつ一点に集中している状態とは

このように、「何かに没頭している状態」を後から描写してみると、「その場に同化している」ような感覚を持つ場合が多いものです。通常は、「自分」と「集中する対象（没頭する対象）」は分離しています。しかし、何かに没頭している時（集中している時）には、自分がその世界と共にいる、つまり普段とは少し違った世界にいると感じるのです。

例えば、サッカーに深く没頭している時には、サッカーの試合の中にのめり込んでいると感じます。その時に、それを体験しているのは自分だということはわかります。その気づきも残っています。ただし、同時に「集中する対象（没頭する対象）」であるサッカーの試合に同化している感じがあるのです。つまりは「２人の自分が同時にいるような感覚」です。

後で、詳しく説明しますが、２人の自分がいる状態がトップアスリートなどが体験する「フロー状態」や「ゾーン」と呼ばれる状態に通じるのです。ちなみに「フロー状態」や「ゾーン」では、①広い視野を持ちつつ（全

体を俯瞰しつつ)、②その場に集中している(一点集中)という相反する能力を同時に使っているのです。

## 高い集中状態になると2人の自分が同時にいる

「2人の自分が同時にいるような感覚」と聞いて、特殊な体験だと思った人もいるかもしれません。しかし、集中状態になった時には、程度の差こそあれ誰しも体験することなのです。身近な例で考えると、映画の世界に引き込まれている時にも2人の自分がいると感じるはずです。

映画を見ることに没頭している時には、「映画を見ている自分」と「映画の世界にはまり込んでいる自分」の2人がいるのです。つまらない映画を見ている時には、映画の世界に入れません。その時には普段の自分がいるだけです。その時には頭の中で雑音が聞こえるでしょう。例えば、俳優の演技を評価している声が聞こえるかもしれません。頭の中に雑音があるということは、普段の自分、つまり「①セルフ1(プログラムに同一化している自分)」が映画を見ているのです。

しかし、映画に没頭している時(集中している時)には、「①映画館の客席に座って映画を見ている自分」がいるのと同時に、「②映画の登場人物になり切って体験している自分」がいるのです。

111頁でもお伝えした通り、意識では映画を見ているのであって、映画の世界に生きているわけではないと気づいていますね。一方で、無意識(身体)では、映画の世界に没頭している時には、まるで自分が登場人物になったかのように映画の世界をリアルに体験します。よって、映画は嘘だと静かに気づいている自分がいると同時に、映画の世界の方にリアリティー(現実)を感じている自分がいるのです。

「焦点化の原則」でご紹介したように、意識は同時に2つのことに焦点を当てられません。しかし、162頁では、「焦点化の原則」はあくまで「意識の原則」であって、無意識は同時にいくつもの焦点があるともお伝えしています。

プログラムに同一化している時には、無意識的な傾向が出にくいので、「焦点化」の傾向が顕著に表れます。しかし、何かに没頭すると(集中すると)、プログラムから脱同一化するので、無意識的な傾向が出やすくな

るのです。その結果、2つの焦点が同時にある状態になりやすいのです。

　このような、2つの自分が同時にある状態は、「フロー体験」「ゾーン」など「最高の力」を発揮している状態に通じるものがあります。トップアスリートなどが体験する、高度に「最高の力（潜在力）」を発揮している状態とは、映画に没頭している状態の延長線上にあるのです。

## 「2人の自分が同時にいる状態」の時に何が起こっているのか？

　「①客席に座って映画を見ている自分」と「②映画の世界にはまり込んでいる自分」が同時にいる時に何が起こっているのかを「意識・無意識の性質」を紐解きながら解説します。そこで202頁で紹介した以下の図をもう一度ご覧ください。

| 意識・無意識の特質1 | 意識・無意識の特質2 |
|---|---|
| 意　識＝思考＝言葉 | 意　識＝時間＝空間＝人称 |
| 無意識＝身体＝感覚 | 無意識＝　今　＝ここ＝　私 |

　「意識・無意識の特徴2」の人称について、202頁では無意識は「私」しか認識できなくて、意識では「私」「あなた」「彼（彼女）」の違いを認識できる、と紹介しています。

　先ほど、集中状態にある時には、「①客席に座って映画を見ている自分」と「②映画の世界にはまり込んでいる自分」が同時にいると書きました。「①客席に座って映画を見ている自分」は意識（あなた）を指します。意識（あなた）は「自分自身」と「映画の中の登場人物」を別人とみなします。人称を認識できるからです。しかし、「意識・無意識の特徴2」にある通り、無意識は全て「私（自分）」と認識するのです。

　高い集中状態にある時に、「最高の力」を発揮できますから、この状態の時には、「セルフ1（プログラムに同一化している自分）」はいません。と言うことは、集中状態にある時に「セルフ2（無意識）」そのものの性質が出やすいのです。「セルフ1（プログラムに同一化している自分）」にエネルギーを消耗されることがないからです。これを、図を通して説明し

ます。

| 無意識がプログラムにエネルギーを供給している時、無意識の性質は現れにくい |

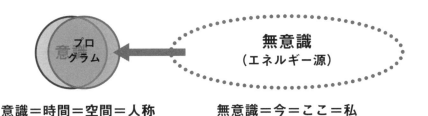

意識＝時間＝空間＝人称　　　無意識＝今＝ここ＝私

　上の図のようにプログラムが意識と同一化している時には無意識はプログラム（安全システム）を起動させるために大半のエネルギーを供給していることになります。
　**この時には、無意識はプログラムの性質である自己防衛のために大半のエネルギーを消費しているため無意識のエネルギー貯蔵庫は空になっています。そのため、無意識そのものの性質は出にくくなります。**
　その結果、外の世界を、無意識の特徴である「今、ここ、私」とは認識しにくくなるのです。ですから、「セルフ１（プログラムに同一化した自分）」が優勢な状態で映画を見る時には、頭の中で映画を評価しようとする自分が雑音を発して、映画の世界にはまり込めなくなります。

## 高い集中状態では「意識の性質」と「無意識の性質」が同時に出やすい

　一方で、映画に集中している時には次頁の図のようになります。これは「最高の力」を発揮している状態を表している図です。この図では、無意識が直接意識（あなた）にエネルギーを供給しているのです。
　しかも、エネルギーを致命的に消耗させるプログラムから離れているので、エネルギーの消耗がほとんどありません。**この時には、「意識の性質」と「無意識の性質」が同時に出やすいのです。**

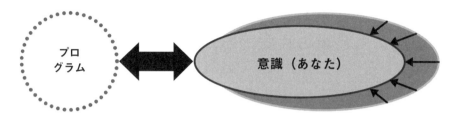

意識＝時間＝空間＝人称
無意識＝今＝ここ＝私

## 俯瞰しつつ一点に集中している状態は誰もが体験している

　上記の状態では、無意識のエネルギー貯蔵庫が満タンですから、無意識そのものの性質が出やすくなります。その結果、無意識そのものの性質である「無意識＝今＝ここ＝私」という感覚が強まります。

　同時にこの状態の時に、意識はプログラムに支配されていません。これは、フィルターを被せずに世界を見ている状態です。ですから、あなた（意識）は世界をありのままに見ることができるのです。結果として、視野が広がるので、世界全体を俯瞰して見られるようになります。

　プログラムが外れて意識が純粋な時、つまり本来の意識状態であれば、視野が広いのです。つまり、プログラムから脱した時には、「無意識本来の性質」が出やすくなると同時に、意識本来の状態（視野が広い状態）が現れるのです。このように「意識の性質」と「無意識の性質」が同時に出ているからこそ、①広い視野を持ちつつ（全体を俯瞰しつつ）、②その場に集中している（一点集中）という相反する能力を同時に使えるのです。

## 無意識そのものの性質が表面化するとは

　無意識には人称がないと書きました。これは、全てを「私（自分）」だと認識することを意味します。意識では、映画の登場人物を他人だと認識できます。しかし、無意識には人称の概念がないので、映画の登場人物もまた自分だと認識するのです。

《第10章》集中力を生み出す

　すでにお伝えしたように、映画の世界に没頭している時には、登場人物の一挙手一投足に反応しますから、あなたもおそらく主人公が辛い思いをしているシーンでは、自分も胸が痛むような体験をしたことがあるでしょう。意識（頭）では映画はフィクションにすぎないとわかっていますが、同時に無意識（身体）では、登場人物は自分だと認識することになるのです。

　ハリウッドの映画などは聴衆の心理を引きつけるための様々な工夫がなされています。ですから、自然と聴衆は映画の世界に引き込まれていくのです。映画監督は映像、音響、ストーリーを効果的に使って上手に聴衆を映画の世界に没頭させます。これは、短時間で聴衆を「集中状態（映画に没頭している状態）」にすることに成功していることを意味するのです。

　「映画に没頭している時には日常を忘れられる」というフレーズを聞くことがあります。ある意味、映画を見るとは非日常を体験することです。これは、一時的にいつもの自分から離れることを意味します。いつもの自分とは、「セルフ１（プログラムに同一化している自分）」のことです。

　282頁で、「最高の力」を発揮している状態は、俯瞰しつつ、一点に集中している状態だとお伝えしましたが、これは誰もが体験したことのある状態だと理解していただけたかと思います。

# 04 最高の力が発揮されている状態とは

### 理解困難な「問い」を持つことの価値

　ここで、仕事などで「最高の力（潜在力）」が高度に発揮されている状態を描写してみます。ここで描写するという表現を使ったのは、「最高の力（潜在力）」が発揮されている状態は言葉で表現するのが極めて困難だからです。「最高の力（潜在力）」は無意識からもたらされる力であり、無意識的なことになればなるほど、言葉ではなく絵や比喩によってしか表現できなくなります。

「理解困難なことを書くことに意味があるのか？」と思う人もいるかもしれません。しかし、本書の冒頭で書いたように「センス（才能）」は言葉で明確に表現できるものではありません。「最高の力（潜在力）」を高度に発揮できるようにすることこそが、「センス（才能）」を磨くことなのです。頭で理解できることだけを述べていては、肝心なことを伝えられなくなります。

「禅問答」という言葉を知っているでしょう。これは禅宗の導師がすぐには答えられない「問い」を修行者に投げかけて、修行者自らが深淵な答えを出せるように仕向けるものです。ここまで本書を読まれた皆さんは、これも「空白」を活用した学習だということがわかるはずです。

「最高の力（潜在力）」が高度に発揮されている状態を描写することは、読者の皆さんに人生の質を大きく左右する「最良の空白」を提供することになります。

　**よって、この項に書くことはすぐに理解できるかどうかは重要ではありません。今後探求していく「質の高い空白」をインプットするつもりでお読みください。この「空白」を持つことそのものが、あなたの無意識を活性化させます。**

　ここに書いている内容は、場合によっては何年もかけて理解していく内容です。しかし、この空白を埋めていくプロセスが、高度な「最高の力」

を開発する道となるのです。

## 高い集中状態では一点集中と同時に広い視野をも持っている

282頁で、「フロー状態」「ゾーン」などでは、①広い視野を持ちつつ（全体を俯瞰しつつ）、②その場に集中している（一点集中）という相反する能力を同時に使っていると書きました。これに関連して、かつてオリンピックや世界選手権で連覇を成し遂げた柔道の選手の興味深い発言を紹介します。

その柔道の選手が言うには、深く集中している時（「最高の力」を高度に発揮している時）には、**畳の上で相手選手との組手に集中しながらも、同時にその試合全体を俯瞰し、全体が見えているような意識がある**、と言うのです。これは、一点集中だけでなく、同時に広い視野をも持っている状態だということがわかるでしょう。

私も、セミナーやコーチングを行っている時に、同じような状態になることがあります。セミナーでは受講生の方から質問を受けます。深い内容を扱うセミナーであればあるほど、質問の内容も深くなります。私が考えたこともないし、勉強したこともないようなことを質問される場合が多いのです。

その場合でも、状態が良い時には「瞬時に答えがわかる」のです。思ってもない答えがひらめくことが多いからです。それを言葉にするとしたら、**私が考えているというよりは「叡智」である無意識が答えを出してくれている**という感じです。

## 「最高の力」が高度に発揮している時には特別な理解ができる

状態が良い時には「瞬時に答えがわかる」と述べました。このような時には、「答え」がわかっているだけでなく、それを説明するロジックと膨大な言葉が同時に自分の中にあると感じられるのです。

ですから、「質問に答えることができる」しかも、「理解してもらえるように筋道立てて解説することができる」という静かな確信（自然とできるという気持ち）があるのです。

「無意識」が自動運転しているので、受講生に質問の答えを効果的かつ効

率的に理解してもらうためのロジックも同時に頭の中に浮かんでいるからです。これは、物事を効果的かつ効率的に成し遂げようとする「無意識」の機能の1つである「叡智」の機能です。

## 「すでにわかっているもの」にハッキリとした形を与えていくようなもの

　先ほど、「深い内容を扱うセミナーであればあるほど、質問の内容も深くなります。私が考えたこともないし、勉強したこともないようなことを質問される場合が多い」と書きました。このような質問は知識や経験だけでは答えられないのです。その結果、私の頭の中に浮かんだ「質問の答え」は、その場で初めて気づくことも多くあります。

　この場合、本来ならば、私の頭に浮かんだ答えが正しいかどうかはわかりません。また、初めて頭に浮かんだことですから、それを論理的に説明できるかどうかもわからないはずです。さらに、それが深淵な質問であればあるほど、それを説明するためのロジックは膨大な情報が複雑に組み合わさっているのです。それを言葉で表現しようとすると数時間もの時間が必要な場合すらあるのです。

　しかし、その時に感じていることを、あえて言葉で表現すると「答えはわかっている」「それを論理的に説明できるということもわかっている」、ただ、それを言葉に翻訳する際に、「どのように説明していくことになるかは今はわからない」となります。

　よって、説明することは「すでにわかっているもの」にハッキリとした形を与えていくような作業になります。実際、私（意識）も全てを説明した時に、その内容の全貌が理解できるのです。

## 意識は無意識の理解のスピードに追い付けない

　どうしてこのような状態になるかと言えば、スーパーコンピュータである無意識にアクセスしているからです。スーパーコンピュータはものすごいスピードで正解を導き出して、そのロジックを高速で組み立てているのです。ただし、そのスピードに意識（頭）の理解が追い付かないのです。よって、意識では把握しきれていないのです。

しかし無意識のシグナルである身体や直観では、それを感じることができます。このような時には、「説明することができると静かに確信している、あとは無意識が自動運転で効果的かつ効率的に説明していくことになるだろうということがわかっている」と身体（無意識）で感じるのです。

## 現在から未来までの時間が今・ここに同時にあるように思える

「最高の力」を使っている時の感覚をもうひとつご紹介しましょう。それは、**現在から未来までの時間が今・ここに同時にあるように思えること**です。

例えば、さきほどの受講生の方とのやりとりの例で言えば、質問を受けて、それに答えるのに2時間かかることもあります。この場合に、「説明し始める現在から、説明が終わる2時間後までの時間（未来）」が、今の自分の中に凝縮されていると感じます。それに費やされる現在から未来までの長い時間が自分の中にあると感じられるのです。

数学がある程度得意な方は、中学受験の算数の文章題を瞬時に理解するでしょう。しかし、それを方程式も知らない小学生の子どもに教えるには、長い時間がかかります。この時に、「この文章題の答えはわかる。しかし子どもに理解してもらうに長い時間がかかるだろう。しかし、様々な方法で理解してもらえるだろう」と思うはずです。このような体験をしたことがある人は、先に書いたことを感覚的にはつかめるかと思います。

ただし、算数の問題が理解できる場合はすでに知っている知識による部分が多いのですが、未知の質問に答える場合は、なぜ自分（意識）に理解できるかすら、わからないのです。しかし、無意識（叡智）につながった時にはそれがわかるのです。

現在から未来までの全ての時間が今・ここに同時に存在している感覚を比喩的に表現すると「ある完成度が高い建築物のイメージが頭の中にあって、それを言葉で説明するようなもの」となります。

建築物の絵を見せたら、瞬時に理解してもらえることでも、言葉で説明するには膨大な言葉に翻訳しなければなりません。図面で見せたら一瞬でわかってもらえます。しかし、言葉で表現すると、それをたくさんの部分に分解して、1つひとつ説明しなければなりません。これは、一瞬で理解してもらえることを、現在から数時間後の未来までの長い時間をかけて説

明することになります。

　絵（図面）としては頭の中にある——。これを私の事例に置きかえると「質問の答えがある」という状態です。そして、頭の中の図面を見る限り非の打ち所がないことがわかっている場合（矛盾が見あたらない場合）、「筋が通っている」ということになります。これは、論理的に説明できるものであることを意味します。

　ただし、このように答えはわかっていて、加えて論理的に説明することができるという確信があることでも、言葉（形）にしてみないと、それがどういうものなのかを頭（意識）では理解できないのです。

　それを言葉にした時に、理解していた内容を具体的に知ることができるのです。私が深淵な質問に答える場合は、私が理解している内容を、目の前の受講生に言葉を尽くして説明することです。**それを、ものすごく集中しながら行っていくのです。**先ほど書いたように、全部説明し終えた時に、身体（無意識的に）でわかっていたことが、頭（意識）でも理解できるようになるのです。

## 最高の力を発揮している時には全体が見えていて、同時に集中している

　以上が、私の場合の**全体が見えている**（質問の答えがわかっている）、それと同時に目の前の受講生に説明することに**集中している**という状態（広い視野を持ちつつ、一点集中している状態）です。

　先ほどご紹介した柔道の選手の体験（畳の上で相手選手との組手に集中しながらも、同時にその試合全体を俯瞰している意識）と同質のものです。

　私の知り合いの画家も同じことを言っています。彼女が絵を描く時は、頭の中に絵の構想があり、彼女にはその絵の全体図がわかっています。しかし、描いてみないと、どんな絵になるかはわからないと言うのです。これもわかっていると身体で感じていることを、形にする作業と言えるでしょう。

　この場合、画家は絵の構想をイメージしつつも一筆一筆に集中します。絵の構想をイメージすることは、柔道の選手が試合全体を俯瞰している状態と似通っています。画家が一筆一筆に集中することは、柔道選手が組手に集中している状態と同じものです。

# 最高の力を発揮している時の状態

最高の力を発揮している時には全体が見えていて、同時に集中している

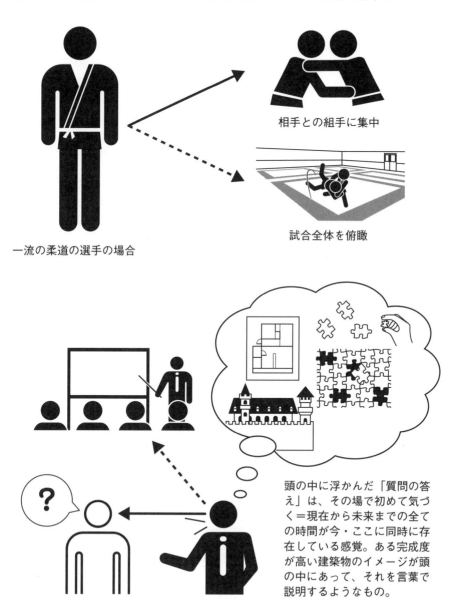

# 05 集中には興味・関心が必要になる

**ただ純粋に興味深いと思っている時に集中している**

「最高の力」を発揮するには集中が必要ですが、そのような高い集中状態とは、意識的に作り出すものではなく、意表を突かれた時などに偶発的に作り出されるのです。

映画を集中しようと思って見ている人はいないでしょう。興味深い内容の場合、思わず集中してしまうのです。そして、それが高い集中状態になった時に、「最高の力」を発揮している状態になっているのです。その時は、「セルフ1（プログラムに同一化している自分）」を忘れています。そして、エネルギー源かつ叡智である無意識につながるのです。

**コーチの質問がクライアントの集中を引き出す**

普段私たちはプログラムに同一化しているため、プログラム通りのパターン化した発想しかできないと述べてきました。一方でコーチは、クライアントが普段考えないような空白を与えます。この意外性のある質問も、「セルフ1（プログラムに同一化している自分）」を忘れさせる効果があるのです。

あなたは、誰かと会話していて予想外の答えが返ってきた時に混乱したことはありませんか？　このような時には、普段の自分ではない自分、つまり無意識そのものにつながることがあるのです。

コーチが新鮮な質問をすることによって、クライアントの直観が冴え渡ることがあります。それもまた、従来のパターン外からの質問によって、普段の自分を忘れているからなのです。このようにして、コーチは質問によって、クライアントから高度な集中状態を引き出しているのです。熟練したコーチのセッションではわずか60分のコーチングセッションによって、長年抱えていた課題を解消することすらあります。それも、コーチングの質問によって「最高の力」を発揮する状態になりやすいからなのです。

「最高の力」を発揮する状態だからこそ、1人では思いつかない問題解決の方法や、目標達成のためにすべきことが浮かびます。

質問は「予想外であること」や「純粋な興味を引くような内容」であれば集中状態になりやすいです。「純粋な興味を引くような内容」の質問をされると、よくできた映画に関心を持つように、思わず（自然と）その質問の答えを探すことに集中するでしょう。また、「予想外であること」によって、「普段の自分（プログラムに同一化した自分）」が停止しやすくなるのです。

**興味・関心を持つことは、コーチがクライアントに対する姿勢としても大切です。** 多くのコーチングスクールでは、コーチングの前提として、「コーチはクライアント並びにクライアントが扱うテーマに興味、関心を持つこと」とあります。これはコーチが集中状態になるのに役立つことがわかるでしょう。興味、関心を持つことが集中状態を作り出す鍵となるのです。

## 興味関心が持てない場合はどうしようもないのか？

「最高の力」の発揮は「集中すること」によって実現できることが理解できたでしょう。その鍵となるのが「興味関心を持つこと」だということも体験上わかるという方も多いでしょう。

ただし、興味関心も、また、持とうと決めても持てない場合が多いのです。私はセミナー中に受講生から質問に答える場合に、集中状態（最高の力を発揮できる状態）になることが多いとお伝えしました。しかし、どの質問に答える時にもこのような集中状態になるわけではありません。私自身が大事だと思える内容に関する質問をされた時に、高い集中力を発揮するのです。

裏返して言いますと、興味がない、つまらないと思っていることを話す時には、「最高の力」は発揮できないのです。そこで、ある程度意識的に「最高の力」を発揮できるようにするための秘訣を紹介したいと思います。

# 06 コーチングで「ありのままに見る」

## 「最高の力」を発揮する秘訣

　ガルウェイは自身が編み出した新しいコーチング法を3つのシンプルな言葉に集約できると述べています。それは「知覚」「信頼」「選択」です。彼はこの3つをもう少し具体的な言葉で「①知覚力の自修作用を活用する」「②セルフ2を信じる」「③選択権は選択者に任せる」と表現しています。

　この3つのうち、この章では、「①知覚力の自修作用を活用する」ことによる「最高の力」の発揮を扱います。第11章で「②セルフ2を信じる」ことと「最高の力」の発揮との関係を扱い、第12章では、「③選択権は選択者に任せる」ことがなぜ「最高の力」の発揮につながるのかを説明します。なお、「①知覚」「②信頼」「③選択」の3つは単独で存在するものでなく、密接に絡み合っています。

## 「ありのままに見る」とセルフ1を忘れてセルフ2が活動を始める

　「知覚力の自修作用を活用する」とは、観察することに集中できれば、**セルフ2（無意識）**が自ずと最も効果的で効率的な自動運転を始めるというものです。ガルウェイは「ありのままに見る」ことができればそうなると述べました。

　では、「ありのままに見る」とはどういう状態でしょうか？

　ガルウェイは著書の中で、テニスのバックハンドが苦手な生徒には「それを直すのはしばらくお預けにして、まず飛んでくるボールをもっと良く観察してみよう」と提案したと述べています。

　さらに、意識をボールに集中させるために、「ラケットがボールをヒットする瞬間、ボールは上昇中なのか、水平飛行なのか、あるいは下降中なのかを見極めてほしい」と付け加えています。

　「ラケットがボールをヒットする瞬間」を見極めるには、かなり集中しな

ければなりません。その結果、「セルフ1（指示し評価する自分）」を忘れて、ただボールに集中している自分（セルフ2）がいるのです。この状態をガルウェイは「クリーンな知覚」と呼びました。本書の表現では「フィルター（プログラム）を外して見ている状態」です。これが「ありのままに見る（価値判断なしに見る）」です。

この状態になった時に、プログラムから自由になっているのです。それをガルウェイは「生徒がボールの起動に目を奪われ始めると、彼は自然にセルフ1の『ストロークをコントロールしよう』という性癖から『離脱』していく。母船から月面着陸艇が切り離されるように、自由の身となる。やがて以前感じていた脅威がすっかり消える時間帯がやってくる」と表現しています。

このように、観察することに集中している時には（ありのままに見ている時には）、セルフ1（プログラムに同一化した自分）から自由になっているのです。

## 「ありのままに見る」と「知覚力の自修作用」が始まる

さらに、ガルウェイは観察することに集中している時に（ありのままに見ている時に）「知覚力の自修作用」が起こると述べています。**ガルウェイのスクールの生徒が、ボールを観察することに集中すると、それまでに見られた技術的な問題点の多くが、たちどころに消えていったのです。**

例えば、「バックハンドが苦手な生徒」は以下のような変化を体験したとガルウェイは述べています。「フットワークはスムーズさを取り戻し、ラケットをぎくしゃくと後ろに引くこともなくなっていく。前足は自然な動きで移動し、からだの前方への動きをサポートする。スイング自体が目に見えて改善されている。技術的なレッスンを何もしていないのに、変化が起こるのだ。そしてほとんどの場合は生徒自身も、自分のストロークに望ましい変化が起きたことに、気がつかない」。

以上のように、見ることに集中する、つまり、ありのままに見ることによって、自然と（無意識的に）、欠点が修正されるのです。**これが「知覚力の自修作用」です。これは、集中することによって「セルフ1」がいなくなった時に、無意識（セルフ2）が自ずと最も効果的で効率的な動きに**

修正することを意味します。このように、無意識が自動的に修正しますので本章では「知覚力の自修作用」のことを「無意識の自修作用」とも呼びます。

## 無意識（セルフ２）に任せると自然と最適なパフォーマンスに変わる

　生徒は何かを変えようとはせず、ただありのままに見ることによって自然と最適な動作ができるようになりました。ガルウェイはその理由として、「ボールが怖くなくなった時に起こる自己防衛的な動作（後ずさりしたり、やけ気味にラケットを振り下ろす動作など）がなくなった」と述べています。ここでの自己防衛的な動作とは、「セルフ１（プログラムに同一化した自分）」の動作だということがわかるでしょう。プログラムは自分を守るためにあるのでしたね。

　この場合のコーチの指示は技術に関する内容ではなく、単に「ボールを見てほしい」です。ボールを見ることに集中した結果として、無意識の自動運転が始まって最適な動きができるようになったのです。無意識の自動運転ですから、生徒自身も自分のストロークに望ましい変化が起きたことに、気づいていません。「ありのままに見る（純粋に知覚する）」ことによって、気づくことなく最適な動作に修正されたのです。

## 「ありのままに見る」時に最高のパフォーマンスが発揮できる

　「ありのままに見る」ことで「最高の力」が発揮できるようになったのは、本書の言葉で表現すると「プログラムに同一化した自分」から「脱同一化した」からです。「プログラムに同一化した自分」は、フィルターを被せて世界を見ているのでしたね。285頁のように、プログラムと同一化しているとエネルギーの大半は守るために使われるのです。「ありのままに見る」ということは、フィルターを外すことになる、つまりはプログラムから自由になるため、無意識の莫大なエネルギーとつながるのです。そして、エネルギー源かつ「叡智」である無意識が効果的かつ効率的な行動を取るようになるのです。

　前頁では、「ありのままに見る」とは「価値判断せずに見ること」書い

ています。この2つは同じことです。
　ここでは、「ありのままに見ること」でスポーツにおける自修作用が働く点を紹介しました。ただ、これはスポーツに限らず、仕事など様々な分野でも役立ちます。

## クライアントのYさんの体験談

「研修講師としてのパフォーマンス向上」という課題でコーチングをしていたYさんに「知覚力の自修作用活用する」ことについてこの項でみなさんに説明した内容を伝えたところ、下記のような気づきと体験を報告してくれました。

　これまでうまく行かなかった研修を振り返ると、大抵の場合、抱えている課題にとらわれていたように思います。例えば、先日は、プロジェクターの不調で研修を中断して、その対応に追われていました。その時は、どうやって遅れを取り戻そうか、そのことばかりに気をとられていました。正直言うと、受講者に研修の内容が伝わっていないことを感じながらも、時間内に予定をこなすことを優先していたのです。
　つまり、かろうじて時間内に研修を終了したものの、本来の目的である「受講者にとって効果的だったか」は疑問が残るばかりでした。
　そこで「ありのままに見る」という言葉にはっとしました。
　私がありのままに見ていたのは受講者ではなく、時間だったと気づいたからです。そして、私が講師としての仕事にいつまでも自信が持てない原因がそこに何かしらありそうだと気づきました。
　一方で、うまくいった経験もあります。その時は、受講者たちに淡々と語りかけていました。頭で考えずにただ言葉が出てくる状態でした。「うまく話そう」とか「時間を守ろう」などと頭をよぎることはありませんでした。時には厳しいことも伝えたのですが、反発されることもなく、静かに受け入れ聞いてくれていました。その時に感じたのは、距離が縮まる感覚と一体感です。その部屋の空気が一転して淀みが一掃されたような変化を味わいました。
　今考えると、あれがまさしく「最高の力」を発揮している状態であり、無意識が効果的に自動運転してくれていたということなのでしょう。
　しかも、苦手だと思っている講師の仕事であのような体験をしていたこと自体を忘れていました。

116頁では、人前で話すことが苦手な人は、人間が怖いという分厚いフィルターを被せているから防御的になってしまうことを書きました。その結果極度な緊張状態に陥るのです。

仮に、周りの評価や結果を気にせず話すことができるなら、技術的に上手か下手かは別として、エネルギーの浪費がないので深いインパクトを与える話ができます。また、「叡智」とつながっているので、自動的にその場において最も効果的かつ効率的な話ができるのです。

## 「ありのままに見る」ためにできること

「ありのままに見る」ことのパワーについて言葉で説明するのは簡単ではありません。しかし、これは誰もが体験できる状態なのです。私は「承認（スポンサーシップ）」に関するセミナーを長く行ってきました。そのセミナーの中で、「ありのままに見る」訓練をするのですが、受講生の皆さんは一様にその効果の大きさを実感します。その訓練方法は192頁に書いた「スポンサーシップ・トレーニング」のワークです。

ガイド役がクライアントをありのままに見る（価値判断することなく見る）のですが、それだけでクライアントは普段とは違う意識状態を体験するのです。ガイドにありのままに見られたクライアントが感じる気分は「リラックスできた」「とても静かな感じ」「自由になった気分」「深く受け入れてもらえた感じ」などです。

192頁では、質の高いコーチングを行うための姿勢を磨く方法として紹介しました。しかし、その効果はそれだけに限定されるわけではありません。「最高の力」を発揮できるようにすることはあらゆる分野で必要なことです。コーチングをトレーニングすることは「最高の力」の発揮のコツをつかむのに役立ちます。このコツをつかむことによって、コーチングしている時以外の場面でも「最高の力」を発揮しやすくなるのです。

## 価値判断を外すための質問

「ありのままに見る」状態をコーチングで実現するとしたら、どのような質問をすればいいのでしょう。

私たちは知らず知らずのうちに価値判断してしまっています。価値判断

しているかどうかは、誰かと面会する時などに感じる反応でわかります。ネガティブなのかポジティブなのかは別として反応があるということはフィルター（プログラム）を被せて、その人を見ているということになります。

上司と部下の人間関係で、上司（Aさん）がネガティブなプログラムを被せて部下をマネジメントしていては、良いコミュニケーションは取れません。この場合のネガティブなプログラムとは、「人に何かを頼むことに関する苦手意識」などです。

人に何かをお願いすることが苦手な人でも、苦手な理由について深く考えていないことが多いものです。そこで、コーチがAさんに「誰かに何かを頼むことを止めているものは何ですか？」という質問をすると、Aさんは自分の思い込み（観念）に気づきます。

例えば、「人の時間を奪ってしまうのが罪」だと思い込んでいると気づくかもしれません。繰り返しお伝えしているように、「思い込み（観念）」は意識化できるだけでも、緩和されるのです。

## アズ・イフ・フレームにより価値判断を外す

さらに、「人の時間を奪ってしまうのが罪という観念から自由になった自分がいたとすれば、それはどんな自分ですか？」という質問をしたらどうでしょう？

これは、アズ・イフ・フレームですね。アズ・イフ・フレームは困難な状況から出るのに有効な質問方法だと述べています。この質問に答える時には、少なくともネックとなっている観念からは自由になるはずです。完全に価値判断がなくなるかどうかは別として、反応が変わります。

ここでは「気づいていない観念に気づく」ということと、「アズ・イフ・フレーム」を重ねて使いましたが、どちらも脱同一化するのに役立つことがわかるでしょう。このように、コーチングの質問をされる度に自然とフィルターが剝がれていくのです。

## コーチング例「価値判断に気づく」

コーチ　　　：Tさん、今日のセッションはどうしましょうか？
クライアント：前回のセッションの続きです。誰かに自分の担当業務をふると決めた計画ですが、結局、この数週間、それができませんでした。何度か試みたのですが……。
コーチ　　　：そうですか、できなかったんですね。このテーマについては、何度も挑戦していますよね。Tさんの中で、止めていることは何でしょうか？
クライアント：止めていること？　申し訳ない気持ちがあります、正直。
コーチ　　　：申し訳ないのですね。どういうことですか？
クライアント：自分の仕事を誰かにお願いをすることは、気が引けるんです。
コーチ　　　：どうして気が引けるのですか？
クライアント：私はマネージャーだし……。
コーチ　　　：Tさんが誰かにお願いできている時もありますよね。その時を思い出してください。その時と今回の違いは、何ですか？
クライアント：ん〜。相手や内容によっては、人にお願いしてますね〜。
コーチ　　　：そうなんですね。もし仮に、今回Tさんが誰かに「助けてください。力を貸してください」とお願いするトレーニングだったとします。そう聞いてどう思いますか？
クライアント：うわー。ちょっとハードルが高いトレーニングだな。やりたくないな〜。
コーチ　　　：Tさんにとっては、やりたくないトレーニングなんですね。どうしてですか？
クライアント：だって…（沈黙）。「人には甘えてはいけない。自分でなんでも解決しなければいけない」と思ってますから。そうかぁ〜、こんなに強く思っていたとは自分でもびっくりです。

●クライアントが価値判断しているかどうか？
クライアントがネガティブなのかポジティブなのかは別として反応があるということはフィルター（プログラム）を被せて、その人や物事、行為を見ているということになる。

# 第11章

# 無意識を信頼する

# 01 無意識を信頼するとは

### 選択権を行使するには2つの信頼が必要

　ガルウェイが提案したコーチング法の2番目の要素は「セルフ2を信頼する」です（296頁参照）。セルフ2とは「無意識」のことだとお伝えしました。「無意識」は莫大なエネルギー源かつ「叡智」だとお伝えしてきました。つまり、「セルフ2（無意識）」を信頼するとは、スーパーコンピュータがあなたの中にあるということを認めることなのです。
　では、それを認めるのは誰か？
　あたりまえですが、あなたが認めるのです。そして、**あなたは「意識」であり、「無意識」は「意識（あなた）」とは別物です**。そして、「無意識」は「意識（あなた）」の意図に従うのです。これは、「あなた（意識）」が「無意識」が持つ莫大なエネルギーと「叡智」を活用する選択権があることを意味するのです。
　**ただし、この選択権が発生するのは、あなた（意識）がプログラムとは別物だという理解が生まれた時だということがわかるでしょう。**プログラム通りに生きる時には、無意識のエネルギーと「叡智」を自由に活用することはできないのです。しかし、プログラムもまた、あなた（意識）ではないので、プログラムの支配から自由になれるのです。つまり、**あなた（意識）の可能性とはプログラムから自由になりスーパーコンピュータ（無意識そのもの）を活用できることなのです。**
　以上のように、「最高の力（潜在力）」を発揮するには、2つのことに対する信頼を深めなければなりません。1つは「無意識そのもの（スーパーコンピュータ）」があなたの中にあるということに対する信頼です。もう1つはあなた（意識）がそれ（無意識）を選択できることに対する信頼です。

## 「プログラム」「意識」「無意識」の理解が選択肢を与える

　しかし、この選択権を使える人はまれです。なぜなら、選択肢があること自体を知らないからです。本書では、「自己同一化」「脱同一化」をお伝えしました。この2つの言葉の意味を理解することにより、意識的に自分をコントロールできる範囲が広がるはずです。

　多くの人はプログラム（価値観など）を自分から切っても切り離せない性質のように感じていると述べました。これは錯覚ですが、これを信じている場合は、自分の身体の一部である心臓を切り離すことができないと考えるのと同様に、プログラム（価値観など）も外せないもののように感じてしまうのです。実際、コーチングやNLPのような勉強をしていない方は、価値観は自分の人格の一部だと思っているでしょう。その場合は、自分の心臓を取り外そうという発想がないように、価値観を外そうとは思わないものです。プログラム（価値観など）は自分ではないということが理解できた時に初めて、そこから出る（脱同一化）という選択肢があることに気づくのです。

## 意識的に高いパフォーマンスを発揮できる機会を増やすために

　同様に、「プログラム」「意識」「無意識」の性質をよく理解できた時に、意識的に「最高の力」を発揮できる可能性に気づきます。「最高の力」を発揮する能力は、誰にでももともと備わっているのですが、その可能性に気づいていない場合は偶発的にしか使えないのです。

　**ここで最も重要なことは、あなたは「意識」だということを理解することです。あなた（意識）はプログラムからも無意識からも独立している存在なのです。この理解の重要性はどれだけ強調しても足りないくらいです。**

　もう一度言わせてください。あなた（意識）はプログラムから自由になれる存在です。そして無意識はあなた（意識）の意図に従うのです。つまり、あなた（意識）はいつでもプログラムの束縛から自由になれる可能性があるし、無意識下にある莫大なエネルギーと「叡智」とつながる可能性があるのです。

## 「無意識そのもの」を信頼できるようになるための第一歩

　ただし、これまでに述べたことは簡単ではありません。あなた（意識）が偉大な可能性を秘めていることを信頼できるようになるには、もっと「プログラム」「無意識」「意識」の性質を理解しなければなりません。

　本書でも「プログラム」「無意識」と「あなた（意識）」の関係を紙面が許す限り解説してきました。この関係を理解すればするほど、あなたは自分の可能性を理解できるようになるからです。

　無意識が持つ莫大なエネルギーと「叡智」は誰にでも備わっている能力なのです。これは事実です。そして、どんな人でもそれを発揮することができるのも事実です。これを深く理解してもらいたいのです。**その第一歩は、この事実を頭（意識）で理解することです。まずは事実を知ることから始めるのです。**

　しかし、このことを頭で理解するだけなら、十分には信頼しているとは言えません。人間は体験の積み重ねによって事実だと認識します。よって、**あなたが「セルフ２（無意識）」を信頼できるようになるためには、実際、「無意識の自動運転にゆだねた時の高い能力の発揮」や「無意識の自修作用」を体験しなければならないでしょう。**その時に初めてそれが本当のことだと実感できるのです。この実感があって初めて信頼できるようになるのです。そして、この信頼を深めれば深めるほど、「セルフ２（無意識）」に安心して身を任せられるようになります。この時に、「最高の力」を発揮できる機会が増えてくるのです。

「最高の力（潜在力）」を発揮するために、
信頼を深めたい２つのこと

①スーパーコンピューターがあなたの中にあると認めること
②あなた（意識）がそれ（無意識）を選択できるということ

では、そのために何ができるか？

**STEP1** 頭（意識）で理解する

- あなたが「意識」であること
- あなた（意識）は、プログラムからも無意識からも独立している存在
- 「プログラム」「無意識」「意識」の性質
- 無意識が持つ莫大なエネルギーと「叡智」は誰にでも備わっている
- どんな人でもそれを発揮することができる

**STEP2** 体験する

- 無意識の自動運転にゆだねた時の高い能力の発揮
- 無意識の自修作用

この実感があって初めて信頼できるようになる。この信頼を深めるほどに、「セルフ２（無意識）」に安心して身を任せられるようになる。この時に、「最高の力」を発揮できる機会が増えてくる。

# 無意識への信頼を阻むものとは

**無意識の自動運転にゆだねることへの抵抗**

　ここまで書いてきたように「セルフ2（無意識）」を信頼できるようになれば、「最高の力」を発揮しやすくなります。ただし、私たちはあまりにも「セルフ1（プログラムに同一化した自分）」から行動することに慣れてしまっています。これまで頭であれこれ考えながら目の前の出来事に対処してきた人が、「無意識の自動運転」を信頼しようとしたら、どうなるでしょう？

　例えば、プレゼンテーションにおいて、この手順でこのように話して、最後にはこのように締めるという鉄板のパターンを持っている人がいたとします。このような人が、「これまでのパターンを一切あてにせず、ただ目の前の人に集中して、目の前の人が必要とすることを伝えてみてください」と言われたとしたら……。

　おそらく、何を話したら良いかすらわからなくなるのではないでしょうか。よく知っているクライアントにならまだしも、初対面の人を前にして、「無意識の自動運転」を信頼しようとても、怖気づいてしまうことになるでしょう。このような時に、恐る恐る「無意識の自動運転」にゆだねようとしても、それは「セルフ1（指示し命令する自分）」が命令しているのです。この命令も頭の中の雑音にすぎません。このような状態で何も考えない努力をしても、ただ頭の中が真っ白になるだけです。いつも頼りにしている命綱を失う恐怖から最悪のパフォーマンスになります。

**いつもの自分に安心を感じる理由**

　何かをする際にやり方や手順がわかっていると安心しますね。「こうすれば良い」とあらかじめわかっていると安心です。パフォーマンスが高くないとしても、頭の中の言葉（セルフ1）に従って行動する方が安心するのです。「セルフ1（プログラムに同一化した自分）」は安全・安心を第一

に考えています。よって、あなたがプログラムに同一化している時には、「セルフ２（無意識）」に身をゆだねることに抵抗を感じるはずです。

　繰り返しお伝えしたように、プログラムは外の世界を危険だと感じており、頑なに守っているのです。このように安全策を取ろうとするプログラムはいつもの手順（パターン）で行動したがるものなのです。

　よって、「最高の力」を発揮するためには、プログラムからやってくる抵抗を超えていかなければなりません。**この抵抗を超えるには、「無意識の自動運転ができる」ということを深く信頼する必要があるのです。**これができるという信頼が確固たるものになった時に、「セルフ２（無意識）」に身をゆだねることができるようになります。

　特にコーチングにおいては、コーチだけ、あるいはクライアントだけ「セルフ２（無意識）」を信じるというのでは不十分です。双方が「セルフ２（無意識）」に対する確固とした信頼を持たなければならないのです。

　このことをガルウェイは「自然習得（無意識の自修機能など）の上達法で最も難しいのは、コーチと生徒の両方がこのやり方を信じ切ることだ」と語っています。

　指導的な立場にいる人は、部下や生徒の欠点を見つけると、つい習慣的に「そこはこう直さなければ」と、指示命令を与えてしまいがちです。すると、部下や生徒は上司の指示が不可欠だと考えてしまいます。

　部下にとっても仕事における意思決定を上司や有能な人にゆだねることは、リスクを回避するという観点で大いにメリットがあります。しかし、これでは、「セルフ２（無意識）」からの能力発揮が制限されます。

「誰かの選択」を大事にしてきた人の中には、「自分が決めると人に迷惑をかける」「責任を取るのは嫌なことだ」などのプログラムがあります。このようなプログラムを手放すのは容易なことではありません。しかし、「ありのままに見る」ことができる度合いが増えれば増えるほど、「無意識の自修機能」が働き出すのです。そして、「無意識の自修機能（セルフ２の学習能力）」に対する信頼を深めれば深めるほど、ありのままに見られるようになるのです。

> 事例から学ぶ

# ビギナーズラックはなぜ起こる？

## ●勉強すればするほど、経験を積めば積むほど下手になる!?

　今から15年前、私がコーチングを学び始めた頃、コーチングスクールに通ってコーチングの練習をするのは、とても新鮮で興味深いものでした。コーチングに関する知識も経験もありませんでしたが、その効果には目を見張るものがありました。クライアント役の人がどんどん深い気づきを得ていきました。また、私と同様にコーチングを学び始めた仲間が行うセッションで私も大きな気づきを得ました。

　当時、私は経営コンサルティング会社にいて、高度で複雑な能力開発研修の運営サポートをしていました。そんな私にとって、こんなにシンプルな方法で人間が変わっていくことは大きな驚きだったのです。そこで、コーチングにのめり込むことになります。たくさんの関連書を読み、上級コースまで受講しました。素人同然の私ですら、こんなにも変化を起こせるのだから、上達すればもっと大きな変化を起こせると思いました。しかし、結果は逆で、勉強すればするほど、経験を積めば積むほど下手になっていったのです。

## ●ビギナーズラックが起こる原因

　その原因は今ならわかります。コーチングを学び始めた頃は、コーチングの知識も経験も乏しかったため、ある意味「セルフ1（プログラムに同一化している自分）」がいなかったのです。さらに、それまで学んできたどのコミュニケーション法とも違っていたので、コーチングの全てが新鮮で興味深かったのです。新鮮で興味深かったということは知らず知らずのうちに（無意識的に）集中していたのです。

　つまり、「セルフ1（プログラムに同一化している自分）」がいなかったと同時にコーチングセッションに集中していたのです。初学者の頃は、何もわからなかったからこそ、パフォーマンスが高かったのです。後でコーチングのプロになって活躍した友人たちにこの話をしたところ、全員が同

じ意見を持っていたのです。

　ビギナーズラックという言葉があります。初めて何かをする時に、なぜかうまく行くというものです。経験が乏しいために無意識の自動運転が起こる条件が整いやすいのも、ビギナーズラックの要因の1つでしょう。

## ● 型通りのセッションしかできなくなった理由

　コーチングを勉強する中で、様々な質問のパターンを憶えていきました。さらにコーチングセッションを重ねる中で、「うまくいったセッション」「うまくいかないセッション」を経験しました。その結果、私の中にコーチングのイメージが出来上がっていきました。その中には私なりのコーチングの勝ちパターンもありました。こういう時にはこのような質問をしようなどと決めていました。また、本屋でコーチング質問集のような書籍を見つけては、どんな場合にどんな質問をすれば良いのかを研究しました。コーチングに関する知識が蓄積するにつれて、「コーチングとはこういうもの」という観念（プログラム）が出来上がっていきました。その結果、プログラム通りの型にはまったコーチングしかできなくなっていったのです。

　この頃は、「セルフ1（プログラムに同一化した自分）」がコーチングをしていたのです。それは柔軟性（創造性）に欠ける、エネルギーが低いコーチングでした。今考えると、クライアントを窮屈なパターンに押し込めていたのがわかります。

## ● 知識に頼らなくなった時に知識を活かせるようになった

　学べば学ぶほどコーチングが下手になっていくというジレンマを経験した後、私はコーチングを離れることになりました。コーチングをすることに自信が持てなくなっていたのです。その時には、自分にはコーチングは向いていないという結論を下してしまいました。

　そこで、私は当時並行して学んでいたNLPに集中することになりました。その後、NLPのセミナーを実施することになった時に、偶然にも本書で紹介している「最高の力（潜在力）」を発揮することができたのです。この体験については後で詳しく述べますが、無意識の自動運転状態でセミ

ナーを行うことができたのです。

　それをきっかけにセミナーでのプレゼンテーションだけでなく、NLPやコーチングのセッションにおいても無意識の自動運転状態で行うことができるようになりました。このような体験を経て、知識や経験が大事なのではなく、「最高の力」を発揮すること（無意識の自動運転状態になること）が大事だと悟ったのです。

　それ以来、NLPもコーチングもそれほど勉強することはなくなりました。なぜなら、無意識の自動運転状態になれば、それまでに学んだ知識だけでも十分に高いパフォーマンスを発揮できることが身を以って理解できたからです。

## ●知識や経験が悪なわけではない

　念のために補足しておきますと、知識や経験が悪というわけではありません。知識や経験は無意識が自動運転し始めた時に重要なリソースとなります。例えば、プレゼンテーションにおいて高いパフォーマンスが発揮できるようになったとしても、英語を勉強したことがない人は、伝えたい内容を英語で表現することはできません。「セルフ２（無意識）」がいかに優秀でも、自分の中にないものは使えないのです。

　ある研修講師が私のセミナーを受講した際に、私のことを「少ない材料でおいしい料理を作る名人」と評しました。その当時の私は、知識偏重だった過去を反省して、知識を大事なものだとはみなさなくなっていたのです。その結果、私が行う様々なビジネスセミナーにおいて、お伝えすることのできるビジネススキルは乏しいものでした。しかし、スキルの味を最大限に引き出し、見たこともないような創造的な「料理」を作ってくれたと、前述した研修講師は感じたのです。もしその当時私に豊富な知識があったなら、豊富な食材で創造的な「料理」を作れたでしょう。「最高の力」を実現できる状態になると知識や経験もまた生きてくるのです。

《第11章》無意識を信頼する

コーチングを学び始めた頃、全てが新鮮で興味深かったということは知らず知らずのうちに（無意識的に）集中していた。つまり、「セルフ１（プログラムに同一化している自分）」がいなかったと同時にコーチングセッションに集中していた。

コーチングに関する知識が蓄積するにつれて、「コーチングとはこういうもの」という観念（プログラム）ができ上がっていく。これは、「セルフ１（プログラムに同一化した自分）」がコーチングをしている状態であり、柔軟性（創造性）に欠け、エネルギーが低いコーチングとなる。

313

# 03 なぜコーチングに無意識の自動運転が欠かせないのか

**コーチングこそ無意識の自動運転が不可欠**

　ガルウェイは「知覚の自修機能を信じなければ知覚はクリーンにならない」と述べています。「知覚の自修機能を信じる」とは「セルフ2（無意識）」を信じることです。「ありのままに見る（クリーンな知覚で見る）」ことによって、無意識の「叡智」とエネルギーを使えるようになるとお伝えしましたが、それには「セルフ2（無意識）」に身を任せられるほどに、「セルフ2（無意識）」を信頼できるようになる必要があるのです。

　特に、コーチングにおいては、これができるかどうかが大事です。繰り返しお伝えしているように、効果的なコーチングができるかどうかは、コーチとクライアントの双方が高度な直観力を発揮できるかどうかが鍵だからです。

　私自身も「セルフ2（無意識）」を信頼して身を任せることの重要性について最初から理解できていたわけではありません。私がコーチとしてうだつが上がらなかった時にも、優れたコーチはこの重要性を理解していて、それを話してくれていました。また、優れたコーチが書いた本にもその重要性が書かれていました。しかし、当時の私には全く理解できなかったのです。当時私は、そんなことできないし、私はコーチングに向いていないと思って、コーチングから遠ざかったのです。

　しかし、「『セルフ2（無意識）』を信頼して身を任せる」ことができなかった私が、今はできるようになっているのです。ですから、今これができないという人も、どうかあきらめないでほしいのです。

**無意識の自動運転の積み重ねによって信頼が生まれる**

　「セルフ2（無意識）」への信頼は体験の積み重ねによってもたらされると述べた通り、本を読んで頭で理解できただけなら、まだこれが事実だと身体（無意識）レベルで実感することはできないでしょう。ひょっとする

と、1回できただけでも、それが事実だと実感できるかもしれませんが、もう一度同じことができるという確信を持つまでには至らないでしょう。自信を持つには、繰り返し体験する必要があるのです。

　クライアントが自分自身の中に「スーパーコンピュータ（無意識）」があると信頼できるようになることは、クライアントが仕事上の難題も自分で答えを出せると自信を持つことを意味します。この自己信頼が深まれば、コーチとのセッション以外の場面でも（コーチのいない仕事の現場でも）、最良の答えが出せると自然と思えるようになるのです。

　このような状態になった時に、ありのままのものの見方（クリアな知覚）を持てるようになる頻度が増すのです。ただ、目の前の出来事に集中しても良い（セルフ2に身をゆだねても良い）と、落ち着いて自分に許可を下せるようになるのです。

　このようにコーチングの成果は、コーチングの間だけ「最高の力」を発揮できるようになるだけでなく、それ以外の人生の大事な局面でもこの力を発揮できるようになることなのです。このように成長したクライアントは、コーチに依存する存在ではなく、自立していて、コーチと対等の関係を結んでいるのです。自分にもできるという静かな確信を持てるようになっているからです。

## コーチはクライアントの成長を辛抱強く見守る

　クライアントがこのような状態になるには、場合によっては長い時間がかかることもあります。また、どんなに優れたコーチングのトレーナーが指導しても、駆け出しのコーチが自分の無意識を信頼したコーチングをすぐにできるようになるわけではありません。実際私も一度はそんなことはできないとあきらめたのです。ですから、これからコーチングを習得したいと思っている人も、またコーチとしてクライアントの希望を叶えてあげたいと思っている人も、辛抱強さが必要です。

　長くNLPを通して、対人支援技術に関する指導をしてきました。「これが理解できるようになれば大きく開花するだろう」と思えるような重要な内容であればあるほど、すぐには理解してもらえませんでした。

　本書でも、方法（doing）を理解するのは簡単だけど、在り方（being）

は一朝一夕では身につかないと述べています。
　「最高の力」を発揮できるようになるのに、「ありのままに見る（クリアな知覚を持つ）」ことができるようになるのが重要だと理解できたでしょう。「ありのままに見る」という方法（doing）は簡単です。1日のセミナーでも方法（192頁のワークなど）は習得できます。
　しかし、大事な場面でこれを実行できるようになるためには、在り方（being）つまりは自分の中に眠る「無意識（スーパーコンピュータ）」を信頼する姿勢が必要です。そして、これを信頼することが自分の無限の可能性を信頼することなのです。

# 無意識の自修機能を信じる

「無意識の自修機能を信じる」とは「セルフ2（無意識）」を信じること。「セルフ2（無意識）」に身を任せられるほどに、「セルフ2（無意識）」を信頼できるようになる必要がある。そして、「セルフ2（無意識）」への信頼は、体験の積み重ねによってもたらされる。

自己信頼が深まると
難題でも最良の答えを出せる。

ありのままのものの見方（クリアな知覚）を持てるようになる頻度が増すと、「目の前の出来事に集中しても良い（セルフ2に身をゆだねても良い）」と、落ち着いて自分に許可を下せるようになる。
「『セルフ2（無意識）』を信頼して身を任せる」ことができなかった私が、今はできるようになっている。だから、**今これができないという人も、どうかあきらめないでほしい。**

> 事例から学ぶ

## 初めての「無意識の自動運転」はどんな体験なのか

### ● 何の実績もないのにセミナーを引き受けて……

　ここで、私が初めて「無意識の自動運転」ができた時の体験を紹介します。さらに、その後私がどのような体験を重ねる中で「セルフ2（無意識）」に対する信頼を高めていったのか、そのプロセスをお伝えします。それを通して、「セルフ2（無意識）」に対する信頼の高め方を感じ取ってください。

　私が過去を振り返った時に、この時に「無意識の自動運転」ができていたと鮮明に思い出せるのは2003年の6月に行った、私にとって初のNLPのセミナーです。本書でも何度かご紹介しているように、私は心理職に就きたいという願望を持っていましたが、下手で全く自信がなかったのです。また極度な人前恐怖症で、数人の前でプレゼンテーションをするだけでも、ものすごく緊張していたのです。そんな私でしたが、心理に関するセミナーやコーチングをしてみたいという想いはありました。もちろん当時は欠乏感の裏返しでしたが……。

　当時私はNLPのトレーナーになるためのトレーニングに通っている最中でした。私が出席したそのコースは前半・後半に分かれていて、5月のゴールデン・ウイークに前半7日間のカリキュラムがありました。それが終わってすぐの6月に初のNLPセミナーを行ったことになります。

　NLPのトレーナーに昇格するにはいくつもの要件が必要でした。その中の1つに、6名以上のクライアントが集まる場で、合計100時間以上のNLPに関するプレゼンテーションをするというものがありました。NLPを教える自信はなかったのですが、私が願望を実現するには（心理職で生計を立てるには）必要なことでした。ただし、何の実績もない私が6名もの人を集客する自信がなかったのです。

### ● わずか2時間話すことですら永遠のように長く感じられた

　その当時、自信がなかった私は様々なセミナーに出席していました。そ

の年の５月に出席したあるセミナーで、偶然私の友人の知り合いであるＹさんが参加していました。Ｙさんとは共通の知人がいる安心感があったためか昼食時に話がはずみました。そこで、今、ＮＬＰのトレーニングに参加している最中で、６名以上の人を集めてセミナーをしなければならないので途方に暮れていると話しました。

　すると、Ｙさんに「ＮＬＰって面白そうだね、私が人を集めるから山崎さんやってみないか？」と言われたのです。

　その時初めてわかったのですが、Ｙさんはセミナーのプロモーターをしていたのです。セミナーをする自信はなかったのですが、背に腹は代えられないいくつかの事情も抱えていたため、自信のあるふりをして「是非やらせてください」と言ってしまいました。家に帰る頃には後悔していましたが……。

　次の日には怖くなってお断りしようかと思っていた所にＹさんから電話がかかってきました。会場を押さえたことと、すでに興味を示した人が何人かいるとのことでした。ここでお断りしたらＹさんの顔を潰すことになってしまうと思い、気弱な私は断れなくなってしまいました。

　そこで、これはまずいといった思いもありましたが、必死でＮＬＰの勉強をしました。何をどのように教えたら良いかもわからず悩みました。２時間のミニセミナーでしたが、途方に暮れていました。２時間も話す自信がなかったのです。その当時の私は、わずか２時間話すことですら永遠のように長く感じられたのです。

　たった２時間のセミナーの準備のために、約１ヶ月に渡って教える内容を積み上げていきました。人前恐怖症だった当時の私は、結婚式のスピーチ（３分間）を頼まれた時にも、準備のため長い文面をしたためていました。２時間ものセミナーを行うと想像したら、恐怖のあまりどれくらいの長さかもわからなくなってしまったのです。そこで、あれもこれもと話す内容を追加していったのです。

## ●２時間話すために本１冊分の原稿を用意

　結果的に、わずか２時間のセミナーのために今なら１０日かけて教える内容を用意したのです。その時感じていた気持ちは、途中で話すことがな

くなってしまったらどうしようという恐怖でした。話が早く終わってしまった場合のことも考えて、Ａ４の用紙に10.5ポイントの細かい文字サイズで50枚ものセミナー内容を打ち込んでいったのです。

　Ａ４で細かい字で50枚と言えば、200ページくらいの本１冊分くらいになります。話す自信がなくて、その原稿には「～です、～ます」まで打ち込んでいきました。そのままセミナーの実施日までに全てを暗記して、当日はそのまま話そうと思っていたのです。今考えたら馬鹿げたことですが、当時の私は「人前で話しをするのは怖いことだ」というプログラムに完全に同一化していたのです。

### ●あまりの恐怖に何度も事故を装って引き返そうと思った

　Ｙさんは大阪でセミナーを主催していました。当時私は横浜に住んでいました。そのセミナーは2003年６月下旬の土曜日の午後からのセミナーだったように記憶しています。朝の新幹線で大阪に向かいましたが、新幹線の中でガタガタ震えていたのです。あまりの恐怖に何度も事故を装って引き返そうと思いました。それでも、何とか踏みとどまり、必死で用意した50枚もの原稿を読み返しました。新大阪駅を降りて、地下鉄に乗り換えて会場に向かう時には、心臓が口から飛び出るかと思うほどに心拍数が上がっていました。

　何とか会場にたどりつきました。生きた心地はしなかったのですが、講師なので講師らしくしなければと自分に言い聞かせました。会場のセッティングなどをＹさんに伝えながら身体は震えていました。Ｙさんが頑張って20人ほど集めてくれました。６人ギリギリくらいが良いと思っていたので、多ければ多いほど意気消沈しました。当時は自己無価値感が強かったので、こんな自分のために20人も来てくれて申し訳ないと思っていました。中にはＮＬＰをどこかで学んだ経験がある人までいて、ますますプレッシャーを感じました。

### ●セミナーが始まると、手足はガクガク震えて、言葉はどもった

　セミナーが始まると、手足はガクガク震えて、言葉はどもりました。手が震えているのを見られるのが恥ずかしくて手をポケットにつっ込んで話

《第11章》無意識を信頼する

しました。身体中から汗が大量に吹き出します。もちろん、受講生の目を見ることなどできません。うつむきかげんに話していました。さらには頭が真っ白になりました。50枚もの原稿を用意してのぞんだのに全く思い出せなくなったのです。

それでも、つっかえつっかえ30分くらいは話をしたのだと思います。その時に私の中に、ある変化が起きたのです。逃げ出したい気持ちを抱えながらも来てくれたお客さんのために逃げるわけにもいかず、まったく予定した通りには進行できず、どうしようもなく混乱していた最中に、なぜか雄弁に語り始めたのです。

今分析すると、あまりにも混乱したので、思考が止まったのだと思います。NLPでは極度に混乱するとトランス状態に陥ると習いました。トランス状態は無意識優位の状態で、最高の力（潜在力）を発揮できる状態の一種です。思考が止まった時に、普段の自分（プログラムに同一化した自分）を忘れたのだと思います。そこには、目の前の受講生を恐れていない自分がいたのです。

当時は奇跡が起きたと思いました。何を話せば良いのかが手に取るようにわかるのです。このセミナーのために準備した50枚の原稿は必要なくなりました。この1ヶ月の間に繰り返し勉強した内容が頭の中で整理されてしっかり理解できているのがわかりました。おそらく「セルフ2（無意識）」につながったので、無意識の特徴である「叡智」とエネルギー源につながったのだと思います。「叡智」につながった時に、この1ヶ月の間に勉強した内容が瞬時に深く理解できたように感じました。

文字通り私はもう1人の自分（セルフ2）に切り替わったのです。ただし、自分自身であることには変わりありません。なぜならプログラムに同一化していようが、プログラムから脱同一化して無意識につながっていようが私（意識）は同じです。ただし、とても身軽でエネルギーに満ちていました。そして、あれほど怖かった人前で話すことが楽しいとすら感じたのです。私の言葉が受講生の頭（意識）を超えて身体（無意識）に浸透していくのがわかるのです。深く伝わっていくのがわかります。この状態になってからは、あっという間に時間が過ぎていきました。

## ●フロー状態を体験していた！

　最高の力（潜在力）を発揮している時（フロー状態）には「あの一瞬のことは覚えていない、何も考えていなかった」「心は静かで、一点に絞り込まれていた」「別の世界にいるようだった」のような感想を持つと繰り返し紹介してきました。今これらの引用文を読むと、大きくうなずく自分がいます。当時あっという間に時間が過ぎて、後で振り返った時に自分もフロー状態を体験したことがわかったのです。

　2時間のセミナーを30分くらい延長して終わりました。終わった後に参加者から熱い拍手をいただきました。正直、生まれて初めて自分の仕事ができたと思いました。セミナー終了後に受講感想をいただいたのですが、みなさんとても高い評価をくださいました。自分がこんなことを成し遂げたなんて信じられませんでした。主催者のYさんも食い入るように私の話に集中してくださいました。終わってすぐに、NLPのセミナーを再オファーしてくれました。その時は、何も考えず「いいですよ、違うテーマでやりましょう」と答えていました。プロモーターのYさんがミニセミナーを振り返って、「今日のセミナーは神がかり的なまでにすごかった。山崎さんは粗削りだが、底知れない可能性を感じます。どこまでも登っていくような気がする」と賞賛しているのです。ただし、その時私はこのようなセミナーができたのはまぐれだと思っていました。どうすれば、このようなステートになれるのかもわかりませんでした。

　当時の私は、何の実績もありませんでした。本を書いていないばかりか、セミナーもこれが初めてだったのです。その後、この言葉通りに活躍することができたのですが、Yさんほど、私は私の可能性を信じることができなかったのです。私が自分の中にある「セルフ2（無意識）」を信頼するようになったのはずっと後のことです。

## ●すぐに人前で話すことに恐怖を感じる自分に戻ってしまった

　2回目のセミナーが決まりましたが、横浜に帰るとまた後悔しました。すぐにいつもの自分（プログラムに同一化した自分）に戻っていたのです。セミナーの途中からはプログラムから脱同一化していたのですが、プログラムがなくなったわけではありません。しばらくするとまたプログラムに

同一化し始めたのです。当時はこのようなメカニズムを理解できていなかったので落胆しました。文字通り人前で話すことに恐怖を感じる自分に戻ったのです。

　そうなると、2回目のセミナーを実施する自信もなくなります。そこで、また1回目のセミナーを行った時に準備した50枚の原稿に頼り始めました。1回目のセミナーではこの原稿に書いた内容のごく一部しか使っていなかったので、次もこの原稿を使えると少しは安心しました。1回成功したくらいでは、上手に人前で話せる自信は持てませんでした。2回目のセミナーが近づくにつれて恐怖が蘇ってきました。

　2回目も横浜から大阪へ向かいました。1回目のように、やはり怖くて引き返したくなりました。Yさんには2回目の受講生の名前を繰り返し聞きました。2回目のセミナーで初めてお会いする受講生に対しては、どんな人なのかがわからず恐怖を感じました。1回目のセミナーに出てくださった人ばかりだと安心だと思いました。しかし同時に、2回連続で来てくださる方々に恐怖も感じました。1回目が良かっただけに、2回目で化けの皮が剥がれて下手なセミナーしかできなかったら2回目も期待してやってきた方々に失望されてしまうのではないかと、うじうじ考えていたのです。

　このように、頭の中には何種類もの否定的な声が鳴り響いていました。これらすべてセルフ1が話す雑音（プログラムが作り出す雑音）だということがわかるでしょう。当時はこのネガティブな私（プログラムに同一化した自分）が本来の私だと思っていました。今では、セミナーに失敗しても命まで取られることもないのに、いったい何を恐れていたのかとおかしく思えます。自分で勝手に分厚い鎧（よろい）を作り、幾重にも囲まれた鎧の中の狭い世界が現実だと思い込んでいたのです。この鎧を維持するために無意識は莫大なエネルギーを提供していました。その結果、私は何もできないくらいに疲弊していたのです。

## ●自信のなさを埋めるべく験（げん）をかつぐ

　2回目のセミナーにも20名くらいの方が来てくださいました。ネガティブなプログラムに同一化している私は、うまくできる気がしませんで

した。どうすれば前回のようなパフォーマンスが発揮できるかがわからないのです。やはりガタガタ震えていました。あまりに自信がなかったために験(げん)をかつぎました。1回目と同じスーツ、シャツ、ネクタイ、下着を着用しました。新大阪駅を降りてから、乗る地下鉄の車両も1回目と同じにしました。

　Yさんの挨拶があり、Yさん自身も1回目のセミナーが良かったから、期待を高めているといった主旨のことをおっしゃいます。私はさらにプレッシャーを感じました。また、汗びっしょりになりながら話し始めることになりました。今回は前回のようにはできないとしか思えませんでした。しかし、10分くらい経つと、前回と同じように雄弁に語り始めました。すると、無意識の自動運転が始まり、2回目のテーマに沿って最も効果的で効率的に話をすることができたのです。後は、1回目と同じように成功裏に終わりました。またYさんからオファーをいただき、来月もやりますと言って横浜に帰りました。

## ●ある時はうまくいき、ある時はうまくいかないという体験を繰り返す

　では、2回の成功で自信が持てたのでしょうか？　やはりいつもの自分に戻ると、3回目のセミナーを引き受けたことを後悔しました。ただし、前回よりは少しだけ後悔が軽くなりました。3回目のセミナーのために大阪へ向かう時もやはり怖かったのです。しかし、3回目のセミナーも最初は緊張したけれど、途中から無意識の自動運転が始まりました。

　その後も、オファーを受け続けて毎月大阪へ通うことになりました。その度に、少しずつセミナーをできるという確信を持ち始めました。4回目のセミナーでは、最初の90分間は緊張しっぱなしでした。その後は、毎回短時間で無意識の自動運転が始まったというわけではありませんでした。良いセミナーができなかった時には、セミナー講師を辞めようとも思いました。しかし、ギリギリのところで踏みとどまることができました。なぜか、やればやるほど、様々な所からオファーをいただくようになっていきました。その度に「無意識の自動運転」を実践して、ある時はうまくいき、ある時はうまくいかないという体験を繰り返しました。そして、「セ

ルフ2（無意識）」があるということと、それを使用できるという確信を堅固なものにしていったのです。

## ●「セルフ2（無意識）に」対する信頼は体験の積み重ねによってできた

　今では、私は「セルフ2（無意識）」に対する強固な信頼があります。それは、頭でそれを理解できるだけでなく、それができたという体験を積み重ねたからです。ここまで書いたものを読んでいただいて、いかに私が疑り深い人間だったのかもおわかりいただけると思います。
「無意識の自動運転」が何回かできても、私はすぐに信頼できたわけではないのです。ただし、ガルウェイが言っているように、「セルフ2（無意識）」を信頼すればするほど、この状態を活用しやすくなるのです。
　しかし、「信頼しよう！」と決めても、ネガティブなプログラムに同一化すると、いとも簡単に「そんなの無理だ」と思わされてしまうということも理解できたでしょう。ですから、辛抱強く実践していかなければなりません。私のように何度もあきらめたくなるかもしれません。プログラムは安全・安心が大事なので、従来の「常識的な考えの檻」にあなたを閉じ込めようとするのです。ですから本書に書いた方法を実行しようとしても怖くなるかもしれません。それでも、正しいやり方を知って、それを実行しようという意思さえあればできるようになるのです。

## ●コーチがクライアントの可能性を信じるようになるには

　このように、「セルフ2（無意識）」の信頼を堅固なものにするには少し時間がかかるかもしれません。**だから私はコーチが必要だと思うのです。**今、私はクライアントに辛抱強く関わることができます。それは、私自身が長い時間がかかったけど、「セルフ2（無意識）」を信頼できるようになったからです。仮に目の前のクライアントが「最高の力（潜在力）」なんて発揮できるような気がしないと嘆いていても、私はそのクライアントもできるようになるという確信があります。ここまで書いてきた通り、私も初めはできる気がしなかったからです。また、私自身ができたとしてもなかなか信頼するまでにはならなかったからです。

このように、試行錯誤の末に「最高の力」を発揮できるようになったコーチはクライアントの可能性を信じることができるのです。多くの場合は、クライアント自身がその可能性を信じることができなくても、このような道をくぐり抜けて、「最高の力」を発揮できるようになったコーチは信じることができるのです。
　コーチがクライアントの中に眠る偉大な可能性を信じていたとすれば、それはクライアントに伝わるはずです。第6章で書いた通り、無意識は賢いので相手の内面も察知するのでしたね。クライアントはコーチから伝わってくるエネルギーを感じ取ります。その時に、クライアントは早い段階で「最高の力」を発揮できるようになるのです。

## ●「セルフ2（無意識）」からの能力発揮ができるようになることの意義

　ここまでの文面を読んで、時間がかかりそうだと感じた人もいるかもしれません。「最高の力」を発揮することがどうでもいいことなら、本書に書いたようなトレーニングをしなくていいでしょう。しかし、このような力が発揮できるようになることは、人生の中で最も重要なことの1つではないでしょうか。
　クライアント自身が「どんな難問すら自分で答えを出せる能力があると気づくこと」「高い能力を発揮できる存在であることに気づくこと」、これらのことはクライアントが豊かな人生を送れるようにために大切なことなのではないでしょうか。
　ですから、かけ出しのコーチはクライアントをこの状態に導けるように、「セルフ2（無意識）」への信頼を高めて、「最高の力」を発揮できる機会を増やせるようになってほしいと思うのです。私が、怖かったけれど何度も「セルフ2（無意識）」を信頼すべく実践を重ねたように、「無意識の自動運転」からのコーチングを試してもらいたいのです。そして、その成功体験を重ねて、「セルフ2（無意識）」への信頼を深めてほしいのです。そして、すでにこのような関わりができるベテランのコーチにとっては、これらを読むことによって、さらにコーチ自身とクライアントの可能性に対する確信を深めていただければと思います。

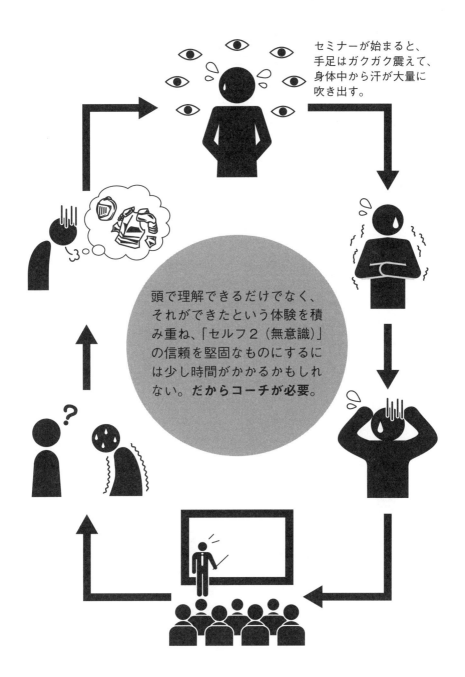

# 06 モデリングが重要な理由

## 「無意識そのもの」への信頼を高めるもう1つの要因

「無意識そのもの」への信頼を高めるには、「無意識の自動運転」体験を積み重ねていくことだと理解できたでしょう。ただし、それ以前に「無意識の自動運転」を見たことも学んだこともない人は、それをしようとも思わないでしょう。あたりまえのことですが、「無意識の自動運転というものを知る」という段階があり、その後「体験を積み重ねていく」のです。

また、「無意識の自動運転」を見たり学んだりした人でも、それに懐疑的な人はリスクを冒してまでそれを実践しようとは思わないはずです。「無意識の自動運転」の体験を積み重ねる前に、これを見たり、この原理を深く学んで理解していなければ試してみようとは思えないでしょう。誰かが「無意識の自動運転」をしているのを見たり、その理論を筋道立てて理解することによって初めて、「それができるかもしれない」「それをやった方が良い」と思えるのです。

これがなければ、「セルフ2（無意識）」を信頼しようとは思えないでしょう。後で述べますが、私が「無意識の自動運転」でセミナーを行えたのは、事前に「無意識の自動運転」でセミナーを行っている講師を見た経験があったのと、それについて理論的に学んでいたからなのです。

ガルウェイのテニススクールの生徒がテニスの腕を上げることができたのも、ガルウェイから「無意識の自動運転」というものの意義を教えてもらっていたからです。ガルウェイの話を聞き、その状態でプレーしているコーチを見て、このやり方の方が上手になれると確信したからこそ、生徒は「セルフ2（無意識）」を信頼しようと思えたのです。そこで、「無意識の自動運転」が誰にでもできるという根拠をもう少し深めてみたいと思います。

## 良質なモデルの重要性

「無意識そのもの」への信頼を高めるために「優れたモデル」が役立ちます。この場合のモデルとは、「模範となる人物」「模範となる理論」の両方を指します。

例えば、どれだけ運動神経が高い人でも、自転車を見たことがない人は、それが何のためにあるのかがわからないはずです。乗れるようになるとしても、長い時間がかかるでしょう。しかし、上手に自転車に乗っている人をひとめ見るだけで、乗れるようになるまでの時間が大幅に短縮できます。この際の、「上手に自転車に乗っている人」がモデルにあたります。

しかし、同じモデル（上手に自転車に乗っている人）を2人の人が見たとしても、1人はすぐに乗れるようになり、もう一方は転んでばかりでなかなか乗れないという場合があります。この場合、前者は初めから「無意識の自動運転状態」で乗れたのに対して、後者は「セルフ1（プログラムに同一化している自分）」が必要以上に頭で考えながら乗ろうとしているのです。

すぐに自転車に乗れるようになる子どもは、好奇心からただ集中しているのです。それに対して、なかなか乗れない子どもは、高い所から落ちてケガをした経験などがあり、最初から物怖じしているのです。後者は「転ばないように」「落ちないように」ガチガチになりながら乗ろうとするでしょう。

## 見て読んで学習したものを無意識が自動運転で高度に再現する

コーチングも同様です。「無意識の自動運転」からのコーチングがいかなるものかを見たことがある人、または、頭の中に「無意識の自動運転」からのコーチングのイメージがある人（その状態を正しく理解できている人）は、無意識の自動運転状態でのコーチングの土台があることになるのです。

あたりまえですが、この両方がない場合は、「無意識の自動運転状態でのコーチング」はできません。すでにお伝えしている通り、いかに無意識がスーパーコンピュータでも、自分の中にないものは実現できないのです。また、この両方があったとしても、「セルフ1（プログラムに同一化

した自分)」から行う限り「無意識の自動運転状態でのコーチング」はできません。それは、上手に自転車に乗っている人を見ても、「セルフ1(プログラムに同一化した自分)」が乗ろうとする限り、転んでばかりでなかなか乗れないのと同じです。

## すぐにコーチングができるようになる人、できるようにならない人

　コーチングスクールにおいて、優れたコーチが「無意識の自動運転状態でのコーチング」のデモンストレーションをしたとします。それを見た受講生に、「無意識の自動運転状態でのコーチング」ができる可能性が生まれます。

　しかし、これができるかどうかは、受講生が「無意識の自動運転状態」になった時に限られます。私の経験上言えることは、優れたコーチのデモンストレーションを見て物怖じしていないような人、むしろ「楽しそう、早く自分も試してみたい」と思っているような人は、比較的簡単に「無意識の自動運転状態でのコーチング」ができます。好奇心が強い人は、ただコーチングに集中して、その結果クライアントをありのままに見ることができます。リラックスしながらコーチングを楽しんでいるのです。

　逆に、「うまくやろう」「難しそう」などと考えている人は、緊張しています。間違えないように、相手に迷惑をかけないように必死で頑張っているのですが、かえって迷惑をかけてしまうことになります。

## 「コピーになる」と「本質的な部分が似る」の違いとは

　今しがた、無意識の自動運転状態でのコーチングのデモンストレーションを見た人が、「無意識の自動運転状態でのコーチング」ができる可能性が生まれる、と書きました。ただし、デモンストレーションを行った優秀なコーチと全く同じことをするわけではありません。**優秀なコーチが行っていることの本質的な部分が似るのです。**優秀なコーチのコピーになるというわけではないということです。

　コピーになるというのは、優秀なコーチと同じことをするので、コーチング時に「使う言葉」「質問の仕方」「具体的な進行方法」などが同じになるということです。このように、コピーになるとは表面的な部分(目に見

える部分）が同じになることを意味します。
　一方で、優秀なコーチが行っている本質的な部分が似るとは、**優秀なコーチが行っている本質的な能力の使い方が同じになる**ということです。これは、より深い部分（目に見えない部分）が同じになることを意味します。

## フロー状態になった時には、むしろより個性的になる

　例えば、スポーツの一流選手は多かれ少なかれ試合中にフロー状態（「最高の力」を発揮できる状態）になります。しかし、同じスポーツをしている２人の選手が瓜二つのプレーをすることはありません。例えば、欧州で活躍する２人のサッカー選手、本田圭佑選手と香川真司選手がフロー状態になったとしても、プレーの質は全く異なります。本田選手が調子の良い時にできるプレーと香川選手が調子の良い時にできるプレーは違うのです。調子が良い時には、それぞれの選手の良さが際立つのです。フロー状態になった時には、むしろ、より個性的になると言えます。
　「本質的な部分が似る」ということの１つは、フロー状態（最高の力が発揮できる状態）の特徴である、「集中状態」と「視野の広さ」が同時にある状態です。さらに、サッカー選手がコンディションが良い時に共通する本質的な身体の使い方が似てくるなどです。
　これをコーチングにあてはめると、「集中状態」と「視野の広さ」が同時にある状態に加えて、「直観が冴える」「共感力（感受性）が高まる」「クライアントに安心感を与える」「感情の強弱があっても冷静でいられる」などです。これらは、コーチが最高の力を発揮している時に共通している要素です。
　フロー状態でコーチが個性的になるとは、各コーチが得意とするやり方が鋭くなることを意味します。例えば、メタファーを使うのが上手なコーチがフロー状態になった時には、メタファーの使い方の切れが増すのです。よって、フロー状態になったからといって、どのコーチもメタファーの使い方が上手になるわけではないということです。つまり、フロー状態になると能力が増しますが、その際個々人のキャラクターが際立つという意味です。

# 07　モデリングの実践

## 「模範となる人物」「模範となる理論」とは

　329頁で、モデルには「模範となる人物」「模範となる理論」があると書きました。私が初めてのNLPセミナーで高い能力を発揮できたのも「模範となる人物」と「模範となる理論」が私の中にあったからです。

　私にとって、初めて行ったNLPセミナーの体験があまりにも鮮烈でした。その後の体験もあり、頭の中で組み立てたものを話すよりも、ある意味「無意識の自動運転」に任せた方が良いセミナーができると実感するに至りました。この章で書いた私の経験がなければ、この確信は得られませんでした。しかし、それ以前に、前述した2003年5月に行われたNLPのトレーナーになるためのトレーニングで教わったことがなければ、「最高の力（潜在力）」は発揮できなかったのです。

　すでにご紹介しているように、私は「セルフ2（無意識）」への信頼を、「無意識の自動運転」の体験を積み重ねることによって深めていきました。その上で、「セルフ2（無意識）」への信頼を深めるのにもう1つ重要な要因がありました。すでにお伝えしているように「無意識の自動運転でセミナーをしている人を見たという体験があったこと」と、「そのメカニズムを学んで知っていたこと」です。つまり、「無意識の自動運転」に関する「模範となる人物のイメージ」と「模範となる理論」が私の中にあったのです。

　トレーナーになるために受講したトレーニングでは、「無意識の自動運転状態」のことを、「Know Nothing State（無心の状態）」と教わりました。これは「最高の力を発揮できる状態」「フロー状態」と同じです。同様に、「Know Nothing State」でこそ最高のプレゼンテーションができると習いました。そして、「Know Nothing State」に適したプレゼンテーション法も教わったのです。

　このNLPの学びが2003年5月で、その直後の6月に私は初めてのNLP

セミナー行ったことになります。私は、6月のNLPセミナーで早速学んだばかりの「Know Nothing State」でのプレゼンテーションができたことになります。

## 自動運転状態になった時に「知っているだけだったこと」を実践できた

　私が最初のNLPセミナーで、「Know Nothing State（無心の状態）」でのプレゼンテーションができたのは、NLPのトレーナーになるためのトレーニングで「Know Nothing State」のデモンストレーションを見たのと、その概念の説明を繰り返し受けたからだと今ではわかります。すでにお伝えしたように、学んだ知識や経験は「無意識の自動運転状態」になった時に、効果的かつ効率的に発揮できるからです。6月の初めてのNLPセミナー時には、5月のトレーニングの内容が頭の中に入っていて、私が「無意識の自動運転状態」になった時に、その内容の通りのことができたのです。

　では、どうして頭の中に入ったことがすぐに実践できたのでしょうか？

　例えば、この本で、「最高の力」を発揮できる状態について解説しましたが、すぐにこの状態になれるのでしょうか？

　正直私は5月のトレーニングに参加した時には「Know Nothing State（無心の状態＝無意識の自動運転状態）」の概念があまりよくわかっていなかったのです。本書でもこの状態を膨大なページを使って説明しています。それは、言葉で理解してもらうことが簡単ではないからです。同じように、NLPのトレーナーになるためのトレーニングを担当したクリスティーナ・ホール博士は極めて優秀なトレーナーでしたが、それを理解させるために長い時間をかけていました。それでも、その時には、私はほとんど理解できていなかったのです。この状態は、先生の説明を聞いて情報が頭の中に入っている状態です。ただし、「プログラムに同一化している自分（セルフ1）」では理解できなかったのです。

## 最もできない生徒が最もできる生徒の1人になった

　理解できていなかった情報が、初めてのNLPセミナーの最中には、よ

く理解できていたのです。初のNLPセミナーを行っている最中に、「セルフ2（無意識）」とつながった時に、頭の中にただ入っているだけだった情報が理解できたのです。これは、疲れ切っている時に難解な本を読んでも全く理解できないけれど、元気な時に読むとよく理解できるという体験に似ているかもしれません。

　つまり、初のNLPセミナー時には、その前に受けたトレーニングでトレーナーが行っていた「Know Nothing State」状態でのプレゼンテーションができただけでなく、トレーナーがセミナーの中で話していた難解な内容が理解できるようになっていたのです。この体験がなければ、私はNLPトレーナーにはなれなかったでしょう。なれたとしても、14年間も続けることはできなかったはずです。私が長くNLPを教えることができているのも、深くNLPを理解できているからです。

　実は、2003年に同じトレーニングを受講した時には、このコースでは落ちこぼれの生徒だったのです。当時私は、優秀な受講生がトレーナーに質問した際に、質問の意味すらわからなかったことさえあったのです。しかし、2005年に同コースを再受講した時には、クラスの中で最も理解できる生徒の1人になっていました。**その2年間の間に頭の中の知識量が増えたからではなく、理解力そのものが格段に向上したからです。**つまり、「セルフ2（無意識）」からNLPを理解し直していったからです。

# 「無意識そのもの」への信頼を高めるために必要なこととは

「セルフ2（無意識）」への信頼を、「無意識の自動運転」の体験を積み重ねることで深めていくこと。

「優れたモデル」が役立つ。
「模範となる人物」「模範となる理論」

なぜならば…
誰かが「無意識の自動運転」を行っているのを見たり、その理論を筋道立てて理解することによって初めて、「それができるかもしれない」「それをやった方が良い」と思えるから。

つまり、「無意識自動運転」を実践できる人は…
①「無意識の自動運転」を実践している模範となる人物のイメージがある
②「無意識の自動運転」の模範となる理論のメカニズムを学んで知っている

学んだ知識や経験は「無意識の自動運転状態」になった時に、効果的かつ効率的に発揮できる。

## コーチが高いパフォーマンスを発揮している時に共通している要素

「集中状態」「視野の広さ」「直観が冴える」「共感力（感受性）が高まる」「クライアントに安心感を与える」「感情の強弱があっても冷静でいられる」など。

# 08 能力発揮を妨げるもの

## 能力はある、発揮できない場合があるだけ

　私自身が初めて「無意識の自動運転状態」でセミナーを行った例を紹介しました。しかし、当時このようなことができるとは思っていませんでした。すでにご紹介しているように、私は人前で話すのが大の苦手でした。これは、あなたが今は「やれない・できない」と思っていることでも、それを上手に行う能力が、すでにあなたの中にあるということを意味するのです。しかし、その能力の発揮を妨げている要因があなたの中にあるのです。繰り返しになりますが、それが、「プログラム」です。

　もう一度言います。あなたの中に能力はあります。しかし発揮できない場合があるだけなのです。これを理解することは「セルフ２（無意識）」を信頼することに役立ちます。そこで、私たちが能力を身につけるプロセスを明らかにすることを通して、「あなたの中に能力がある」ということを深めてみます。

## 自然に話すことができる時と緊張して話せない時の違い

　私たちは、日本語を話す能力が高いと言えます。それは、日本語をマスターしたいと思っている外国人がうらやむほどです。あたりまえのことですが、私たちは幼い頃に日本語を見聞きして学んだのです。私たちは、子どもの頃に両親から日本語を見聞きします。「見聞きする」ということは「行動」です。この際に、子どもは日本語を習得しているという意識はありません。日本語の話し方・聞き方を無意識的に（自動的に）学んでいるのです。子どもは、両親だけでなくおじいちゃん、おばあちゃん、幼稚園の先生など、さらに様々な人から日本語を見聞きすることになります。

　これら無数に見聞きするという行動が、記憶として脳の中に蓄積されます。それは膨大な量の記憶です。これら全てを思い出すことはできません。思い出すことができないということは無意識化されているのです。これら

の記憶は無意識化されても、なくなることはありません。思い出せないだけで、あなたの脳に蓄積されているのです。

## 行動の積み重ねが能力に変わる

これら日本語を見聞きした膨大な行動の記憶が蓄積されて、その大半が無意識化された時に、柔軟に日本語を話せるようになるのです。つまり、**見聞きするという行動の積み重ねが能力に変わるのです。**

行動は具体的なもの（目に見えるもの）です。例えば、お父さんが家を出る前にお母さんが「いってらっしゃい」「雨が降っているので足もとに気をつけてね」と言うのを見聞きするなどです。このように、日本語をたくさん見聞きすることによって、様々な場面に応じた日本語を話す柔軟な能力がつちかわれるのです。下記の図のように具体的な行動（目に見えるもの）が、抽象化されて能力（目に見えないもの）に変わっているのです。

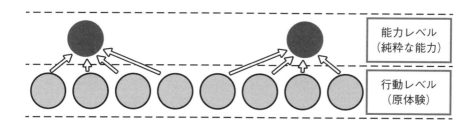

## 能力はあるが、意識すればするほど下手になる

あなたも親しい友人と会話をする際には、あれこれ考えることなく自然と日本語が出てくるでしょう。「相手にこのことを話そう」という意図の通りに、自然と適切な言葉が出てくるのです。このような時には上手に話そうとか余計なことは考えないでしょう。**これも、一種の「無意識の自動運転」なのです。**この場合、リラックスしていてあなたらしく自然に話を

しているでしょう。

　しかし、大勢の人の前で大事なプレゼンテーションをする場合などは、過剰に意識してしまうはずです。この場合には、防衛的なプログラムを稼働させながら話すことになるので緊張しながら話してしまいます。しかし、このような特別なシチュエーションでも、それを気にかけなければ（それがまったく気にならなければ）、自然に（リラックスして）に話せるのです。

　以前私は、人前では極度に緊張してしまい、しどろもどろになってしまっていたとお伝えしました。その後、話し方のトレーニングなどは一切受けていませんが、コミュニケーション技術に関する講師として活躍できるまでになりました。変わったのは、私（意識）ではなく、私のプログラムです。これは、かつての私も、ネガティブなプログラムに能力を制限されなかったならば、上手に話すことができていたということを意味するのです。つまり、**人前で極度に緊張してしまっていた時にも「話す能力そのもの」はあったのです。**

## 発揮される能力＝持っている能力－障害

　能力はあるがプログラムによって発揮できなくなっている状態を、ガルウェイは**「P＝p－i」**という公式で表現しました。

　大文字のPとはPerformance（発揮される能力）のことです。小文字のpはpotential（持っている能力＝潜在力）を意味します。iはinterference（障害）です。

$$P = p - i$$

Performance ＝ potential － interference
発揮される能力＝持っている能力－障害

　ここでの小文字のpは本書の表現では「無意識」だということがわかるでしょう。iは「ネガティブなプログラム」ですね。発揮される能力は「持っている能力（潜在力）」から「プログラムの妨害」を引いたものにな

るということです。

## 観念（プログラム）が「純粋な能力」を台なしにしている

337頁の図で行動の積み重ねが能力になるということが理解できたでしょう。そして、能力が身についたなら今度はその能力が行動の質を決定します。5歳の子どもよりも10歳の子どもの方が上手に日本語を話すでしょう。5歳までに見聞きした日本語よりもさらに高度な日本語を見聞きするからです。このような意味で、行動の積み重ねによって能力が磨かれますが、その能力の質がアウトプットする行動の質を決定するのです。それを表しているのが以下の図です。

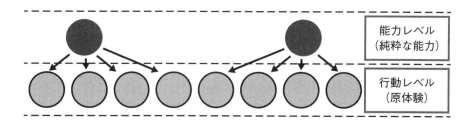

行動によって磨かれた能力がアウトプットする行動の質を決定する

このように、見聞きした日本語が能力を磨くのであれば、どんどん表現力は増していくはずです。しかし、大人になるに従って話すことに自信がなくなっていく場合も多いのです。それは、「$P = p - i$」の公式のように、プログラムによる妨害が入るからです。それを表しているのが次頁の図です。

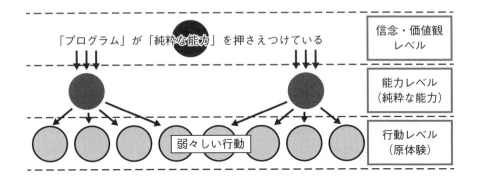

上記の図では、プログラムにあたる部分が、信念・価値観です。価値観もプログラムだとお伝えしています。よって、信念・価値観の影響を受けない時に以下の図のようになります。この状態の時には、あなたの中にあるもともとの能力が発揮されるのです。

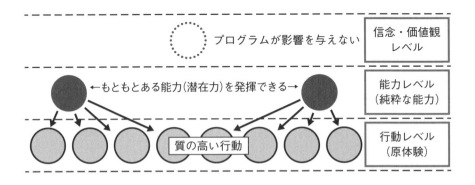

## 上手なコーチングはコーチングというよりは日常会話になる

コーチングにおいても、「上手にコーチングしよう」「クライアントに喜

んでもらえるセッションをしよう」と考えながら行う限り、プログラムと同一化してしまうので、無意識の自動運転状態になりません。結果、柔軟なコーチングができなくなります。ですから、上手にコーチング（無意識の自動運転でのコーチング）を行うには、日常会話を友人とお茶でも飲むような状態でできると良いのです。自然体の時にはその場に応じた適切な日本語が口をついて出てくるとお伝えしました。同様に、自然体でコーチングできると、クライアントとの自然な質問のやり取りができるのです。

このことについて、私の知り合いのコーチに興味深いことを教えてもらったことがあります。コーチングを極めた人はクライアントとのセッションが、コーチングというよりは雑談に近くなるというのです。それでいて、クライアントは頭の中が整理され、深い気づきが起こるのです。問いかけも自然な会話の中で行われているのです。

つまり、知らず知らずのうちにクライアントは安全・安心を感じて「最高の力」を発揮できる状態に誘導されているのです。しかし、あまりに自然に深い意識状態へと移行していくので、クライアントは気づきません。このような時には、クライアントはただリラックスして会話を楽しんでいるように感じるのです。特別なセッションをしてもらっているとは思えないのです。そのため、クライアントはただ、雑談をしているだけで60分のセッションが終わってしまうので、お金を支払うのに躊躇することもあるそうです。

この話は、世界的な催眠療法家だったミルトン・エリクソンのセッションをほうふつとさせます。ミルトン・エリクソンも120分のカウンセリングを雑談を楽しむかのように終えることがあったそうです。クライアントにとっては、雑談をしただけのようにしか思えなかったので、セラピーをしてもらったという感触は全くありませんでした。しかし、事実、日に日に重い症状が改善されていったのです。

## 種（能力）がなければ伸ばせない、しかし種（能力）はある

ここまで、「能力はある、発揮できない場合があるだけ」ということを理解してもらうために、いくつかの観点からの説明を試みました。プレゼンテーションが苦手な人は、かつての私のように、自分は下手で能力がな

いと思っているのです。しかし、実際には発揮できていないだけで「能力はある」のです。多くの人は、「自分には能力はない」という観念（価値観）を信じているのです。本当は信じているだけなのですが、この観念（プログラム）に同一化しているので、それを真実のように感じてしまうのです。このような状態なら、最初から「最高の力」を発揮するための努力はしないでしょう。「能力はない」という前提からスタートするからです。ですからまずは、この前提を疑うことから始めてもらいたいのです。

　種が死んでいたら、どんなに肥沃な土地に埋めても芽を出すことはありません。もしあなたの中に能力がなければ、それを開花させることはできません。しかし、種（能力）はあるのです。このことを確信している人だけが、大きな能力を引き出すための行動を取ることができるのです。ですから「セルフ２（無意識）」に対する信頼、つまりあなたの中にスーパーコンピュータがあるということに対する信頼を深めてもらいたいのです。

　優れたコーチは、クライアントの中に眠る「潜在力（最高の力）」を確信しています。それは、自分自身が変容の体験を積み重ね、さらにクライアントが自分の能力に目覚めて変化していくのを見てきたからです。このようなコーチは、クライアントに辛抱強く関わり「最高の力」を開花させるのです。

# 第12章

# 主体的に生きる

# 01 クライアントに選択権をゆだねる

## 選択権は選択者に任せる

　ガルウェイは、自身が編み出した新しいコーチング法を「①知覚」「②信頼」「③選択」というシンプルな言葉に集約しました。この章では、そのうちの「③選択（選択権は選択者に任せる）」を扱います。
　「③選択権は選択者に任せる」とは、平たく言えばコーチはクライアントに選択を任せるということです。ガルウェイがテニスのコーチをしていた頃、これは画期的な方法でした。当時のコーチングの主流は重要な選択は全てコーチにゆだねられていたからです。練習プランの作成から、どのようにスイングするかまで手取り足取りコーチが生徒に教えていたのです。

## 変化は内部から起こる

　ガルウェイもテニスのコーチになりたての頃は、従来の方法で指導していました。しかし、「①知覚力の自修作用を活用する（ありのままに見る）」「②セルフ２（無意識）への信頼を高める」を採用した方が高いパフォーマンスを発揮できることを経験上理解した時に、クライアント自身に選択してもらうことを重視するようになりました。変化はコーチから教えられる、つまり、外部から強制されるものではなく、生徒自らが望んだ時に起こることだとわかったからです。変化はクライアントの内面から起こるのです。
　基本的に人間は他者から強制的にさせられることよりも、自ら望んだことの方に興味・関心を抱きます。第10章でお伝えした通り、集中状態（ありのままに見る状態）は興味・関心が高い時に起こりやすくなりますから、クライアントから「最高の力（潜在力）」を引き出すという観点では、コーチは教え込むよりも（押しつけるよりも）、クライアント自らが興味関心を持てるよう関わる方が良いのです。
　コーチの指示・評価が重要である限り、コーチに教えられたことがプロ

グラム（観念）になるのです。このプログラムに同一化する限り、「最高の力」は発揮できないのです。

そこで、ガルウェイは、コーチの役割はクライアントの環境の質を整えることだと悟ります。「何を習得するのか？」を決めるのもクライアント自身で、責任もクライアント自身に持たせた方が上達するということがわかったのです。

そこで、指導方法が「教える」から、「考えてもらう」に変わりました。「何をどうして変化させたいのか」をクライアントに答えを出してもらうのです。その際に、問いかけ（質問）が用いられたのです。コーチはクライアントがどこへ行きたいのかを理解し、そこへ行けるようにサポートすることこそが任務だと思ったのです。クライアントから興味・関心を引き出すようにした方が、クライアントは能力を発揮しやすくなるからです。

ガルウェイはその後、名だたる大企業にビジネスコンサルタントとして入り、この指導方法を普及させました。テニスの指導で確立したコーチング方法をビジネスでも通用するように応用したのです。

## コーチングはクライアントが鋭敏に気づける状態でなければない

繰り返しになりますが、「最高の力」を発揮するにはクライアントが主体性を持つ必要があります。そのために、クライアントの興味・関心を見つけるサポートをするのです。クライアントの目標が漠然としている場合は、コーチは質問によって目標を明確にします。**また、目標を明確にするだけでなく、その背景にある目的を明らかにすることも大切なサポートです**。それにより、クライアントの興味・関心をさらに深めることができます。私たちは往々にして漠然とした目標しか持てていません。その奥にある目的に気づかないままに行動しているのです。その結果、生産性が低くなっている場合が多いのです。

何度もお伝えしたように、「何をすべきか？」「それをどのように行うべきか？」「それを行う目的は何か？」という問いにクライアント自身が気づいていくのがコーチングです。ただし、**クライアントが選択し責任を負うという学習法（コーチング）が機能するのは、クライアントが鋭敏に気づける状態であることが前提です**。

クライアントの視野が狭く、独善的な考え方しかできない場合は、クライアント自身にとって有益な気づきは得られません。この状態では、コーチングの効果が上がるどころか、弊害が出ることすらあります。このような状態では、クライアントの独善的な主張や勘違いが出やすいのです。
　例えば、あなたが少しコーチングをかじった程度で部下に質問しても、部下（クライアント役）はパフォーマンスが低い状態での答えしか出せません。これでは、クライアント役（部下）は普段考えているわがままな主張を繰り返してしまうようなことになるかもしれません。あるいは、上司に嫌われないように、上司が気に入るような答えを出してしまうかもしれません。あたりまえのことですが、このような状態でコーチングしても深い気づきはないのです。
　このように、コーチはただ質問をすればいいということではないのです。**そこで、コーチはクライアントが鋭敏に気づけるような状態を整えるのです。**それは、「ラポールを構築すること」や「質問に集中してもらうこと」などによって実現します。

# 選択権はクライアントに任せる

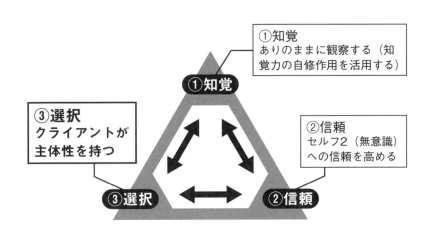

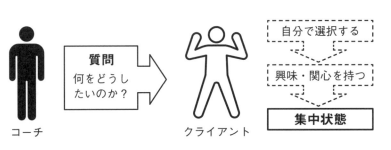

# 02 クライアントの主体性を促す

**主体性を持って初めて「最高の力」を発揮できる**

　誰かに強制されることと、プログラムの声(セルフ1の声)に従って動くことは似ています。あなたは「意識」であって、「プログラム」ではないからです。自らの内にある「叡智(無意識)」から気づいたり行動するのは、プログラムに従うことではないのです。

　ここまで書いてきたように、クライアントが主体性を持つことによって初めてクライアントが高い能力を発揮できます。このことをまずはコーチが深く理解しなければなりません。そのためには、コーチがクライアントの「セルフ2(無意識)」の偉大さを信頼する必要があります。コーチが、クライアントの中にある「最高の力(潜在力)」を信頼できなければ、コーチはクライアントが主体的に答えを出すのを待てずに、答えを教えたくなるかもしれません。

　そして、クライアントもまた、「クライアント自身が主体性を持つことによって初めて、自らの高い能力を発揮できる」ことをよく理解する必要があります。そのためには、クライアントもまた自分自身の「セルフ2(無意識)」の偉大さを信頼できるようにならなければいけません。**クライアントが、自分の中に内在する「最高の力(潜在力)」を信頼できなければ、コーチに依存的になってしまいます。**コーチあるいはコーチングに依存的である時にも、プログラムに同一化していることになるのです。「コーチやコーチングが大事という観念」もプログラムだからです。これはネガティブなプログラムではありませんが、「最高の力」を発揮するのを妨げるのです。

**「本当の自立」と「偽りの自立」**

　クライアントは、コーチにもコーチングにも依存していない、つまり、過度に頼っていない時に「最高の力」を発揮できます。よって、コーチン

グスクールでは、「コーチとクライアントは対等である」という前提が教えられているのです。このように、コーチングはクライアントが自立している時に最大の効果が上がります。これがクライアントが「主体性を持っている状態」です。

ただし、**この自立した状態（主体性を持っている状態）は、依存状態への反発ではありません**。あるいは、**「依存はダメだという価値観（プログラム）」からでもありません**。「依存しないように」という禁止も、「セルフ１（プログラムに同一化した自分）」から発せられるのです。よって、これらは「偽りの自立」です。

本当に自立した状態（主体性のある状態）は、コーチとクライアントの双方に、「クライアントの中に能力はある（『セルフ２』から能力を発揮できる）」という深い理解から生まれるものです。この信頼がある時に、クライアントもコーチもリラックスして身をゆだねることができるのです。

## 本当の信頼とは、信頼しているという意識すらない

コーチが「クライアントを信頼する！」と頑なに思っている状態や、「クライアントが自分自身を信頼しよう！」と強く考えている状態もまた、「指示し評価する自分（プログラムに同一化した自分）」から発せられる思いだということがわかるでしょう。そもそも、信頼できない時に、「信頼しなければ！」「信頼しよう！」という気持ちになるのです。繰り返し、人間はできていないこと（持っていないもの）を強く欲すると書きましたね。

コーチがクライアントを、あるいはクライアントが自分自身を自然と信頼している時には、「信頼している」という意識もないのです。これが、「ただ信頼している状態（ニュートラルに信頼している状態）」です。このように信頼できるようになるために、第11章で書いた内容、つまり「セルフ２（無意識）を信頼する」を繰り返し読んでもらいたいのです。私たちは、人間を理解できていないから自分や他人の秘めた力を信頼できないのです。

## 自ら選択する姿勢を持つと「教えられること」への反発は減る

クライアントが自ら選択する姿勢を持つようになると、「教えられるこ

《第12章》主体的に生きる

と」、つまり、外部から強制されることへの反発は減ります。

　繰り返し、プログラムは安全・安心を確保するために作られると述べてきました。プログラムは危険だと感じた時に、強くあなたを拘束するのです。外部の人間に決定権がある場面では、プログラムが危険な状態だと見なす場合も少なくありません。ある場所であなた以外の人物が決定権を持つということは、その人物がその場を支配していることともとらえられるからです。このような理由で、強い決定権を持つ人物は、それがゆえに反感を持たれる場合があるのです。

　相手が強く自己主張した時に反発したくなったという体験をされた方も多いでしょう。これもまた、プログラムが安全・安心を脅かされると判断するからです。反発心を感じても、それを押し込めることはできます。しかし、押し込めてしまっても、内面では葛藤が生じるのです。この葛藤によるエネルギーの消耗は目標達成の妨げになります。

　このように、コーチがクライアントに「自ら選択する姿勢」を提供することは、クライアントをプログラムから自由にするという観点でも重要なのです。

## 自分で選択することを恐れている人もいる

　一方で、自分で選択することを恐れている人もいます。他人に決めてもらうことに慣れている人にとっては、コーチングのようなコミュニケーションに戸惑うかもしれません。このような人は、自己主張すると否定されてしまうのではないかと思っているのです。「自己主張したら否定される」という観念は、プログラムであってあなた（意識）ではありません。このようなプログラムに拘束される限り、生きづらさを感じるはずです。

　しかし、コーチがクライアントの意見を否定しないということがわかってくると、このような人も「自分が決める」ことを許可できるようになるのです。「自分が決める」ということもまた、良いことでも悪いことでもなく自然（ニュートラル）なことです。

　309頁では以下のことを書きました。

> 「誰かの選択」を大事にしてきた人の中には、「自分が決めると人に迷惑をかける」「責任を取るのは嫌なことだ」などのプログラムがあります。このようなプログラムを手放すのは容易なことではありません。しかし、「ありのままに見る」ことができる度合いが増えれば増えるほど、「無意識の自修機能」が働き出すのです。そして、「無意識の自修機能（セルフ２の学習能力）」に対する信頼を深めれば深めるほど、ありのままに見られるようになるのです。

　以上の引用でも、「自分で選択することを恐れるプログラム」を扱っています。このプログラムがある限り、「最高の力」は発揮できません。それでも、ここでは「ありのままに見る」ことができたら、「セルフ２の力（無意識の自修機能）」が働き始めると言っているのです。そして、「セルフ２の力（無意識の自修機能）」そのものへの信頼を高めたら、「ありのままに見る」ことができるようになります。

　さらに、先ほどお伝えした通り、コーチがクライアントに「自ら選択する姿勢」を提供することは、クライアントをプログラムから自由にするという観点でも重要です。自分で選択することを恐れている人でも、コーチがクライアントの意見を否定しないということがわかってくると、このような人も「自分が決める」ことを許可できるようになってくるのです。

　**これは、コーチがクライアントを否定しない環境がクライアントのプログラムを緩和し、一方のクライアント自身に主体的に決めることを決断させ、最高の力（セルフ２）からの能力発揮（「ありのままに見る（無意識の自修機能）」）ができるプロセスに導くことを意味するのです。** このように、「①知覚力の自修作用を活用する（ありのままに見る）」「②セルフ２（無意識）への信頼を高める」「③選択権は選択者に任せる」は密接な関係があるのです。

## あえて行動に疑問を投げかけることも大切

　コーチはクライアントを否定しないと書きました。その理由は、コーチのこの姿勢がクライアントを「セルフ１」から脱同一化させ「最高の力」

を引き出すからです。しかし、コーチングをしている時に、常にクライアントが「セルフ２（無意識）」につながっているわけではありません。最初から最後まで「セルフ１（プログラムに同一化した自分）」でコーチングを受けている場合もあります。場合によっては、極端に分厚い鎧（よろい）を着ながらコーチングを受けるということもあるでしょう。

　このような時には、クライアントは視野が狭くなっており、独善的な発想しかできなくなっています。コーチの質問に対して、極端に保守的な考えしか浮かばないこともあるのです。クライアントが極端に保守的な考え方をしたとしても、コーチはそれに理解を示すのです。クライアントが極端に分厚い鎧を着ざるをえない状況に追い込まれているのを理解するのです。それが、頑なになっているクライアントの心をほぐすからです。

　しかし、クライアントはこのように視野が狭くなっている時には、冷静な判断はできないでしょう。クライアントが明らかに間違った判断をしてしまっている場合、それを率直にフィードバックするのもコーチの大事な役割です。この場合は、クライアントの存在と、クライアントが置かれている環境に理解を示しつつ、クライアントが発言した内容に対する疑問点などを伝えるのです。

　例えば、「今、○○さんがなされた決断は、ご自分の立場を大事にしすぎていると感じたのですがどうでしょうか？　ご自分の立場は大事です。それを尊重しています。決断するのも○○さんです。その上で、最善の選択ができるよう、別の観点からも検討してみる価値はあると感じたのですがどうでしょう？」などです。

　コーチはあくまでクライアントの存在を否定しないのであって、クライアントの発言や行動には率直に疑問を投げかけた方がいいこともあるのです。コーチがクライアントの話したことに違和感を感じたならば、正直にフィードバックすることも大切です。

# 「最高の力」を信頼する

## コーチがクライアントの中にある「最高の力（潜在力）」を信頼できないと……

 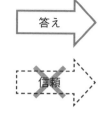 

コーチ　　　　　　　　　　　　　　　クライアント

クライアントが主体的に答えを出すのを待てずに、**答えを教えたくなる。**

## クライアントが、「最高の力（潜在力）」を信頼できなければ……

   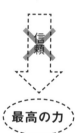

コーチ　　　　　　　　　　　クライアント

クライアントは、コーチに**依存的**になる。

## ただ信頼している状態（ニュートラルに信頼している状態）

クライアントが「自立している」「主体性を持っている状態」「自ら選択する姿勢を取っている」状態でもある。
＝**最高の力からの能力発揮しやすい。**

《第12章》主体的に生きる

# 03 自主性を重んじると何が起こるのか

## 自主性を持てば生産性が向上する

　主体的な姿勢（自らが選択する姿勢）が身につくと、学習と変化の主導権が自分にあるという自覚が強くなります。例えば、仕事であれば、誰かに働けと言われたからではなく、自分のために働いているという意識が芽生えます。企業で働く人は、部下の興味・関心を引き出そうとしたら、部下がわがままになってしまうのではないかと不安になるかもしれません。あるいは、部下から本当に望んでいることを聞き出すと、退職してしまうのではないかと思うこともあるでしょう。コーチングを表面的にとらえてしまうとこのようになるかもしれません。ただ、覚えておいてほしいのは、人間は何に対しても「義務役割」からでも「主体的な姿勢（自主性）」からでも行動できるということです。人間は意識を深めることができるなら、どんな仕事でも「主体的な姿勢（自主性）」を持てるのです。深い気づきの状態になれば、いかなる仕事に対しても、自分にとっての意義・意味を見い出せるのです。

## まずは環境を整えること、相手を尊重すること

　私は企業研修も行いますが、企業研修の興味深い点は、業種や企業によってカラーが全く違うところです。例えば、製造業で働く人たちは、他の業種と比べてコミュニケーションが苦手な人が多いと感じています。ある製造業の会社で働いている人の中には、人間関係の煩わしさから、人間相手ではない仕事（物を作る仕事など）を選択したという人がいます。このような会社でコミュニケーション研修を実施すると、受講生からどんより重い雰囲気が伝わってきます。受講生は業務命令で苦手なコミュニケーションを学ばされると感じているからです。

　このような企業では、私はコミュニケーション研修をすぐには始めません。まずは、ペーシングします。ペーシングとは相手を尊重することでし

たね。まずは、この重い雰囲気にペーシングするのです。これは、この重い雰囲気すらも理解しようとする（尊重しようとする）ことを意味します。この場合は、暗く重い雰囲気ですので、ボソボソと小声で話すようにします。このような状況で、明るく元気に始めると、私だけが浮いてしまうでしょう。受講生の皆さんが意欲的ではないからです。

　ある製造業の会社の研修で、開口一番「研修、嫌ですよね」と言ったことがあります。とても重い雰囲気だったからです。研修に対する抵抗がひしひしと伝わってきたのです。その研修では、続けて「こんなに忙しいのに、２日間も研修を受けさせられて嫌だなと思っている人もいるかもしれませんね」などと話しました。

　これは、私の本音でした。私が企業に勤めていた時に業務命令で研修を受講させられたことがあるからです。私が講師を務めるその研修の受講生を先入観（フィルター）を被せることなく見ていると、かつての自分を思い出したのです。かつて私は業務命令で研修に参加させられたために、個人の目標達成がかかっている重要な時期に２日間も仕事ができなかったのです。そのいきさつなども話しました。「会社から行けと言われて業務命令で、会社のために学ばなければならないのは、抵抗ありますよね」と、かつて私が感じていたことを正直に共有したのです。

　このような会話を低いテンションで続けていくと、ラポールができます。ラポールとは、相手の世界観を尊重する時にできるとお伝えしていますね。その時に、受講生の内面では「うん（Yes）、うん（Yes）」と頷くようになっています。

　例えば、このようなコミュニケーション研修に対して否定的な社風の会社で「研修、嫌ですよね」と私が言った時に、コミュニケーション研修が嫌いな人はどのように反応するでしょう。「そうだよな、嫌だよな」と思うでしょう。このように同意しなかったとしても、それを否定することはないでしょう。否定しない時に、それもまた受け入れていることになるのです。

## 主体的になると、人間は前向きかつ有能になる

　その上で、「かつて私が受けてきたような研修はしない」と宣言して、

「会社や仕事のためでなく、自由に自分のためにテーマを設定してほしい」と伝えました。それにもかかわらず、その後、その研修の参加者が選んだテーマは、なんと9割以上が仕事におけるコミュニケーションだったのです。

　この研修では、ここまでに60分以上の時間を費やしました。しかし、その後の皆さんの受講態度は見違えるように前向きになったのです。自分の目的（仕事におけるコミュニケーションの改善）のために、まるでスポンジが水を吸収するように学んでいかれたのです。なぜなら、**受講生が主体的に学ぼうと決意したからです**。

　私はこの研修での体験から、受講生に「自主的に決めても良い」という環境を提供すると、独善的な目標ではなく、自分と周り（組織）にとって必要なことに意識が向かうものだと学びました。主体性を持つと、自らの責任を自覚するようになるのだと気づいたのです。この時に、受講生は苦手なコミュニケーションですらも積極的に学ぼうという意欲を持ったのです。

　全く同じコミュニケーション研修でも、業務命令で強制的に学ばせようとすると抵抗します。この場合は、生産性が低くなります。しかし、主体性を持つとものすごい集中力を発揮するのです。

## テクニックではなく本音で対話すること

　このことについては、64頁でトヨタ自動車の生産現場での法則（$1:1.6:1.6^2$の法則）でもお伝えしています。**「最高の力」は「集中力」と関係があります。そして、集中力は本人が興味を持つことによって高まるのです**。興味を持つのはあくまで本人であり、外部の人間の押しつけではないのです。主体性を持つから集中力が増す、集中力が増すからありのままに見ることができる（知覚力の自修作用を活用することができる）のです。

　この事例で大事な姿勢は、テーマは本当に自由に選択しても良いと思うことです。**これは、受講生に前向きになってもらうためのテクニックではありません**。私はこの研修でこのようなことをする予定はありませんでした。その日の受講生があまりに、やる気がなさそうだったのでアドリブで行ったのです。なぜなら、参加者は業務命令なので仕方なく受講する、講

師は仕事なので義務役割で教えるという関係が無意味に思えたからです。そんなことをするくらいなら、楽しく学んでいただいた方が、受講生はしっかりとコミュニケーションを学べると思ったのです。仮に仕事に関するコミュニケーションを教えなかったとしても、コミュニケーションの真髄を学んでもらえたなら、自然と仕事にも活きてくるものだからです。

## 「ありのままに見ること」は「勝ちパターンを作ること」ではない

　私がこの研修で行ったことをそのまま真似ても同じ効果が上がるわけではありません。私もここに書いたようなことをするのはまれです。大事なことは、受講生に合わせて主体性を引き出すことです。その場にいる受講生を「ありのままに見る」ことから、何をすればいいのかが直観的にわかるのです。「ありのままに見る」ことから「叡智」のひらめきがあるのです。そのためには、かつてうまくいったパターンを脇に置いて、その場に集中するのです。

# 04 コーチングの3要素の関係

**コーチングの3つの要素は密接に絡み合っている**

「最高の力」は「①ありのままに観察する（知覚力の自修作用を活用する）」「②セルフ2（無意識）への信頼を高める」そして「③クライアントが主体性を持つ（選択権は選択者に任せる）」の3つの要素によって発揮しやすくなると書いてきました。この3つの要素の関係を、復習を兼ねてまとめておきます。

「①ありのままに観察する（知覚力の自修作用を活用する）」時に、人間は集中状態になります。この時に「無意識の自動運転」が始まります。これが「最高の力（潜在力）」の発揮です。

では、どうすれば「①ありのままに観察」できるのでしょうか？

あれこれ考えずに（「セルフ1」の声を頼らずに）、ただ、ありのままに目の前の出来事を観察する（ただ、目の前の出来事に集中する）のは、怖いと感じる人も多いでしょう。

そこで、「②セルフ2（無意識）への信頼」を日頃から高めていく必要があるのです。「②セルフ2（無意識）への信頼」がある人は、「セルフ2（無意識）」に身をゆだねることができるからです。このような人は、目の前のことに集中できる（ありのままに観察できる）のです。しかし、「②セルフ2（無意識）への信頼」を高めるには、「無意識の自動運転（最高の力の発揮）」の体験を積み重ねる必要があります。逆説的ですが、それには「①ありのままに観察する（目の前のことに集中する）」必要があるのです。

では、「①ありのままに観察」しようと思って（意識して）、実際にありのままに観察できるものでしょうか？

実のところ、それも難しいのです。先ほど、「ありのままに目の前の出来事を観察する（集中する）のは、怖いと感じる人も多い」と書きました。そこで、興味・関心があることに集中するのです。その場合は自然と集中

します。結果として、この時には「セルフ1」がいないので、「①ありのままに観察している」のです。ですから、「③クライアントが主体性を持つ（選択権は選択者に任せる）」が大事なのです。人間は、主体的に決めたことに興味・関心を持つからです。「③主体的に決めて」、その結果「①目の前のことに集中」でき、目の前のことをありのままに見ることができたなら、無意識の自動運転（「最高の力」の発揮）を体験できます。それによって、「②セルフ2（無意識）への信頼を高める」ことができるのです。

　このプロセスを続けていって、「②セルフ2（無意識）への信頼」を十分に高めることができたなら、「①ありのままに観察する（知覚力の自修作用を活用する）」ことへの抵抗は減ります。その結果、「セルフ2（無意識）」に身をゆだねやすくなる、つまり、「①ありのままに観察しやすくなる」のです。そして、「セルフ2（無意識）」に身をゆだねられるようになると、集中状態になりやすく、高い能力を発揮しやすくなるので、行っている活動に興味・関心を持ちやすくもなります（③主体的に選択している状態）。上手にできている時には、楽しいと感じられるからです。このように、「①知覚」「②信頼」「③選択」は密接につながっているのです。それを表しているのが347頁の図です。

## 「①知覚」「②信頼」「③選択」は1つのものの3つの表現

　ここまでの解説で「最高の力（潜在力）」を発揮している時には、「①知覚」「②信頼」「③選択」は同時になされているということがわかるはずです。例えば、「③主体的に選択して」目の前のことに集中している時には、「①ありのままに観察している（知覚力の自修作用を活用している）」のです。それは「②セルフ2（無意識）」に身を任せている（セルフ2を信頼している）状態です。

　そして、**どれか1つができたなら、3つは同時についてくるのです**。例えば、「②セルフ2（無意識）」に身を任せると（セルフ2を信頼すると）、目の前のことを「①ありのままに見る」ことができ、その結果、目の前のことを楽しむことができる（主体的に行動できる）のです。

# 05 人間には2人の自分が内在する

## どちらの自分を選択するか？

　第11章で、人前で話すことが大の苦手だった私が、いかにして「無意識の自動運転状態」ができるようになったかを紹介しました。この体験談を通してもう1つ知ってもらいたいことがあります。それは、私がどんなに人間を恐れていたのかということです。これまでの対人支援の経験上、私と同じように、やりたいことはあるけど抵抗が強い（怖い、不安がある）という人が多いと感じています。私が恐怖を乗り越えた体験を克明に描くことによって、「主体的に生きる」ためのヒントをつかんでいただけるのではないかと思ったのです。
「主体的に生きる」とは、この章でここまで書いてきた「自らが考え、自らが選択すること」以外にも、もう1つ重要な要素があります。それは、**どちらの自分を選択するかということです。**
　私はこれまでの指導の中で、人間には様々な意味で二面性があると感じています。かつての私は、私自身が大事だと思っていること（人間の心理に関すること）を仕事にしたいと思っていました。一方でそれをすることに恐怖を感じていたのです。つまり「変化したい自分」と「このままでいたい自分（変化したくない）」がいたのです。どちらの自分にも良い点と悪い点があります。

## 「変化したい自分」の正体とは

　私が心理職を目指したのは、欠乏感からだとお伝えしました。この空虚な自分はプログラムです。**しかし、心理職で成功したいと考えている理想の自分もプログラムなのです。**「やれない・できない自分（頭が悪いという自己イメージなど）」を他者と比べて否定した結果、「理想の自分のイメージ（観念＝プログラム）」が自分の中に生まれたのです。この当時の私の理想のイメージは「心理職で活躍している自分」でした。「理想の自

己イメージ」も「自己イメージ」であって、それは「あなた（意識）」に被せたプログラムにすぎません。

結局どちらの自分もプログラムで、私はこの2つのプログラムの狭間で葛藤を感じていたのです。理想を描いていましたが、理想とは程遠い自分に落胆していたのです。このような葛藤がある場合は、この2人の自分の間で行ったり来たりすることになります。第8章では、理想の自分（光）を望めば望むほど、今の自分（欠乏感を感じている自分）を意識することになるとお伝えしました。この場合、「この2人の間で葛藤している自分」を長く体験し続けることになる場合が多いのです。結果、いつまでも欠乏感を感じることになります。

## 自分の中の光と影

変化したいプログラム・変化したくないプログラムが同居している

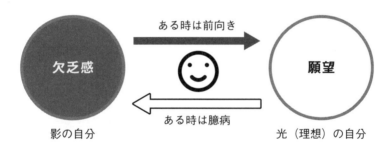

## 人間の中には相反するプログラムがある

プログラムがあってもそれだけで苦しむことはありません。例えば、私の場合「人前で話すのが怖い」と思っているだけでは苦しむことはないのです。心底「人前で話すのが怖い」のであれば、例えば職人になって人と関わらないように生きていけばいいのです。

私の場合は、「人前で話すのが怖い」というプログラムがあると同時に、「大勢の人に自分が大事だと思っていることを伝えたい」とも思っていたのです。矛盾するようですが、大勢の人の前で話したいとも思っていたの

です。そこで、上記の図のように、左右を行ったり来たりすることになるのです。

私はなぜ、このような相反するプログラムを持つにいたったのでしょうか？

私は32歳までサラリーマンをしていました。その頃の私は個性を殺して生きていました。自己主張が少なかったのです。当時は、自分の意見を言うことは少なく、聞き役に徹することが多くありました。ある意味自分を押し殺していたので、分け隔てなく周りの人を受け入れることができました。物静かで、どんな人の話も遮ることなく聞いていたので、多くの人に愛されることとなりました。当時の私は自信がなかったから、自分の意見を言わなかったという事情もあります。ただし、それ以上に自己主張すると嫌われると思っていたのです。その当時の私の理想（光）は、「みんなに愛されること」だったのです。以下の図をご覧ください。

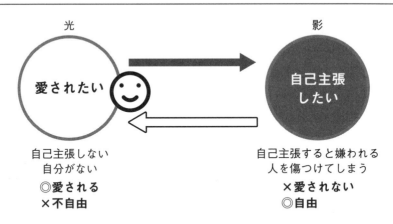

## 光と影の逆転①

光　　　　　　　　　　　　　影

愛されたい　　→　　自己主張したい

自己主張しない　　　　　　自己主張すると嫌われる
自分がない　　　　　　　　人を傷つけてしまう
◎愛される　　　　　　　　×愛されない
×不自由　　　　　　　　　◎自由

その結果、私にとっては自己主張せずに、自分を出さないことが理想的な生き方だったのです。しかし、これはこれで自分を抑圧することになるので、いつも不自由を感じていました。多くの人に良い人だと思われていましたが苦しかったのです。

すると、今度はその反対側の自分（プログラム）が強くなってきたのです。「もっと自由に生きたい」「もっと自分を表現したい」という自分（プログラム）です。このプログラムが強くなると同時に、私は独立願望が際立ってきたのです。誰かの元で自分を殺して生きるのはもうこりごりだと思ったのです。つまり、この章の図の通り**光と影が逆転したのです。**

そこで、前述したように心理職で身を立てたいと思うようになりました。そこで、会社を辞めることも検討しました。しかし、具体的に独立を計画すればするほど怖くなってきたのです。「再び自分を表現すると嫌われるのではないか？」「自己主張するとこれまでのようには愛されなくなるのではないか？」と恐れるようになったのです。

**今度は、さらにまた、光と影が逆転することになりました。**これは、私の場合にだけ当てはまるように特殊なケースではありません。どなたの中にもこのような構図が見られるはずです。このようになかなか変化できない時に、相反するプログラムがあるのです。

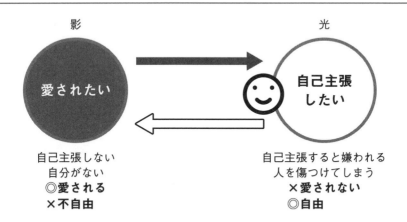

## 相反するプログラムがあるとどうなるか

364頁の図のように、根深い、相反するプログラムがある場合は、その間を行ったり来たりすることになります。「ずっと転職したいと思ってい

るけどできない」「ずっと結婚したいと思っているができない」という場合、なぜ変われないかと言うと、変化しないことも望んでいるからなのです。**「変化しない自分」のことを「影」だと思っているだけでなく、「光」でもあると思っているのです。ここでやっかいなのは、一方のプログラムに同一化している時には、反対側のプログラムは見えなくなってしまう点です。**ですから、例えば、「愛されたい自分（変化しない自分）」に同一化している時には、「自己主張できる自分（変化したい自分）」にはまったく魅力を感じなくなります。それくらいに、どのプログラム（どの自分）に同一化するかによって考え方から願望まで変わってしまうのです。

## 光と影の逆転③

行ったり来たりして、どちらも中途半端になる➡変われない。

　このように、相反するプログラムを持つと変化しそうになると、もう1人の自分が優勢になって引き返すことになります。こうなると、変化できません。このように延々と続く左右の運動のことを、265頁では以下のように表現しています。

> 幾重にも鎧を身につけながらコーチングをしている状態ですね。自分が不自由でエネルギーが低いのに、クライアントを自由にしてあげることはできません。当然、下手なセッションしかできません。その結果、ますます自己嫌悪するという負のスパイラルに入り込んでいました。このような状態ですので、自分を奮い立たせるために

> 希望の火が必要でした。そこで、「強い願望」を持っていたのです。しかし、欠乏感が作り出す「強い願望」は、かえって欠乏感を意識させるのです。いたちごっこのような果てしない苦しみが続いていたのです。

これでは、同じ所を行ったり来たりしてしまいます。

## 主体的に決める自分がコロコロ変わると変われない

　このようなケースでは、コーチを雇っても、単に「変化したいと切望している自分」を選択するだけではうまくいかないでしょう。上記の図を例に挙げると、「自己主張したい自分」というプログラムに同一化している時には、「変わりたい」という自分を主体的に選択するでしょうが、しばらく経って「愛されたい自分」というプログラムに同一化するようになったらどうでしょう？

　今度は、コーチングで「変化する！」とコーチに宣言してしまった自分に後悔するのではないでしょうか。

「愛されたい自分」が優勢になり始めた時には、「その後、今のままの自分こそが幸せだと気づきました。このままの自分がいいのです」とコーチに真逆のことを言うかもしれません。

　**このように、プログラムに同一化している自分が意思決定する限り、「主体的に決める自分」がコロコロ変わるのです。**これでは、左右に行ったり来たりで何も変わりません。

　私が初めてNLPセミナーを開催した時にように、セミナーを行ってすぐの時は、やって良かったと思っているし、またやってみたいと思っていますが、自宅に帰るとそんな自分の選択を後悔しているのです。私は、様々な理由で断れなかったのも幸いして変化しましたが、元に戻る人も多いでしょう。私が最初に勤めた会社（経営コンサルティング会社）が、自己啓発セミナーを行っていました。3日間の研修で参加者は前向きになって人生を変えると決意して帰ります。しかし、多くの人は現実に戻ると、その決意は急速に萎んでいったのです。

## コーチング例「光と影の相反」

**クライアント**：休みも衝動的に仕事しちゃうんです。他にやりたいことが見つからなくって。私の人生このままでいいのかなと、不安になります。
**コーチ**：そうなんですね。Mさんが衝動的に仕事するのは、どうしてだろう？
**クライアント**：んー。考えたことないな〜。このままではだめだ。少しでも手を抜いてはいけない、と。強迫観念がある？　かな。
**コーチ**：どんな強迫観念？
**クライアント**：うーん。認められなくてはいけない。もう誰にも認めてもらえなくなったら、私はこの会社にはいられないって思っちゃいます。
**コーチ**：具体的には？
**クライアント**：お客様に、ほめていただく機会が多かったのに、今、マネジャーになり、認めてもらえる実感がなくて。役職が変わったから、当然なんですけどね。
**コーチ**：認められたい。という強い思いがあるんですね。
**クライアント**：はい、恥ずかしいのですが、部下が評価されるとひがんじゃったり。
**コーチ**：Mさんは、認められたいと願う反面、どうであるべきだと思ってるの？
**クライアント**：う〜ん。部下のために、私は影でサポートするべきだと。それができなければ、ダメな上司ですよね。私。
**コーチ**：そっか、そう思うのね。「認められたい」Mさんと、「影でサポートするべき」と思っているMさんの2人がいるんですね？
**クライアント**：う〜ん、そうです。「私は黒子になるんだー」と、言い聞かせてます。
**コーチ**：Mさんがお休みに仕事してしまうのは、人に認められていた自分を取り戻すためのように思えたんだけど、どう？　もしかしたら、無意識にそうしてませんか？
**クライアント**：あ〜そうかもしれない！　だから焦ってるんだ〜。
**コーチ**：Mさんは、これまで認めてもらうために、何を手にしてきたの？
**クライアント**：そうですね。信頼関係かな。お客様とは、ずっといい関係ができていますね。マネジャーになったのも、それが評価された結果だと思うし。
**コーチ**：そうですよ。では、「陰で部下をサポートするべき」というのは？
**クライアント**：ん〜、部下が成長していることは、事実ですね。結果が数字にも表れているし……。
**コーチ**：Mさん、ここまで話してみていかがですか？
**クライアント**：私はダメな上司だし、仕事しかやることないし……と思ってました。実際は、うまくいっていることもあるってわかって、なんか、ほっとしました〜。
**コーチ**：休日に仕事してしまうことについては、どう思いますか？
**クライアント**：あ〜、お休みは、新しいことを考える時間に使いたいな〜！

# 光と影に気づく

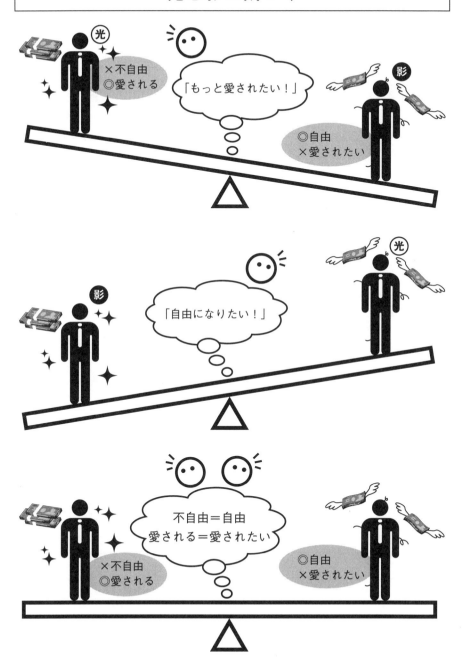

# 06 相反するプログラムを乗り越える

## 変化するためには「主体性を持てる自分」から決める

ここまで読んだ皆さんに、あらためて強調しておきたいことがあります。それは、**相反するプログラムが左右に人間を揺り動かすのは特殊なことではない**ということです。これを他人事のように感じる方もいるかもしれませんが、実際には誰でも体験していることなのです。特になかなか目標達成できない場合や、望む通りの変化ができない場合には、ここに挙げた通りの構造がある場合が多いと思ってみてください。

では、このような相反するプログラムを乗り越えて変化するためには何が必要でしょうか?

必要なことは2つあります。1つは自分の中にある、相反するプログラムに気づくことです。もう1つは、主体性を持てる位置から意思決定することです。

> **相反するプログラム(根深い葛藤)を乗り越えるために必要なこと**
> ①相反するプログラムに気づく
> ②主体性を持てる位置から意思決定する

## まずは相反するプログラムに気づく

あたりまえのことですが、相反するプログラムに挟まれているということに気づいていなければ、これらのプログラムに動かされ続けます。下手をすれば何十年とこの左右の運動を続けなければならないかもしれません。

「①相反するプログラムに気づく」とは、361頁の図のような対立する2つのプログラム(2人の自分)に気づくことです。それに気づく処方箋として、366頁のコーチング事例が参考になるでしょう。

そして、「プログラム」は「あなた(意識)」ではないことを思い出して

ください。相反するプログラムのどちらもあなた（意識）ではないのです。このことが理解できていないと「脱同一化」すらもままなりません。この２つのプログラムに気づいたとすれば、この２つから同時に「脱同一化」できる可能性が生まれます。それを表しているのが以下の図です。

先ほど挙げた私の事例であれば、「愛されたい自分」「自己主張したい自分」が対立していることに気づいている様子です。以下の図のように、「脱同一化」できたなら、距離をとってこの２つの対立を客観的に観察できるのです。繰り返しお伝えしているように、プログラムに気づくだけでも、プログラムは緩和されるのです。

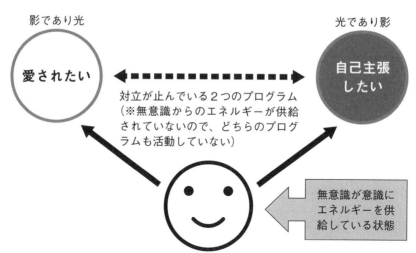

## 「主体性を持てる位置」とは

このように、相反するプログラムから「脱同一化」できている時に（この２つの対立を客観的に観察できている時に）主体性を持てる位置にいることがわかるでしょう。この状態になった時に、あなた（意識）は、どちらのプログラムにも支配されていません。その結果、光と影、どちらの方

向に進むのかを選択できるのです。

348頁では、以下のことを書きました。

> 誰かに強制されることと、プログラムの声（セルフ１の声）に従って動くことは似ています。あなたは「意識」であって、「プログラム」ではないからです。自らの内にある「叡智（無意識）」から気づいたり行動するのは、プログラムに従うことではないのです。

あなた（意識）がどうしても達成したい目標があっても、根深い葛藤に制限される限り、光と影の葛藤の間に拘束されてしまいます。この場合、ある時は「前向きに目標を達成したい」と思っているけど、しばらくすると、「変化しないという居心地の良さの方が大切」だと思ってしまうことになります。

そこで、「目標達成したい」「変化したい」と思っているが、なかなか実現できない場合には、「主体性を持てる位置から意思決定」する必要があります。**この位置に立った時に、初めて本当はどうしたいのかがわかるのです。**

## 意識とは本来のあなたに起源を持つ意思

第９章（253頁）で、以下のことをお伝えしました。

> 意識とは「世界を見ている（認識している）あなた」のことです。プログラムに同一化していようが、脱同一化していようが、いつも「あなた（意識）」が世界を見ている（認識している）のです。このような意味で、意識とは「純粋なあなた」と言うことができます。
> そして、この「純粋なあなた」には、「あなた（意識）の純粋な意思」があります。これは、あなたがプログラムに支配されていない時に「自然と持つ意思」です。この「自然と持つ意思」は**本来のあなた（生まれつきのあなた）に起源を持つ意思**だと言えます。

以上のように、あなた（意識）がプログラムと同一化していない時が、純粋なあなた（意識）なのです。この時に、プログラムの意思ではなくて、本来のあなた（生まれつきのあなた）に起源を持つ意思があります。そして、「本来のあなたに起源を持つ意思」に立ち返った時に、いつも一貫している自分（不動の自分）がいるのです。366頁の例にあるように、コーチングによって、時々この不動の自分に立ち返ることができます。コーチングは、焦点の移動によって「脱同一化」することができるからです。

## 純粋な自分がいる時にだけ主体性を持っている

　繰り返しお伝えしているように、14年前に私は目標としていたNLPのセミナーを行いました。しかし、その後、すぐに、2度目のセミナーを行う約束をしたことを後悔しました。当時私は、頻繁に決意がゆらいでいました。

　私の中にあった相反するプログラム（「愛されたい自分」と「自己主張したい自分」）は、どちらもプログラムであって、私（意識）ではありません。
「自己主張したい自分」がいなければ、心理職のトレーナーを志すことはなかったでしょう。しかし、初のNLPのセミナーを行っていた時の自分は、「セルフ1（プログラムに同一化している自分）」ではありませんでした。これは、「自己主張したい自分」ではなかったということを意味します。

　つまり、私は「自己主張したい自分（セルフ1）」を忘れた状態で話していたのです。その時私（意識）はプログラムから自由になっていました。プログラムの特質である安全・安心欲求から解放されていたのです。その時には、小さな子どもの頃に、ただ楽しいという理由で野山を駆け巡っていた時のような純粋さで話していました。「誰かに認められたい」「優秀だと思ってもらいたい」「愛されたい」などのようなプログラムから来る欲求から自由になっていたのです。

　これが、「純粋な自分（意識）」から行動する一例です。そして、この立場（純粋な自分）でセミナーを行っている時に、これが本来の自分の生き方だと実感していたのです。

その後も、「愛されたい自分」「自己主張したい自分」「純粋な自分（意識）」が入れ替わり立ち代わり出てきました。「愛されたい自分」がセミナーを行う時があり、「自己主張したい自分」がセミナーを行う時もあったのです。「愛されたい自分」がセミナーを行う時には、優しいけど気弱な自分がいます。「自己主張したい自分」がセミナーを行う時には、力強いけど傲慢で押しつけがましい自分が出てきます。これらの自分が出る時にはパフォーマンスは低いのです。「純粋な自分（意識）」が話す時にだけ、パフォーマンスが高くなります。この時に「セルフ2（無意識）の自動運転」があるからです。
　今では「純粋な自分（意識）」がいる時にだけ、本来の自分が決めている（主体性を持っている）ということが理解できています。「愛されたい自分」「自己主張したい自分」「純粋な自分（意識）」の自分の違いが理解できるようになったからです。

## いつも不動の自分ではいられない

　初のNLPセミナーから14年経ちました。しかし、今でも私は長い時間をプログラムに同一化した自分で生きています。もちろん、この14年間でたくさんのプログラムに気づき解消してきました。中には、相当に根深いプログラムすらも克服することができました。しかし、まだまだ、たくさんのプログラムと共に生きています。生きているうちに全てのプログラムを解消できるものではありません。文字通り無数にあるからです。ただし、プログラムを5％解消できるだけでも、だいぶ楽になるのです。
　そして、「セルフ1」を忘れている時間も年々長くなってきました。14年前と比べて、比較にならないほど、パフォーマンスも向上しました。「セルフ2（無意識）」から能力を発揮できる機会も増えました。
　しかし、今一番良かったと思えることは、「最高の力」を発揮できる機会が増えたことではなく、**主体的に生きられる時間が増えたことです**。パフォーマンスが高いかどうかは別として、「純粋な自分（本来の自分）」がこのように生きたいと実感していることを行っている時間が増えたのです。そして、「純粋な自分（本来の自分）」が生きたいと思っている時間を過ごせる時に、評価されることもなく、金銭的な利益がなかったとしても、

静かな安堵の気持ちがあるのです。
「セルフ1（プログラムに同一化した自分）」は「評価」や「利益」が大事で、「セルフ1」が優勢の時には、評価されると喜びます。それもまた大切なことだと思っています。しかし、**本当に良かったと思えるのは、「純粋な自分（本来の自分）」の生き方ができている時**です。私にとっては、NLPやコーチングのセミナーを行っている時や、このような本を書いている時です。

# 07 気づきを得るための状態を作り出す

## 気づくには莫大なエネルギーが必要

　相反するプログラム（根深い葛藤）を乗り越えるために必要なこととして、相反するプログラムに気づくことと、主体性を持てる位置から意思決定することの2つを挙げました。まずは、相反するプログラムに気づくことについての理解を深めるために、もう少し「気づき」について補足しておきます。

　気づくだけでもプログラムは緩和すると書いたことを憶えていますか？ すでにお伝えしているように、私たちはほとんどのプログラムに気づいていません。プログラムに気づくとプログラムが意識化されます。意識化される程度により、プログラムが緩和されるのです。

　ただし、通常はプログラムには気づかないようになっています。プログラムは解除されないようにプログラム自身を厳重に守っているからです。プログラムはプログラムという安全装置によって、自分自身を守ることができると思っているのです。プログラムは古い基準であなたを守ろうとしますが、かつては役立っていたものでもあります。よって、**プログラムに気づくにはプログラムが作る厳重な壁を突破しなければならないのです。**そのためには、莫大なエネルギーが必要だということがわかるでしょう。

## 「ありのままに見る」ことで壁を突破するエネルギーがもたらされる

　通常の意識状態ではこの厳重な壁を突破できません。そもそも通常の意識状態の時にはプログラムと同一化しているのです。プログラムに同一化している時にはプログラムを維持するために「無意識そのもの」の莫大なエネルギーが供給されていると述べました。そのため、エネルギーが枯渇しているのでしたね。これでは、壁を突破してプログラムを緩和するほどのエネルギーはありません。それでは、深い気づきは得られないのです。

　では、どうすればプログラムを緩和できるほどの気づきがもたらされる

のでしょうか？

「ありのままに見る」つまり、価値判断なしに見る意識状態になれば気づきがもたらされるのです。繰り返しお伝えした通り、「ありのままに見る」意識状態の時には、あなた（意識）はプログラムから「脱同一化」しています。この時に「壁を突破する莫大なエネルギー」が「無意識」からもたらされるのです。その結果、深い気づきがもたらされるのです。これがプログラムを緩和させる気づきです。

この深い気づきを言葉で説明するのは簡単ではありません。これを比喩的に表現するなら、身体の深い部分で気づくような感じです。身体の深い部分から腑に落ちるような気づきです。

一方で、通常の意識状態での気づきとは、頭で知る程度です。このような気づきではプログラムは緩和されません。仮に、「ありのままに見る状態での気づき」と「通常の意識状態での気づき」の内容が同じものだったとしても、前者の場合はプログラムが緩和され、後者の場合は何も変わらないのです。このように、気づきには深さがあるのです。変化するためには深い気づきが必要なのです。

## 集中することによって創造的になれる

IT大手のGoogleの教育にマインドフルネスと呼ばれる瞑想が取り入れられています。それをきっかけに瞑想に興味を持つ人が増えています。もともと瞑想は仏教などの修行のために用いられてきたものです。Googleのようなビジネスの第一線で活躍している会社が瞑想を取り入れるのは、能力開発に効果があるからです。瞑想とは瞑想状態を作り出すものですが、瞑想状態を、わかりやすく表現するとしたら「高度な集中状態」となります。瞑想にも様々な種類がありますが、どれも対象を決めて、そのことだけに意識を集中させるというものです。

一般人にとっての瞑想の効果を上げるとすれば、「創造的になれる」「リラックスできる」などが挙げられます。瞑想状態とは高度な集中状態です。本書で詳細に解説した通り、高い集中状態によって「セルフ2（無意識）」につながるのです。その時に莫大なエネルギーと「叡智」につながるので「創造的になれる」のです。また、集中状態を体験することで、「セルフ1

（プログラムに同一化した自分）」から脱同一化することができます。これによって、守っていない自分（リラックスしている自分）を体験できるのです。

## 集中することで自己変革が起こる理由

　さらに、瞑想によって実現することがもう1つあります。それは「自己変革」です。
　では、なぜ「自己変革が起こる」のでしょうか？
　まず、仏教などの修行で瞑想が用いられる理由の1つは、この「自己変革」という要素があるからです。仏教の修行は悟りを目指すものです。私のような人間が悟りを語る資格はないのですが、悟りを開いたと言われる聖者の話を好んで読んだ時期があります。私の感想では、悟りをわかりやすい言葉で表現するとしたら、究極の自由を体現した存在になることだと思います。
　ここまで、人間はプログラムに拘束された存在だということを学んできました。本書を読む程度でも、人間は不自由な存在だということが理解できるでしょう。私たちのような人間が、自由になるためにはプログラムから解放される必要があります。そして、プログラムは深い気づきによって外れていくのです。
　では、瞑想でなぜ「自己変革」が起こるのでしょうか？
　それは、高い集中状態になるために深い気づきが起こるからです。それにより、プログラムが緩和され、プログラムから自由になっていけるからです。このように、「自己変革」とは「プログラムから自由になること」と関係があるのです。
　実際、私が瞑想を実践していた頃の体験を振り返ると、瞑想状態になった時に、直観が冴え渡りました。そのため、普段気づかないことに気づけたのです。この状態と、コーチングにおいて、コーチとクライアント双方が深い意識状態になっている時の状態とは、程度の差はありますが似通っています。

## コーチングは効果的にクライアントを集中状態に誘う

　コーチングは、効果的に行うことができるならクライアントにとっては最も効果的に集中状態になれるものの1つです。なぜなら、**集中状態になるのに必要な環境をコーチが整えてくれる**からです。1人で集中状態になるのは簡単ではありません。かつて、私も瞑想を毎日行っていた時期があります。それは毎日集中のためのトレーニングをしていたと言っても過言ではありません。

　もちろん、瞑想を行う目的は単に集中するためではありません。瞑想にはもっと深淵な意味があります。しかしあえて、瞑想を集中という側面だけ切り取ってお伝えするとしたら、その当時、毎日このような瞑想の日課を課していたにもかかわらず、1人で集中状態になるのは簡単ではなかったと言えるのです。

# 08 ミッションに気づく

### ミッションとは

「ミッション」という言葉があります。「使命」「この世で果たす役割」のことです。また、「ミッション」は他の誰かに貢献する意味合いを持ちます。

私は幼い頃から「人間の心」や「人間の生き方」に興味を持っていました。そのため、いつも「人間は何のために生きるのか？」という問いと共に生きてきました。ですから「ミッション」とは何かを長らく考えてきたことになります。

私は長らく「ミッション」を「セルフ１（プログラムに同一化した自分）」から考えていました。そして、「セルフ１（プログラムに同一化した自分）」が望んでいるものが「ミッション」だと思っていました。「セルフ１（プログラムに同一化した自分）」が大事にするものは「理想の価値観」です。ですから、私は長らく「理想の価値観」を「ミッション」だと思って生きてきました。

心理職に就きたいと思っている時の私は、「人間を自由にすること」が私の「ミッション」だと思っていました。しかし、これは「セルフ１（プログラムに同一化した自分）」が大切にしている価値観だったのです。私はその当時、相当に窮屈な生き方をしていたので、自由になりたかったのです。そこで自由が大事だったのです。だからこそ、周りの方々を自由にすることもまた大切なことだと思えたのです。そして、手帳にミッションステートメント（ミッションの宣言文）を貼って、毎日見るようにしていました。

その後、心に関する探究をする中で「純粋な自分（意識）」で生きている時と、「セルフ１（プログラムに同一化した自分）」で生きている時の違いがわかるようになりました。そこで、「ミッション」は「セルフ１（プログラムに同一化した自分）」で生きている時と、「純粋な自分（意識）」で生きている時では、違っているということがわかったのです。

では、私は「純粋な自分（意識）」になった時に、どんな「ミッション」に気づいたのでしょうか？

驚くべきことに、それもまた、「人間を自由にすること」だったのです。「セルフ１（プログラムに同一化した自分）」が理想の価値観としていたものと同じだったのです。**しかし、質感が違うのです。ここが大切です。**

## 「セルフ１」と「純粋な自分（意識）」のミッション、質感の違い

「セルフ１（プログラムに同一化した自分）」で生きている時には、プログラムから来る欲求と共にいます。プログラムは安全・安心欲求を大事にします。そのため、「セルフ１（プログラムに同一化した自分）」が「ミッション」を持つ時には、「自分のため」という意味合いを持ちます。なぜなら、プログラムが持つ自己防衛的な傾向が根底にあるからです。この場合は、エゴが強くなります。その結果「誰かに認められるためのミッション」や「自己重要感を満たすためのミッション」という意味合いが強くなります。

例えば、私は「セルフ１（プログラムに同一化した自分）」で生きていた時は、「人間を自由にする」という理想の価値観に沿って生きようとしていました。「人間を自由にすること」は、クライアント（他者）を幸せに貢献するという意味の表現です。よって、表現は自分のためではなくて他者のためです。

しかし、この価値観（プログラム）に同一化している自分は、深刻な欠乏感に苛まれていました。つまり、当時の私の根底にある動機は自己重要感を満たすためだったのです。私は、自己重要感を満たすために「ミッション」を掲げていたのです。

それに対して、「純粋な自分（意識）」でミッションに気づいた時に感じたものは、「ただそれに興味があるから」というニュートラルなものでした。

同じく、「人間を自由にすること」に興味があったのですが、「誰かに認められたい」とか「自己重要感を満たしたい」という思いはなかったのです。「人間を自由にすること」という価値観としての「ミッション」で行動している時には、クライアントに感謝されると、とても嬉しく思いました。自己重要感が満たされるからです。クライアントの役に立ったというのが

嬉しかったのです（もちろん、嬉しいという気持ちも人生を豊かにしますので、それを否定する必要はないのですが）。

一方で、「純粋な自分（意識）」が「人間を自由にする」という興味・関心から行動する時には、クライアントに感謝されても嬉しくはないのです。もちろん、クライアントが深刻な状況から脱することができたら「良かった」と思います。しかし、嬉しいというよりは「ホッとする（安心する）」感じです。

## 純粋な自分から発するミッションはエゴが少ない

両方の「ミッション」を体験してみてわかったのは、後者の方がより純粋に「相手（クライアント）のため」だと感じながら行動できるということです。先ほど、「『ミッション』は他の誰かに貢献する意味合いを持ちます」と書きました。ミッションが他者への貢献だとすると、「純粋な自分（意識）」から発する「ミッション」の方が、「ミッション」らしいと言えます。この場合は、自分ではなく、他者に関心が向いているからです。安全・安心欲求から自由になっているので、自分を守る（自分中心に考える）必要がないからです。

一方で、価値観としての「ミッション」から行動する時は、相手が困難な状況から脱した時には嬉しいのですが、冷静に分析すると、その嬉しさには、相手が良くなったという純粋な思いだけではなくて「自分がやり遂げた」という満足感が含まれていました。

もちろんここまでストイックに「ミッション」が純粋なものでなければならないというわけではありません。相手が良くなった時に自然と喜びが込み上げてきたら素直に喜べばいいのです。その上で、両方の「ミッション（使命）」の違いがわかった今、どちらか片方を選択してくださいと言われたなら、迷うことなく「純粋な自分（意識）」からの「ミッション」の遂行を選びます。「純粋な自分（意識）」から「ミッション」を遂行した場合、とても深い部分で満足しているのがわかるからです。その満足は、自己重要感を満たしたという満足ではなくて、「本来の生き方ができた」という静かな満足なのです。その時に、作った自分ではなく、「自分らしい行動がとれた」と感じるのです。

## 一貫した生き方の土台となるものとは

「純粋な自分（意識）」とは「本来の自分に起源を持つ意思（意識）」だとお伝えしました。プログラムから脱同一化してこの状態になった時には、「生まれつき、どのように生きたいと思っているのか（生来の生き方）」がわかるのです。つまり「純粋な自分（意識）」から気づいた「ミッション」とは、不変の生き方（人生のテーマ）です。

象は象として生きて幸せになります。ライオンはライオンらしく生きて幸せになります。仮にライオンが象のような生き方をしたとしたら窮屈なはずです。同様に、あなたが自分らしいと感じるのは、あなたらしい生き方ができた時で、それは「本来の自分に起源を持つ意思（意識）」にある「ミッション」から生きる時なのです。

「価値観（プログラム）」は後天的に身につけたもので、これはあなたではありません。また、相反する価値観がある場合、すぐに反対側の自分が大事になります。「ミッション」もそれが価値観なら、ある「ミッション」に沿って生きたいと思っていても、そんな生き方を否定する自分（価値観）が同時にあれば、一貫した生き方はできないのです。

## 前向きなだけがミッションではない

「ミッション」と聞くと、「世のため人のため」といった高邁な生き方をイメージする方がいるかもしれません。また、相反する2人の自分がいるとすれば、「前向きな方の自分」の方が「ミッション」に近いと思う人も多いでしょう。

しかし、実際には「本来の自分に起源を持つ意思（意識）」に立ち返った時に、とても素朴なことを大事にしたいと思っていることに気づくことがあります。例えば、「奥さんとの時間を大切にする自分」と「国際的に活躍するビジネスパーソン」のように、相反する2人の自分がいるという人がいたとします。この場合、「国際的に活躍するビジネスパーソン」は大勢の人に影響を与えます。それに対して、「奥さんとの時間を大切にする自分」はとても地味ですね。しかし、ワーカホリック気味にバリバリ働いている人ほど、「本来の自分に起源を持つ意思（意識）」に立ち帰った時には、「本当は家族を大切にしたかったということに気づきました」と言

う人が多いのです。

　逆に、かつての私のように、自己主張せず地味に生きている人は、「多くの人に影響を与えること」が「ミッション」だと気づくことも少なくありません。

「本来の自分に起源を持つ意思（意識）」で「ミッション」に気づく場合、苦手だと思っていることが「ミッション」である場合が多いと、私は経験上確信しています。その場合、かつての私のように、「抵抗があるけど、やってみたい」という気持ちを感じることになります。

　仮に、苦手だと思っていることが「ミッション」の場合は、主体的に生きる位置に立つこと（プログラムから脱同一化すること）が「ミッション」実現の鍵となることがわかるでしょう。苦手な場合、それに抵抗するプログラムがあなたを拘束するからです。

## コーチング例「ミッションに気づく」

**コーチ**　　　：Kさん、今日はどんなことについてお話したいですか？
**クライアント**：そうですね……。最近目の前のことにいちいち反応しなくなったし、気持ちの流れの中からちょっと引いて、どう演じるかを選んでやっている自分がいるんですよ。ものすっごく楽になりました。楽は悪いわけじゃないとも思えるし。
**コーチ**　　　：すごい！　Kさんの"滅私奉公さん"の口癖は「楽しちゃダメ！」だったのにね。
**クライアント**：そうそう（笑）。で、"わがまま暴れんぼさん"の渇望とかやるせなさとかも良くわかるんですよ。3人目の観察者の私は、大概「ま、いいんじゃないの〜」、「大丈夫よ」って。どんな自分も受け入れて、落ち着いているんですよ。
**コーチ**　　　：すごいじゃないですかぁ。Kさんがコーチング申し込まれた目的って、まさに落ちついていて自由で、自信のある自分になることでしたよね？
**クライアント**：そうなんですけどね……。なんだか思っていたのと違うんです。3人目の自分の軸足が安定してきたら、世界がガラッと変わって、というか人生の質が変わって、自分の中に安住の場所がある感じ。だけど、あの時こうなりたいと思っていた自分とは違うものが生まれた感じなんです。
**コーチ**　　　：違うものって？
**クライアント**：あの時は、キャリア〜!!って（笑）。しっかりした自分になりたかった

んです。今自分自身でいることにとても安心感があるんですよ、でも改めて「キャリアって何？」ってわかんない。昔は恐怖とか怒りとかがパワーの源だったけれど、3人目の私は消極的で、なんか前みたいに色々と食らいつきにいかないし。周りの人ともなじんでいい感じなんですけど……、なんか緩いっていうか。

コーチ　　：そうなんだぁ。何かエネルギーが低いなぁって感じがして、物足りないってこと？

クライアント：あっ！　そうです、そうです。エネルギーが低いの！　物足りないんです！　怒りとか恐怖からくるパワーはもううんざりだけれど、強い暖かさの中でやっていきたい感じ。でも何をしていいか……。

コーチ　　：強い暖かさね。まさに、Kさんの命そのものだわぁ。ねえ、Kさん、これから何をやりたい？　どう生きたい？

クライアント：美大を目指したのはある意味、親の期待とか自分の居場所を作りたいとかふんわりしたものだったんですよね……。もうその方向じゃなくなっちゃったし。

コーチ　　：どうして美大に？

クライアント：小学校のころアメリカで言葉が通じなかったとき、絵を書いたら周りとつながれたんですよね。美術館とかも大好き。キュレーターになりたかったんです。

コーチ　　：え？　キュレーターってどんな職業？

クライアント：うーん、アート作品の展覧会を企画する仕事って言えばいいでしょうか。自分で作品を生み出すことはできないけれど、自分なりに芸術を解釈して、複数のアート作品の内側にある美しさを共鳴させて輝かせることが私にとっての喜び。で、展覧会に集まる人の共感のつながりを作る……。アートとアート、アートと人、人と人が共感でつながる、奇跡のような美しさを感じられた時、ほんとにうれしいんです。人と出会いたいし関わりたい。でもとどまりたくない。

コーチ　　：とどまりたくない？　確かにね、水はよどむと腐るとかってこと？

クライアント：ん〜、水っていうより、私の場合は風って感じ。経済にも興味があるんです。以前CSR（注：企業の社会的責任を果たすための活動）で農家さんを巻き込んでたくさんの人とつながった時、とっても幸せだったなぁ。

コーチ　　：風のように出会って、関わって、場を生み出して、言葉を超えた共感でつながることの奇跡のような美しさを感じて、そのまま吹き抜けていくんですね。

クライアント：そうです、そうです。それが人間としての自分の本当のやりたいこと‼

# 09 いたるところで コーチングは実践可能

**主体的に生きる。——私の場合**

「純粋な自分（意識）」で様々な行動を選択する時に、「主体的に生きる」ことができると幾分かでも理解していただけたかと思います。つまり、「純粋な自分（意識）」から選択するとしたら、「自分らしい生き方（ミッションに沿った生き方）」の方を選択する場合が多いのです。この時の自分は、「本来の自分に起源を持つ意思（意識）」ですので、自ずと本来の自分の生き方（ミッション）を選択するのです。372頁では以下のことを書きました。

> しかし、今一番良かったと思えることは、「最高の力」を発揮できる機会が増えたことではなく、**主体的に生きられる時間が増えたこと**です。

これは、プログラムに流されずに、不動の生き方（一貫した生き方）を選択できる時間が増えたことを意味します。

例えば、この本を書くことも私のミッション（使命）の1つです。今、最終の第12章を書いているので、執筆も終盤です。しかし、正直この本を書くことを苦しいと思うことが多くありました。3年近く前に、執筆を開始したにもかかわらず、なかなか進まなかったのです。そもそも私は書くことが得意ではありません。ものすごく労力がかかるので書くことが億劫になります。また、今回の本は内容的に理解してもらうことが簡単ではありません。「本意が伝わらなかったらどうしよう」という「セルフ1（プログラムに同一化した自分）」からのネガティブなささやきが聞こえてきます。この本を出版することを恐れている自分がいるのです。

それでも、「純粋な自分（意識）」に立ち返ると、「この本を書く意義」に気づくのです。しかし、「セルフ1（プログラムに同一化した自分）」になると、「この本を書く意義」よりも、出版しないことのメリットの方に

共感するのです。
　私の場合、経験を重ねるにつれて「プログラム」「意識」「無意識」の関係を、より深く理解できるようになりました。長年の経験から、「意識（純粋な自分）」の判断したことで自分が最も満足できることを知っています。「セルフ１（プログラムに同一化した自分）」の声を選択した場合は後悔することが多いのですが、「純粋な自分（意識）」からの気づきを選択した場合は、例え失敗したとしてもすがすがしいのです。
　ですから、「純粋な自分（意識）」と「セルフ１（プログラムに同一化した自分）」を行ったり来たりすることになりますが、「純粋な自分（意識）」を基盤とした生き方ができるのです。この場合、ぶれない羅針盤があるような生き方になります。羅針盤はどれだけ回しても、最後には必ず天極（北）を指します。同様に、「純粋な自分（意識）」が主体的に生きる時、ぶれることがあっても、必ず「ミッション（使命）」に立ち返るのです。

## 「主体的に選択する」ことを土台とした生き方の実践

　私は本を書いている期間は、寝ても覚めても執筆内容に関する「問い」を持って生きています。「どのような章立てにするか」「どんな項目を入れるか」などです。書く項目が決まっている場合は、「それをどのように説明するか」という「問い」があります。
　このような「問い」の答えは、朝起きてすぐの時だったり、お風呂に入っている時などに突然浮かぶのです。それは「普段の自分（セルフ１）」を忘れている時（プログラムが外れている時）です。これらの気づきをメモしておいて、執筆時にはこのメモを参考にして書き始めるのです。書く時に「セルフ２（無意識）」から書けるといいのですが、普段の自分（セルフ１）からしか書けないことの方が多いものです。
　この場合でも、それほど気にかけません。すでに書いたように、「集中しなければ」と思うと、かえって集中状態から遠のくからです。むしろ、集中することにこだわらない方が集中しやすいのです。その秘訣としては結果にこだわらないことです。ある種のあきらめですね。結果にこだわると、かえって力が入ってしまいます。
　いつも「純粋な自分（意識）」で生きることはできません。しかし、「純

粋な自分（意識）」の時に気づいた、「ミッション」がわかっているので、ぶれない目的を持っているのです。「純粋な自分（意識）」から望むものは、一時的ではなく永続的に興味・関心があるものです。よって、深く知りたいと思っているので、集中状態（「セルフ2」とつながった状態）にもなりやすいのです。よって、「ミッション」に気づき、その実現に生きる時に、自ずと「最高の力（潜在力）」を発揮しやすくなります。

## コーチングはコーチとの60分のセッションだけなのか

　多くの場合、コーチングはコーチとクライアントの間で時間を決めてスカイプなどで行います。しかし私は、コーチングとはコーチとクライアントが共有する特別な時間ではないと思うようになりました。コーチングは「生き方」だと思うようになったのです。コーチとクライアントが行うセッションの時間だけでなく、生活のどの瞬間もコーチング的な生き方をしていると気づいたのです。

　本書ではコーチングは「最高の力（潜在力）」を発揮させるものだと書いてきました。コーチとクライアントの共同作業によってもたらされる「集中状態」が、「最高の力（潜在力）」を引き出します。その力の活用を土台として、「目標達成」や「課題解決」を行うのです。そのために、質問などによって「焦点」と「空白」を巧みに活用して、創造的な気づきを引き出すのです。

　コーチングで、「焦点」や「空白」の使い方の重要性が理解できた人は、コーチがいない場面でも、「自問自答（セルフコーチング）」という形式で、「最高の力（潜在力）」を仕事などのパフォーマンス向上のために活用しようとするでしょう。「私は本を書いている期間は、寝ても覚めても執筆内容に関する『問い』を持って生きています」とお伝えしました。これは、セルフコーチングを実践しているのです。

## ミッションこそ最高の力を引き出す

　本を書いている期間は、本の内容に関する「問い」の答えが、朝起きてすぐの時だったり、「お風呂に入っている時」などに突然浮かぶ、と書きました。このような「ひらめき」があるのは、目的を持って生きているか

らです。真摯に探究する姿勢がある時に、「最高の力（潜在力）」が働くのです。義務役割から来る「問い」では、このような「ひらめき」はもたらされません。「ひらめき」を得るには「本当に知りたい」という好奇心を持つ必要があるのです。

　このように考えた時に、**人間が能力を最大化するポイントの１つは、深い「問い」を持つこと**だとわかるでしょう。

　例えば、私は本書を書くにあたって、これまでにない形で「コーチングのすごさ」を明らかにしたいと思いました。私は、人生は一度しかないから、仕事をするなら納得のいくことをしたいと思っています。本を書くなら、意義深いものを書きたいと思っています。このように私が思っていて、その「問い」を大切にする時に、「最高の力」が答えを出してくれるのです。

　ですから、「この人生をどう生きたいのか？」「この人生に何を望んでいるのか？」「本当に実現したいことは何なのか？」これらの「問い」を持ってもらいたいのです。これらの問いが「ミッション」の発見につながります。

　これらの「問い」の答えが見つかったなら、今度はそれを実現するための「問い」を大切にしてもらいたいのです。

　私は、様々なセミナーで受講生に「あなたは、この人生をどう生きたいのか？」という「問い」を投げかけることがあります。しかし、こんなに大切な「問い」なのに、そんなこと考えたことはないという方が驚くほど多いのです。ですから、人生に「問い」を持ってもらいたいのです。人生は一度しかないですから……。

## コーチングの実践

　ここまで書いてきたように、「問い」はコーチングをやっていようがいまいがいたるところで活用できるものです。ただし、ここまで書いてきた通りコーチから投げかけられる問い（質問）は特別な意味を持ちます。２人の間に特別な場が作り出されるからです。

　プロジェクトには幹と枝葉末節があります。幹は戦略です。まず優れた戦略を最高の状態で立てた方がいいでしょう。戦術（枝葉末節）に多少の不具合があっても、幹さえしっかりしていれば、大きな損失にはなりません。

仮に、私が新しい本を書くとします。そして、優れたコーチに30分だけコーチングしてもらえるなら、「どんなテーマで書くのか」という題材を選びます。これが幹だからです。繰り返しお伝えしているように、コーチングをしている最中にこそ普段とは違った頭の使い方（高い能力を発揮できる）ができるからです。
　さらにもう30分コーチングをしてもらえるなら、「章立て」をテーマにコーチングしてもらいます。これが次に重要だからです。これも「最高の力」で発想した方がいいでしょう。
　その後、実際に書き始めた時にも「最高の力」で書くに越したことはありません。不調の時には、分厚い鎧から出るコーチングをしてもらうといいでしょう。書き方が浮かばない時には、コーチからの質問で新鮮な視点を提供してもらうのもいいでしょう。書く時には、パソコンの前で1人で書かなければなりません。しかし、書く前にコーチングによるサポートを受けることにより、書く時のパフォーマンスを向上させられるのです。コーチングのサポートが得られない時もあります。このような時にも、本章に書いている内容などをよく理解して、「最高の力」を発揮できる機会を増やすと良いでしょう。

## クライアントIさんの体験談「ミッションを問う」

　30代の頃は、「何を学んでも、何をやっても一向に自分の理想に近づく気配がない」、そんな焦燥感と無念な思いだけが募っていました。つまり、「私は自分らしく生きていない」という実感を持ちながら、これまでの人生を送ってきたのです。
　その当時の私にとって重要だったのは、「どうしたら理想的な人生を送れるか？」「どうすれば自分らしく生きられるのか？」という問いでした。それは、抑圧されている状態から解放され、自由を体験できる憧れのような意味も含まれていました。
　しかし、ある時を境に私の問いに変化が生まれるのです。
「私はこの人生で何を実現したいのか？」
　コーチングと出会っていなかったら、聞かれることもなさそうな質問です。これがミッションを引き出す質問との最初の出会いでした。
　とは言え、どんなに掘り下げても、その質問の答えは出てきません。「人に喜んでいただける仕事がしたい」「必要とされる人でありたい」など、表層的で満たされていない私の何かを埋めようとするものでした。
　そして、その10数年後、一歩間違うと死に至る大病を患ったのです。
「私はこの人生をどう生きていきたいのか？」「残された人生をどう生きるか？」
　初めて自分の命に限りがあることを突きつけられ、遂に「待ったなし！」の状態です。もうこの問いから逃げられません。セッションでも繰り返し問われ続けましたが、その時の関心事は「痛みにどう対処するか？」というのが精一杯でした。しかし、このミッションの問いだけは、片時も頭の隅から離れることはありませんでした。
　そんなある日のセッションで、ひらめきがありました。そして、とつとつと発せられた言葉。それは、「私でもやればできるんだ。それを、私のように自信がない人にお伝えしたい。こんなヘタレな私がこの病気を克服しようとしているのだから……」
　体の深いところから、ピュアなエネルギーと共に静かにこみ上げてくるものでした。
　これが、やっと見つかった私のミッション？　私の大きな期待を裏切り、ミッションの本当の姿は、純朴で飾りっ気のないものでした。
　そして、現在、このミッションと共に生きています。正確には生き方を変えています。
　関わる人に「やればできる」という励みになるためです。そして、人の役に立ち、恩返しがしたいと、小さなことから実践し始めています。これからは、与えられた命をこのために使っていきます。
「どう生きるか？」これは、私にとって宝物のような質問です。生きること、人生をあきらめていた私にまた生きる希望を与えてくれた質問だからです。
　現在、同じ大病をされている方やご家族の方に、この問いを共有し始めています。
　夢を語ってくださる方、余命宣告を受けた方もご自身の運命を変えようと未来に向けて語ってくれています。そして、この宝物を、かけがえのない大切な仲間、そしてこれから出会う人々と共有していきたい。そんなささやかな希望を携えて過ごしています。

《第12章》主体的に生きる

# 10 課題を乗り越える

## 「本来の自分に起源を持つ意思（意識）」で生きる

　私が15年前にコーチングのスクールに通っていた、というエピソードを紹介しました。当時そのスクールでは15日間のコースを実施していました。そのスクールでの最終日はとても意義深い日になりました。

　そのコーチングスクールでは、巧みなカリキュラムがあり、「どう生きたいのか？」を突き詰めて考えさせられました。そこで、心底「主体的に生きたい」と思ったのです。

　15日間のカリキュラムが終わった後に、参加者全員がコース修了にあたっての感想をシェアしました。1人ひとりが全員（24名）に対して話すので、普通は2〜3分です。しかし、私の口の中からとめどなく言葉が出てきました。全部話し終えた時には30分以上もの時間が経過していました。人前恐怖症だった私がそんなことをするなんて信じられませんでした。ブルブル震えながら語りました。

　その時、私は「今日からの10年をこのように生きていきたい」と話したのです。そのコーチングセミナーの最終日に、ある小説をちょうど読み終えていました。その小説を読んだのは2度目でした。初めてその小説を読んだのはその10年前でした。その時私は31歳でしたので、21歳の時に初めて読んだことになります。

　21歳の当時、大学生だった頃の私は人生に失望していました。10年経って、31歳の私は何も変わっていないことに気づいたのです。10年はあっという間だと感じて、次の10年も終わってみれば、あっと言う間だと感じるのだろうと思っていました。すぐに41歳になってしまうと思ったのです。こんな空虚な10年間をもう一度やるのは嫌だと心底思いました。そこで、この「変われない私」を卒業すると宣言したのです。

　「こんな惨めで変われない私が変わることができるなら、今の自分のよう

に悶々としている人たちにとっては希望になるに違いない。そしてどうすれば変われるのかを、私は自分が変化して、その姿を見せながらそれを伝えたい」と静かに語ったのです。

　私にはその当時やりたいと思っていたプロジェクトがありました。それは、心理学や能力開発の領域でのプロジェクトでした。それをするには、独立しなければならないし、また人前で話さなければならない、それは恐ろしいことでした。

「私はこれまで変化することを恐れてきた」と語りました。そして、「今も怖い、しかし、このように変化すると決意した今変われなかったなら、私は二度と変われないと思う。だから最後のチャンスだと思ってチャレンジしてみたい」と語りました。

「もし私がこのプロジェクトを実行できたなら、10年後に何があるのか？　このプロジェクトを実行した自分がいるとしたら、目の前には、大勢の人が私の姿を見て、私が伝える内容を学んで変化することを決意している。そして、私はその方々が変化するためにサポートしている。それにより変化する人がたくさんいる」と語りました。

　これを語った時に、「このプロジェクトをやらないということが、どれほどのリスクになるのか？」という思いに至ったのです。それまで、私は自分の夢の方へ踏み出すことのリスクを考えて生きてきました。「独立するリスク」「人前に立つリスク」これらを恐れていました。

　しかし、私が恐怖からプロジェクトを起こさなかったとしたら、「未来において私に出会って変化するはずの人が変化することができない」と思ったのです。これを断念した場合、大勢の人がその損失（リスク）を被るような気がしたのです。当時私は非力でしたがなぜかそう思ったのです。

　私が夢実現にチャレンジすることにもリスクがある。しかし、チャレンジすることを断念することにもリスクがあると思ったのです。どちらのリスクを取るのかは選択の問題だと思ったのです。そこで、私はチャレンジしないというリスクではなく、チャレンジするというリスクを取ると決めました。

　今では、それは「純粋な自分」が決めた決断だったとわかります。しか

し、その当時は、何もわかりませんでした。どうして、こんなに人前に立つのが怖いのに語り続けるのかがわかりませんでした。涙目になりながら、語り続けました。

それから15年が経ちました。驚くべきことに、15年前に語った通りになりました。この15年の間に、大勢の人が私のセミナーに参加してくださいました。大きな課題を抱えていて、何十年も苦しんできたという方もお越しになりました。本当に、セミナーに参加してくださった多くの方々が変化していかれたのです。中には、様々なスクールに通ったけど、どうにもならなかった方が変化したという例もあります。

そこで、15年前を思い出すのです。もし、あの時の自分がこの人生を選択していなかったとしたら……。今ならわかるのです。ものすごいリスクになっていたということが。

この15年良いことばかりではありませんでした。苦しいことも多かったです。クライアントを幸せにするどころか、自分の力不足から、かえって迷惑をかけてしまうこともありました。本当に辛い思いもしました。人の心を扱うことが怖くて何度もやめたいと思いました。

しかし、困難を乗り越える度に強くなっていきました。15年前の自分ではどうすることもできなかったケースを、10年前の私は解決することができるようになっていました。10年前の私には荷が重かったケースも、5年前の私には笑って「大丈夫と」と声をかけることができるようになっていました。

どれだけ修練を積んでも、その時の自分には越えられない課題が目の前に現れました。その度に私は逃げ出したいと思っていたのです。そして、今も私の前には到底無理だと思えるような課題があるのです。

15年前にも「前へ進むか、留まるかの選択」がありました。そして、今も「前へ進むか、留まるかの選択」があるのです。これは永遠に続くのではないかと思います。

15年前の私は自分を無力だと感じていました。15年前の自分が今の自分を見たら、超人のように見えるでしょう。あるいは、私のスクールにお越しになる受講生の方々は、今の私は強い人間のように見えるかもしれません。

しかし、今の自分もまた自分を無力だと感じているのです。私の力が大きくなれば、それに応じて、大きな責任を背負うことになるからです。私は事業主ですので、他者に拘束されることはありません。それでも、見えない力が、私に課題を与えてくれるのです。

　15年前の私と今の私の違いは、今は課題に感謝できるようなっていることです。この15年間で乗り越えてきた課題は、乗り越えた時にそのまま私の力に変わりました。今はその力で、皆さんのお役に立てるのです。今の力がなければ、お役に立てないだろうと思える人と出会った時に、課題を乗り越えて良かったと心から思うのです。課題を克服することなしに、身につかなかった力があるのです。

　380頁で書いたように、「純粋な自分（意識）」で何かを達成した時に、あまり嬉しいとは思えません。しかし、ホッとするのです。それは、この人の可能性を奪わなくてよかったという思いです。もし、かつて自分が前へ進むことを怠っていたら、この方はこのままだった（変化しなかった）かもしれないと思うことがあるのです。そうなるとこの人の可能性を奪うことになっていたと思うのです。変化した人は、自分の力に気づき、その力を発揮していかれるからです。

　だからこそ、難しい課題があったけど、何とか乗り越えておいて良かったとホッとする（安心する）のです。まるで、偉い人に与えられた試験に次第点でギリギリ合格したような気分です。不思議に思うかもしれませんが、こういう体験をすること以上の幸せはないのです。

　今でも課題がやってきたらへこみます。しかし、いつも深い所で、課題を乗り越えることを選択すると決めている自分がいます。そして、その自分（純粋な意識）を信頼することができます。

　大勢の人の変化に立ち合いました。人間って本当にすごいと思います。大勢の人に「人間のすごさ」を知ってもらいたいとの思いで活動を続けてきました。本書によってその一端でも伝えることができたなら、これ以上の喜びはありません。本当にありがとうございました。

《第12章》主体的に生きる

# おわりに

　本書を書き始めたのは2013年の秋でした。本書を書くのに３年近くもかかったことになります。途中で書けなくなってしまい、自問自答を繰り返す日々が続きました。「何のために書くのか？」「いったい誰のために書くのか？」「そもそも私はどうして本を書くのか？」、これらの問いを重ねるうちに、無駄な思いが削ぎ落とされていきました。最後には純粋な意図だけが残りました。コーチングを通して「人間の可能性」を伝えられればと思いました。

　本編でも書いたように、この３年間は寝ても覚めてもコーチングのことが頭から離れませんでした。セッションをしてもらう時には度々この本の執筆を扱いました。それ以外の時間も自問自答を繰り返しました。セルフコーチングしていたのです。そこで、コーチングに関する考え方が大きく変わりました。コーチングはどの人も毎日行っていることだと気づいたのです。

　私が本書の執筆の際に自問自答したように、誰もが毎日自問自答しています。焦点と空白がない瞬間はありません。その問いが真剣であればあるほど気づきがあります。誇張した表現が許されるなら、無意識的にセルフコーチングを行っているのです。このように考えた時に、コーチとのコーチングセッションも特別なものではなく、いつもやっていることの質を意識的に高めることだと感じられるようになりました。

　「コーチング的な生き方」というものがあるとしたら、これまでもずっと行ってきたし、これからも人間である限りずっと行っていくものです。それを意識的にやっている人と、無意識的にやっている人がいるだけです。

　このように考えた時に、コーチングはとても身近なもののように感じられました。たまにしか食べない高級料理よりも、毎日食べるものの質が人間の人生に大きな影響を与えます。同じように、自問自答は毎日行っているあたりまえのことだからこそ、その質を高めた時に人生の質が変わるのです。

　学習には２つの方向があります。１つは「知識を増やしていく方向」です。もう１つは「知識を深めていく方向」です。どちらの学習も大事です。ただ、「理解する力」を高めるためには知識を深めなければなりません。理解する力とは、

おわりに

洞察力や発想力などコーチングを上達させるために不可欠な能力です。理解する力が高い人の特徴は、本質を見抜く力が高いことにあります。知識を深める方向とは、本質を理解する方向なのです。一方で、知識を増やす方向に進みすぎると、どんどん細分化され、本質から遠ざかっていきます。知識偏重に陥ってしまうと、理解する力が失われてしまうのです。これは、「叡智（深い理解力）」である「セルフ2」から遠ざかることを意味します。

この3年間、あらためてコーチングを探求してみて、コーチングこそ知識を深めるのに適した方法だと気づきました。コーチングは覚えなければならないスキルが少ないシンプルな手法だからです。質問という最もシンプルな方法で理解する力を高めることができるのです。

本書も知識を深める方向で執筆しました。あなたは本書を読む前にも、自問自答していたでしょうが、本書を読み終わった今、自問自答の質が変わっているのではないでしょうか。本書の第2章でGROWモデルを紹介しました。GROWとは、「G＝目標（目的）」「R＝現状」「O＝選択」「W＝意思」です。本書を最後まで読んだ今、「目標（目的）を持つこと」「現状をありのままに見ること」「選択すること」「意思（主体性を持つこと）」の意義が深まっているはずです。1つひとつの言葉の意味を深く理解し意義が深まったなら、同じようにGROWモデルを使ったコーチングをしても違った結果を作り出せるはずです。それは、あなたという存在（Being）がわずかでも変わったからです。あなたという存在（Being）が変わった時に、あなたが発する言葉に重みが加わるのです。このように深い理解はあなたの存在を強化するのです。

どうか、力強い存在になってください。信じてもらいたいのは、あなたは自分自身を深めるだけで、力強い存在になれるということです。今あなたが知っていることで十分なのです。かつての私のように、自分には何もないと思ってしまうと、新しいことを知らなければと思うでしょう。しかし、あなたは何も増やす必要はありません。自分を深めるだけで、あなたは自分がすでに偉大だということに気づくのです。すでに知っていることを深めるだけで、人間は豊かになれるのです。そして、そのことに気づくための最良の方法の1つがコーチングなのです。

最後に謝辞を述べさせてください。本書の執筆は、文字通りの意味で多くの

方々の協力なしには成し遂げられませんでした。本書の執筆があまりにも進まなかったので、私は何度も断念しようとしました。その度に、編集者の久保田章子さんが引き留めてくださいました。久保田さんの励ましがなければ、本書を書き上げることはできませんでした。また、私が主催するNLPラーニングとNRTの受講生の皆さまにはたくさんの貴重な事例を提供していただきました。素晴らしい事例を提供してくださったにもかかわらず頁の都合で割愛せざるを得なかったものもあります。これら全ての人に有形無形のサポートをいただきました。本当にありがとうございました。

　本書の執筆と同時に、以下に挙げる10名のメンバーと共にコーチングのプロジェクトを進めました。このメンバーとのやり取りの中で本書の内容が明確になりました。プロコーチとして活躍する木村純子さんと赤木広紀さんには長年のコーチとしての経験を惜しげもなくご教授いただきました。コーチングから遠ざかっていた私がコーチングに関する本を書けたのもお2人のおかげです。お2人に教えていただいたコーチング事例を本書でも反映させていただきました。同じくプロコーチとして活躍する早坂維知佳さんと三田村薫さんには、1ヶ月半に渡り執筆のサポートをいただきました。三田村さんにはイマジネーション豊かな図版を考案していただきました。早坂さんには、数多くのコーチング事例と、本章の内容に関する様々な助言をいただきました。さらに、喜嶋美子さん、藤井直樹さん、村田みちのさん、西塚祐子さん、永田智子さん、野村佳代さんとのやりとりの中で執筆に関する重要なインスピレーションをいただきました。私を含め11名のメンバーとのやり取りがそのまま本書の内容になったと言っても過言ではありません。

　この秋から、ここに挙げた11名のメンバーでアート・オブ・コーチングというコーチングスクールを始めます。本書を書くに当たって、最大限言葉を尽くしましたが、文字でだけでは伝えることができなかったこともあります。言葉を超えて理解を深める場、実践力を育む場をご提供します。

　本書は一度読んだだけでは理解できません。願わくは繰り返し読んでいただきたいと思います。本当にありがとうございました。

2016年9月1日

山崎啓支

## 参考文献

- 『新インナーゲーム―心で勝つ集中の科学』T.W.ガルウェイ著、後藤新弥訳・構成／日刊スポーツ出版社
- 『インナーワーク―あなたが、仕事が、そして会社が変わる。君は仕事をエンジョイできるか』ティモシー・ガルウェイ著、後藤新弥訳・構成／日刊スポーツ出版社
- 『はじめてのコーチング』ジョン・ウィットモア著　清川幸美訳　ソフトバンククリエイティブ
- 『潜在意識をひき出すコーチングの技術』ジョン・ホイットモア著、真下圭訳／日本能率協会マネジメントセンター
- 『モモ』ミヒャエル・エンデ著、大島かおり訳／岩波少年文庫

## おすすめの図書

　上記に挙げた参考文献のうち、現在も販売されているコーチング関連書は『新インナーゲーム―心で勝つ集中の科学』だけです。したがって、まずは、こちらを読むことをおすすめします。『モモ』はコーチングとは直接関係がないのですが、コーチとしての在り方という観点で重要な示唆が含まれています。

　本書の冒頭でご紹介した通り、本書の解説はＮＬＰ（神経言語プログラミング）の考え方を反映しています。そこで、以下に挙げる拙書を読むことにより、さらに理解が深まります。

### ●ＮＬＰの入門書として
- 『マンガでやさしくわかるＮＬＰ』山崎啓支著、サノマリナ作画／日本能率協会マネジメントセンター
- 『マンガでやさしくわかるＮＬＰコミュニケーション』山崎啓支著、サノマリナ作画／日本能率協会マネジメントセンター

### ●本書第８章を理解するために
- 『体感イメージで願いをかなえる』山崎啓支著／サンマーク出版

### ●本書第12章を理解するために
- 『成功と幸せを同時に手に入れるほんとうに役立つＮＬＰ』山崎啓支著／ＰＨＰビジネス新書

【著者プロフィール】

山崎 啓支（やまさき　ひろし）

1970年生まれ。経営コンサルタント会社を経て、2002年に能力開発トレーナーとして独立しＮＬＰ普及を開始する。2005年にＮＬＰラーニング社を設立し、ＮＬＰ（神経言語プログラミング）の資格認定コースと、ＮＬＰを応用したコーチング、リーダーシップ、目標管理など多彩なテーマの公開セミナーを全国各地で行っている。国内のＮＬＰ指導においては最も実績があるトレーナーの一人である。2016年８月現在までにＮＬＰ受講者は8500名を超える。2009年にはオリジナルの変容プログラムであるＮＲＴ（Natural Returning Transformation）を完成させる。人間を根本的に変容させるこれまでにないプログラムとして、参加者から高い評価を得ている。現代人が抱えるさまざまな問題に独自の視点から鋭く切り込む氏のセミナーは普遍性が高く、ビジネス分野だけでなく、教育、自己実現など分野を問わずクライアントが集まる。また、セミナー講演、執筆した本はどれもシンプルかつ奥深く、高い評価を得ている。
著書に『ＮＬＰの基本がわかる本』『ＮＬＰの実践手法がわかる本』『マンガでやさしくわかるNLP』（いずれも日本能率協会マネジメントセンター）、『人生の秘密』『「体感イメージ」で願いをかなえる』（いずれもサンマーク出版）『ほんとうに役立つＮＬＰ』（ＰＨＰビジネス新書）などがある。

- ●株式会社NLPラーニング・代表取締役　　http://www.nlplearning.jp
- ●株式会社NRT・代表取締役　　http://www.natural-rt.com/
- ●社団法人日本能率協会・協力講師
- ●米国NLP協会認定NLPトレーナー

## Art of Coaching（アートオブコーチング）

Art of Coachingは、対話という身近な手法によって
関わる相手の変化・変容を生み出す深い気づきを提供し
発想力や創造性を増し、成果の最大化に貢献することのできる
「コーチング」の原点を大切にした教育プログラムをご提供します。

深い人間理解に根差す自己理解と他者理解
人間が変化するプロセスへの知識と洞察を基盤に
最低限の基礎的なスキルをシンプルかつ本質的に理解することにより
人の変化・成長に関わる支援者としての影響力を
高めたい全ての方に向けたスクールです。

https://www.art-of-coaching.jp/

NLPで最高の能力が目覚める
## コーチングハンドブック
知識と経験を最大化するセンスの磨き方

2016年9月30日　　初版第1刷発行
2025年4月10日　　第7刷発行

著　　者——山崎啓支
　　　　　©2016 Hiroshi Yamasaki
発 行 者——張　士洛
発 行 所——日本能率協会マネジメントセンター
〒103-6009　東京都中央区日本橋2-7-1 東京日本橋タワー
TEL　03(6362)4339(編集)　／03(6362)4558(販売)
FAX　03(3272)8127(編集・販売)
https://www.jmam.co.jp/

装　　丁——竹内雄二
本文デザイン——小林麻実（TYPEFACE）
　　　　　　　荒木優花（株式会社明昌堂）
ＤＴＰ——株式会社明昌堂
印 刷 所——広研印刷株式会社
製 本 所——ナショナル製本協同組合

本書の内容の一部または全部を無断で複写複製（コピー）することは、法律で認められた場合を除き、著作者および出版者の権利の侵害となりますので、あらかじめ小社あて許諾を求めてください。

ISBN 978-4-8207-5934-8　C3034
落丁・乱丁はおとりかえします。
PRINTED IN JAPAN

# JMAM 既刊

実務入門
## NLPの基本がわかる本
山崎 啓支著　A5並製224頁

コミュニケーション能力の向上を図るNLP（神経言語プログラミング）の基本をわかりやすく説明し、ミスコミュニケーションが起こる本当の理由を解説。コーチングや部下指導、職場でのリーダーシップの発揮などビジネスに活かせるノウハウや実務に使える実践的な事例を多く掲載します。

## マンガでやさしくわかるNLP
山崎 啓支著／サノマリナ作画　四六判240頁

能力開発の実践手法・NLP（神経言語プログラミング）。その基本を、マンガを交えてわかりやすく紹介します。
　コーヒーチェーンの新米店長を主人公に、NLPでさまざまな課題を克服して、理想的な"自分"を手に入れるまでを描きます。

## マンガでやさしくわかるコーチング
CTIジャパン著／重松延寿作画　四六判並製232頁

コーチングの基本を、ストーリー仕立てのマンガと解説のダブル構成で楽しく学べる1冊です。マネジャーに抜擢されたものの"自分流"のマネジメントが通用せず苦しむ日々を送る主人公がコーチングと出会い、成長する様子を描きます。